高等教育物流管理与工程类专业系列教材

物流系统工程：原理、方法与应用

主编 李 洋 王一甲

科学出版社

北 京

内 容 简 介

本书是编者结合物流系统工程教学实践经验编写而成的，既汲取了多部物流系统工程教材的优点，又具有自身独特的风格。本书以基础性、实用性为原则，具体内容涵盖系统与系统工程概述、物流系统工程概述、物流系统分析方法、物流系统建模与仿真方法、物流系统计划评审方法、物流系统预测方法、物流系统评价方法及物流系统决策方法。每章侧重于系统论与方法论的应用，在介绍基本方法和原则的同时，结合相应的实证和案例分析，帮助读者学习应用系统工程的思想和方法解决物流中的实际问题。

本书可作为高等院校物流管理、物流工程、工业工程、交通运输等专业的教学用书，也可作为高等院校工程管理硕士物流工程与管理领域的教学用书，还可作为企业、事业单位物流与管理从业人员的培训教材或参考用书。

图书在版编目（CIP）数据

物流系统工程：原理、方法与应用 / 李洋，王一甲主编. -- 北京：科学出版社，2025.2. --（高等教育物流管理与工程类专业系列教材）.
ISBN 978-7-03-080290-3

Ⅰ. F252

中国国家版本馆 CIP 数据核字第 2024PT7392 号

责任编辑：任锋娟　周春梅 / 责任校对：马英菊
责任印制：吕春珉 / 封面设计：东方人华平面设计部

科 学 出 版 社 出版

北京东黄城根北街 16 号
邮政编码：100717
http://www.sciencep.com

北京中科印刷有限公司印刷
科学出版社发行　各地新华书店经销
*

2025 年 2 月第 一 版　　开本：787×1092　1/16
2025 年 2 月第一次印刷　　印张：16 1/2
字数：391 000

定价：58.00 元
（如有印装质量问题，我社负责调换）

销售部电话 010-62136230　编辑部电话 010-62135397-2015

版权所有，侵权必究

前　言

党的二十大报告提出建设高效顺畅的流通体系，降低物流成本，这为物流系统工程的发展指明了方向。随着物流业的快速发展、全球经济一体化进程的加速，以及物流战略、营销理念、运营方式、管理手段的不断创新与变化，企业物流经营管理更加强调从物流系统整体出发，把物流要素融为一体，看作一个复杂交互系统，这无疑增加了管理的难度，对物流管理水平和管理人员提出了更高的要求。目前我国物流人力资源，尤其是物流高级管理人才十分稀缺，远不能满足物流系统发展的复杂性需求。物流从业人员急需更新观念、学习新知识、掌握新技术、提高服务技能、提升业务与道德素质，加速物流类专业高层次复合型人才的培养已成为我国当前亟待解决的问题。物流系统工程的基本思想是运用系统工程理论，从物流系统的整体出发，把物流和信息融为一体，将生产、流通和消费全过程看成一个整体，运用系统工程的理论和方法进行物流系统的规划、管理和控制，选择最优方案，以在企业扩大运营规模、有效降低作业成本、提升服务质量、提高效率与效益、增强物流企业的核心竞争力、参与国际市场竞争、全面实行科学精细化管理等方面发挥越来越重要的作用。

本书共 8 章，以培养读者应用能力为主线，按照科学发展观的要求，围绕物流系统工程所涉及的各个工作环节和流程，介绍系统与系统工程概述、物流系统工程概述、物流系统分析方法、物流系统建模与仿真方法、物流系统计划评审方法、物流系统预测方法、物流系统评价方法以及物流系统决策方法等知识，力求阐明概念和理论及应用，并尽量做到图文并茂。本书在每章后配有课后习题，供读者复习和巩固课本知识。本书吸收了物流系统工程领域近年来的新成果，注重培养读者掌握物流系统工程的基本理论、基本方法和专业创新思维，以便能够学以致用、具备处理和解决物流系统问题的能力。

本书编写工作历时近两年，由长期从事物流系统工程教学和科研工作的教师编写而成，凝聚了很多人的劳动与研究成果。本书由李洋、王一甲担任主编，李洋负责统稿，具体分工如下：第 1 章、第 7 章和第 8 章由李洋编写，第 2 章、第 5 章由王一甲编写，第 3 章由王乃卉编写，第 4 章由王行建编写，第 6 章由马力编写，研究生胡泽茜、黄碧飞、李国庆、袁迪参与全书编写资料的整理与核对。在本书编写过程中，编者借鉴了国内外多位专家的观点和资料，在此一并表示感谢。

由于编者能力有限，本书难免有不足之处，敬请各位读者批评指正。

目　　录

第1章　系统与系统工程概述 ………………………………………………………… 1

　1.1　系统概述 ……………………………………………………………………… 2

　　1.1.1　系统的定义及特性 …………………………………………………… 2

　　1.1.2　系统的分类 …………………………………………………………… 5

　　1.1.3　系统的结构和功能 …………………………………………………… 6

　1.2　系统工程概述 ………………………………………………………………… 8

　　1.2.1　系统工程的产生与发展 ……………………………………………… 8

　　1.2.2　系统工程的研究对象和领域 ………………………………………… 9

　　1.2.3　系统工程的定义与特点 …………………………………………… 10

　　1.2.4　系统工程的应用 …………………………………………………… 11

　1.3　系统工程的理论基础 ……………………………………………………… 13

　　1.3.1　一般系统论 ………………………………………………………… 13

　　1.3.2　控制论 ……………………………………………………………… 14

　　1.3.3　信息论 ……………………………………………………………… 14

　　1.3.4　耗散结构理论 ……………………………………………………… 15

　　1.3.5　协同学理论 ………………………………………………………… 15

　　1.3.6　突变理论 …………………………………………………………… 16

　　1.3.7　运筹学 ……………………………………………………………… 16

　1.4　系统工程方法论 …………………………………………………………… 17

　　1.4.1　硬系统工程方法论 ………………………………………………… 17

　　1.4.2　软系统工程方法论 ………………………………………………… 20

　　1.4.3　综合集成方法论 …………………………………………………… 21

　案例分析 ………………………………………………………………………… 23

　本章小结 ………………………………………………………………………… 24

　课后习题 ………………………………………………………………………… 24

第2章　物流系统工程概述 ………………………………………………………… 25

　2.1　现代物流及其发展概述 …………………………………………………… 26

　　2.1.1　物流的产生与发展 ………………………………………………… 26

　　2.1.2　现代物流的发展趋势 ……………………………………………… 27

　2.2　物流系统的概念和特征 …………………………………………………… 30

　　2.2.1　物流系统的概念 …………………………………………………… 30

　　2.2.2　物流系统的特征 …………………………………………………… 31

　2.3　物流系统的要素 …………………………………………………………… 33

2.3.1 物流系统的一般要素 ··· 33

2.3.2 物流系统的流动要素 ··· 34

2.3.3 物流系统的功能要素 ··· 36

2.3.4 物流系统的物质基础要素 ··· 37

2.3.5 物流系统的环境要素 ··· 38

2.4 物流系统工程基础理论及内容 ··· 38

2.4.1 物流系统工程的概念 ··· 38

2.4.2 物流系统工程的基础理论 ··· 39

2.4.3 物流系统工程的主要内容 ··· 39

案例分析 ··· 41

本章小结 ··· 42

课后习题 ··· 42

第3章 物流系统分析方法 ··· 43

3.1 系统分析与物流系统分析概述 ··· 44

3.1.1 系统分析概述 ··· 44

3.1.2 物流系统分析概述 ··· 45

3.2 主成分分析 ··· 50

3.2.1 主成分分析基本思想 ··· 50

3.2.2 主成分的定义与性质 ··· 50

3.2.3 主成分的计算 ··· 51

3.2.4 样本的主成分计算 ··· 52

3.2.5 样本主成分选择及原指标对主成分的回归 ····································· 53

3.2.6 主成分分析的应用步骤 ··· 54

3.2.7 主成分分析的主要作用 ··· 55

3.2.8 主成分分析的应用 ··· 55

3.3 聚类分析 ·· 58

3.3.1 聚类分析概述 ··· 58

3.3.2 系统聚类分析 ··· 58

3.3.3 模糊聚类分析 ··· 61

案例分析 ··· 65

本章小结 ··· 66

课后习题 ··· 67

第4章 物流系统建模与仿真方法 ··· 69

4.1 物流系统建模与仿真概述 ··· 70

4.1.1 系统模型概述 ··· 70

4.1.2 物流系统的建模 ·· 75

4.1.3 物流系统的仿真 ·· 79

4.2 状态空间模型 ··· 82

4.2.1　状态空间模型概述 ………………………………………………………… 82
4.2.2　连续系统状态空间表达式 ………………………………………………… 85
4.2.3　状态方程的应用 …………………………………………………………… 89
4.3　结构模型化技术 ………………………………………………………………… 91
4.3.1　结构模型化技术概述 ……………………………………………………… 92
4.3.2　基本结构的基本表达方式 ………………………………………………… 94
4.3.3　解释结构模型法 …………………………………………………………… 98
4.3.4　解释结构模型法的缺陷 …………………………………………………… 103
4.4　系统动力学 ……………………………………………………………………… 104
4.4.1　系统动力学概述 …………………………………………………………… 104
4.4.2　系统动力学的表示方法 …………………………………………………… 107
4.4.3　系统动力学建模与仿真 …………………………………………………… 112
4.4.4　系统动力学策略的形式及设计方法 ……………………………………… 117
案例分析 ………………………………………………………………………………… 119
本章小结 ………………………………………………………………………………… 121
课后习题 ………………………………………………………………………………… 121
第5章　物流系统计划评审方法 ……………………………………………………… 123
5.1　网络计划常用方法 ……………………………………………………………… 124
5.1.1　甘特图法 …………………………………………………………………… 124
5.1.2　关键路线法 ………………………………………………………………… 124
5.1.3　计划评审技术 ……………………………………………………………… 125
5.1.4　决策关键路线法 …………………………………………………………… 125
5.1.5　图解评审技术 ……………………………………………………………… 126
5.2　关键路线法的应用 ……………………………………………………………… 126
5.2.1　关于网络图的基本知识 …………………………………………………… 126
5.2.2　网络图三要素 ……………………………………………………………… 127
5.2.3　绘制网络图的步骤及注意事项 …………………………………………… 129
5.2.4　网络图有关参数的计算与分析 …………………………………………… 132
5.2.5　关键路线法网络计划优化 ………………………………………………… 135
5.3　计划评审技术的应用 …………………………………………………………… 140
5.3.1　根据平均作业时间确定完成任务总工期及概率 ………………………… 140
5.3.2　根据作业的标准差确定关键路线 ………………………………………… 142
5.3.3　根据各路线在指定日期内完成任务的概率确定关键路线 ……………… 142
案例分析 ………………………………………………………………………………… 143
本章小结 ………………………………………………………………………………… 144
课后习题 ………………………………………………………………………………… 144
第6章　物流系统预测方法 …………………………………………………………… 146
6.1　物流系统预测概述 ……………………………………………………………… 147

6.1.1 预测的目的和意义 …………………………………… 147

6.1.2 预测的分类 …………………………………………… 148

6.1.3 预测方法的选择 ……………………………………… 150

6.1.4 预测的基本原理 ……………………………………… 150

6.1.5 预测的基本步骤 ……………………………………… 151

6.2 时间序列分析预测 …………………………………………… 153

6.2.1 移动平均法 …………………………………………… 153

6.2.2 指数平滑法 …………………………………………… 154

6.2.3 趋势线拟合法 ………………………………………… 156

6.2.4 时间序列的速度 ……………………………………… 156

6.2.5 季节指数 ……………………………………………… 158

6.3 回归分析预测方法 …………………………………………… 161

6.3.1 线性回归的模型 ……………………………………… 161

6.3.2 线性回归模型的参数估计 …………………………… 162

6.3.3 线性回归模型的统计特征 …………………………… 163

6.3.4 回归模型的统计检验 ………………………………… 165

6.4 马尔可夫预测 ………………………………………………… 171

6.4.1 马尔可夫过程的状态转移概率关系 ………………… 171

6.4.2 马尔可夫预测模型 …………………………………… 172

6.4.3 极限状态转移概率 …………………………………… 173

6.4.4 应用举例 ……………………………………………… 173

案例分析 ……………………………………………………………… 175

本章小结 ……………………………………………………………… 175

课后习题 ……………………………………………………………… 176

第 7 章 物流系统评价方法 …………………………………………… 177

7.1 系统评价与物流系统评价概述 ……………………………… 178

7.1.1 系统评价概述 ………………………………………… 178

7.1.2 物流系统评价概述 …………………………………… 180

7.2 模糊综合评价法 ……………………………………………… 195

7.2.1 模糊综合评价的数学模型 …………………………… 195

7.2.2 模糊综合评价法的应用 ……………………………… 198

7.3 层次分析法 …………………………………………………… 204

7.3.1 层次分析法的基本思路与步骤 ……………………… 204

7.3.2 层次分析法的应用 …………………………………… 208

7.4 数据包络分析法 ……………………………………………… 210

7.4.1 数据包络分析法概述 ………………………………… 210

7.4.2 数据包络分析法的基本模型 ………………………… 211

7.4.3 评价供应商的 DEA 模型 …………………………… 214

案例分析 ┈┈┈┈┈┈┈┈┈┈┈┈┈┈┈┈┈┈┈┈┈┈┈┈┈┈┈┈┈┈┈┈ 216

本章小结 ┈┈┈┈┈┈┈┈┈┈┈┈┈┈┈┈┈┈┈┈┈┈┈┈┈┈┈┈┈┈┈┈ 217

课后习题 ┈┈┈┈┈┈┈┈┈┈┈┈┈┈┈┈┈┈┈┈┈┈┈┈┈┈┈┈┈┈┈┈ 217

第 8 章　物流系统决策方法 ┈┈┈┈┈┈┈┈┈┈┈┈┈┈┈┈┈┈┈┈┈┈ 221

　8.1　系统决策与物流系统决策概述 ┈┈┈┈┈┈┈┈┈┈┈┈┈┈┈ 222

　　8.1.1　系统决策概述 ┈┈┈┈┈┈┈┈┈┈┈┈┈┈┈┈┈┈┈┈ 222

　　8.1.2　物流系统决策概述 ┈┈┈┈┈┈┈┈┈┈┈┈┈┈┈┈┈ 224

　8.2　风险型决策 ┈┈┈┈┈┈┈┈┈┈┈┈┈┈┈┈┈┈┈┈┈┈┈┈ 227

　　8.2.1　风险型决策概述 ┈┈┈┈┈┈┈┈┈┈┈┈┈┈┈┈┈┈ 227

　　8.2.2　无概率资料风险型决策 ┈┈┈┈┈┈┈┈┈┈┈┈┈┈ 228

　　8.2.3　无试验风险型决策 ┈┈┈┈┈┈┈┈┈┈┈┈┈┈┈┈ 230

　8.3　完全不确定型决策 ┈┈┈┈┈┈┈┈┈┈┈┈┈┈┈┈┈┈┈┈ 233

　　8.3.1　完全不确定型决策定义 ┈┈┈┈┈┈┈┈┈┈┈┈┈┈ 233

　　8.3.2　平均准则 ┈┈┈┈┈┈┈┈┈┈┈┈┈┈┈┈┈┈┈┈┈ 233

　　8.3.3　悲观准则 ┈┈┈┈┈┈┈┈┈┈┈┈┈┈┈┈┈┈┈┈┈ 235

　　8.3.4　乐观准则 ┈┈┈┈┈┈┈┈┈┈┈┈┈┈┈┈┈┈┈┈┈ 236

　　8.3.5　折中准则 ┈┈┈┈┈┈┈┈┈┈┈┈┈┈┈┈┈┈┈┈┈ 237

　　8.3.6　后悔值准则 ┈┈┈┈┈┈┈┈┈┈┈┈┈┈┈┈┈┈┈┈ 238

　8.4　贝叶斯决策 ┈┈┈┈┈┈┈┈┈┈┈┈┈┈┈┈┈┈┈┈┈┈┈┈ 239

　　8.4.1　贝叶斯定理 ┈┈┈┈┈┈┈┈┈┈┈┈┈┈┈┈┈┈┈┈ 239

　　8.4.2　贝叶斯决策概述 ┈┈┈┈┈┈┈┈┈┈┈┈┈┈┈┈┈ 239

　　8.4.3　贝叶斯决策的求解方法 ┈┈┈┈┈┈┈┈┈┈┈┈┈┈ 241

　8.5　多目标决策 ┈┈┈┈┈┈┈┈┈┈┈┈┈┈┈┈┈┈┈┈┈┈┈┈ 242

　　8.5.1　多目标决策概述 ┈┈┈┈┈┈┈┈┈┈┈┈┈┈┈┈┈ 242

　　8.5.2　多目标决策方法 ┈┈┈┈┈┈┈┈┈┈┈┈┈┈┈┈┈ 244

案例分析 ┈┈┈┈┈┈┈┈┈┈┈┈┈┈┈┈┈┈┈┈┈┈┈┈┈┈┈┈┈┈┈┈ 250

本章小结 ┈┈┈┈┈┈┈┈┈┈┈┈┈┈┈┈┈┈┈┈┈┈┈┈┈┈┈┈┈┈┈┈ 251

课后习题 ┈┈┈┈┈┈┈┈┈┈┈┈┈┈┈┈┈┈┈┈┈┈┈┈┈┈┈┈┈┈┈┈ 251

参考文献 ┈┈┈┈┈┈┈┈┈┈┈┈┈┈┈┈┈┈┈┈┈┈┈┈┈┈┈┈┈┈┈┈ 253

第1章 系统与系统工程概述

学习目标 ☞

知识目标

1. 理解系统及系统工程的定义及特性。
2. 理解系统的多种分类方法。
3. 了解系统工程的起源与发展过程。
4. 掌握系统工程方法论。

技能目标

1. 掌握系统工程的基础理论并能系统归纳。
2. 学会比较分析硬系统工程方法论、软系统工程方法论、综合集成方法论的特点。

素质目标

1. 形成从多学科理论体系提取科学方法的思维。
2. 提高系统思维能力。

 导 入 案 例

系统工程典型示范工程——都江堰水利工程

公元前 256 年，战国时期秦国蜀郡太守李冰率众修建的都江堰，位于四川省成都平原西部都江堰市西侧的岷江上。该大型水利工程至今依旧在灌溉田畴，是造福人民的伟大水利工程，其以年代久、无坝引水为特征。

都江堰主要由鱼嘴、飞沙堰、宝瓶口三大主体工程构成。三者有机结合，相互制约，协调运行，引水灌田，分洪减灾，具有"分四六，平潦旱"的作用。

鱼嘴是都江堰的分水工程，因其形如鱼嘴而得名，位于岷江江心，把岷江分成内外二江。西边的叫外江，俗称"金马河"，是岷江正流，主要用于排洪；东边沿山脚的叫内江，是人工引水渠道，主要用于灌溉。

泄洪道具有泄洪排沙的显著功能，故又叫"飞沙堰"。飞沙堰的作用之一是当内江的水量超过宝瓶口流量上限时，多余的水便从飞沙堰自行溢出；如遇特大洪水的非常情况，它还会自行溃堤，让大量江水回归岷江正流。飞沙堰的另一个作用是"飞沙"，岷江从万山丛中奔腾而来，夹杂大量泥沙和石块，如果让它们顺内江而下，就会淤塞宝瓶口和灌区。古时飞沙堰，是用竹笼卵石堆砌的临时工程；如今已改用混凝土浇筑，以保一劳永逸。

宝瓶口起"节制闸"作用，是湔山（今名灌口山、玉垒山）伸向岷江的长脊上凿开的一个口子，是人工凿成控制岷江进水的咽喉，因形似瓶口而功能奇特，故名"宝瓶口"。留在宝瓶口右边的山丘，因与其山体相离，故名离堆。离堆在开凿宝瓶口以前，是湔山虎头岩的一部分。

鱼嘴、飞沙堰、宝瓶口这三大主体工程，蕴藏着巨大的科学价值，其内含的系统工程学、流

体力学等，在今天仍然处在科技的前沿，普遍受到推崇和运用。都江堰工程被看作是古代系统工程思想应用的典范，尽管当时还没有系统工程这个词，但从总体上分析和解决问题的系统工程思想却贯穿了这个伟大的水利工程。都江堰水利工程，是中国古代劳动人民智慧的结晶，是中华文化的杰作。

思考：

1. 结合系统工程的特点，分析都江堰水利工程运用了系统工程的哪些思想。

2. 都江堰工程如何体现工程管理的系统性？

1.1　系统概述

1.1.1　系统的定义及特性

1. 系统的定义

"系统"是整个系统科学中最基本的概念。系统一词最早出现于古希腊语中，syn-histnai 一词原义是指事物中的共性部分和每一事物应占据的位置，也就是部分组成整体的意思。近代一些科学家和哲学家常用系统一词来表示复杂的、具有一定结构的研究对象，如天体系统、人体系统等。从中文字面上看，"系"指关系、联系，"统"指有机统一，"系统"则指有机联系和统一。美籍奥地利生物学家 L. V. 贝塔朗菲（L. V. Bertalanffy）于 1937 年第一次将系统作为一个重要的科学概念予以研究，他认为"系统的定义可以确定为处于一定相互关系中并与环境发生关系的各组成部分的总体"。

系统的定义依照学科的不同、待解决问题的不同和使用方法的不同而有所区别。国外关于系统的定义已达几十种。

R. 吉布森（R. Gibson）认为系统是互相作用的诸元素的整体化总和，其使命在于以协作方式来完成预定的功能。

B. H. 萨多夫斯基（B. H. Sadowski）认为系统是互相联系并形成某种整体性统一体的诸元素按一定方式有秩序地排列在一起的集合。

H. B. 布朗伯格（H. B. Braunberg）等指出，从系统的整体性出发，可以从性质方面通过下列特征给系统概念下定义：①系统是由相互联系的诸元素组成的整体性复合体；②它与环境组成特殊的统一体；③任何被研究的系统通常都是更高一级系统的元素；④任何被研究的系统的元素通常又都作为更低一级系统。

《韦氏大辞典》解释系统为有组织的或被组织化的整体，结合构成整体所形成的各种概念和原理的综合，以有规则的相互作用和相互依存的形式结合起来的诸要素的集合等。

日本工业标准定义系统为许多组成要素保持有机的秩序向同一目标行动的事物。

我国学者也对系统的概念提出了自己的看法。

学者庞元正认为，系统是有生命的或无生命的本质或事物的集中，这个集中接收某种输入，并按照输入来活动以生成某种输出，同时力求使一定的输入和输出功能最大化。

学者常绍舜认为，系统是指由一定部分（要素）组成的具有一定层次和结构并与环境发生关系的整体。

综上所述，系统描述的是一种理想的客体，而这一客体在形式上表现为诸要素的集合。

我国系统科学界对系统一词较通用的定义是：系统是由相互作用和相互依赖的若干组成部分（要素）结合而成的、具有特定功能的有机整体。依据此定义可以看出，系统必须具备三个条件：①系统必须由两个或两个以上的要素（或部分、元素、子系统）所组成，要素是构成系统的最基本单位，因而也是系统存在的基础和实际载体，系统离开了要素就不称为系统；②要素与要素之间存在着一定的有机联系，从而在系统的内部和外部形成一定的结构或秩序，任何一个系统又是它所从属的一个更大系统的组成部分（要素），这样，系统整体与要素、要素与要素、整体与环境之间，存在着相互作用和相互联系的机制；③任何系统都有特定的功能，整体具有不同于各个组成要素的新功能，这种新功能是由系统内部的有机联系和结构所决定的。

2. 系统的特性

（1）整体性

系统的整体性又称为系统的总体性、全局性，是系统最基本、最核心的属性。整体性是指系统中具有独立功能的要素围绕系统的整体目标相互联系、相互作用，从逻辑上统一和协调为系统的整体行为。整体功能不等于各个要素的功能之和，而是具有不同于各组成要素的新功能。在一个系统中，即使每个要素都不是最优的，但通过协调、综合可以成为具有良好功能的整体系统；反之，即使每个要素都达到了最优，但如果组成整体的各要素无法协调运行，也不能构成功能良好的整体系统。因此，系统整体性要求人们不能离开整体去考虑系统的构成要素及其联系，必须在实现系统目标的前提下使系统的总体效果最佳。

（2）相关性

系统的相关性是指系统各要素之间、系统与要素之间、系统与环境之间是相互联系、相互作用的。系统的相关性构成了系统结构问题的基础。以人体系统为例，每一个器官或小系统都不能离开人体这个整体而存在，各个器官或小系统的功能与行为影响着人体整体的功能和行为，而且它们的影响都不是单独的，而是在与其他要素的相互关联中影响整体。如果不存在相关性，众多要素就如同一盘散沙，只是一个集合，而不是一个系统。例如，计算机中央处理器（central processing unit，CPU）只有在主板等其他元件的协同下，才能发挥其计算的功能。因此，相关性是分析系统和改进系统必须考虑的重要问题。

（3）适应性

适应性是指系统适应外界环境变化的能力。不能适应外界环境变化的系统是没有生命力的，只有能够经常与外界环境保持最优适应状态的系统，才是具有活力的理想系统。

例如，一个企业必须经常了解市场动态、同类企业的经营动向、有关行业的发展动态和国内外市场的需求等环境的变化，在此基础上研究企业的经营策略，调整企业的内部结构，以适应环境。

（4）层次性

一个复杂系统通常包括许多层次，上下层次之间具有包含与被包含或者控制与被控制的关系。一个系统可以分解为若干个子系统，子系统又可分成更小的子系统直至要素，而每一个系统又往往隶属于一个更大的系统。例如，有机生命系统是按照一定的结构层次构成的，包括"细胞—组织—器官—系统—个体—种群—群落—生态系统—生物圈"，行政系统包括"国务院—省（自治区、直辖市）—市—县—乡镇"，高校系统包括"大学—学院—系—班级"。图 1-1 为一个企业管理系统的层次结构，可分为战略计划层、经营管理层、作业（业务）层。

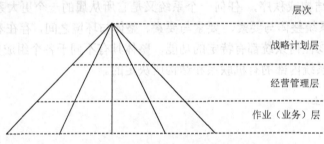

图 1-1　企业管理系统的层次结构

（5）目的性

系统的目的性是指系统整体的特定功能，它提供了设计、建造或改造系统的目标与依据，反映了系统整体行为的方向性。一个系统只有具有它作为一个整体所体现的目的与功能，才具有存在的意义。因此，明确系统的目的是设计、建造或改造系统的首要工作。需要指出的是，系统整体功能的目的不仅取决于现有状态，而且依赖于系统未来的终极状态，并受其制约。例如，战争中交战双方的行为与决策不仅要考虑现有状态，更须服从"取胜"这个终极状态，"不争一城一地的得失，消灭敌人有生力量"的战略思想便是从目的性出发的范例。此外，一般系统大都是多目标系统，它们具有多层次的目标体系，因此要区分主要目标与次要目标。例如，企业的运行与决策不应只考虑经济利益这一目标，更要围绕可持续发展这个长远目标，追求股东、客户、员工、环境等多方利益的平衡与多目标优化。图 1-2 为制造系统的六角形决策目标框架，包括交货期（time，T）更短、质量（quality，Q）更高、成本（cost，C）更低、服务（service，S）更好、柔性（flexibility，F）更高、环境（environment，E）更友好。

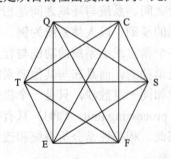

图 1-2　制造系统的六角形决策目标框架

1.1.2 系统的分类

从系统的概念可知，系统是非常普遍的。但是，不同的系统总以不同的形态存在。根据系统形成的原因、系统属性的不同，或附加某些特征，可以对系统进行多种分类。下面介绍几种常见的系统分类。

1. 按自然属性分类

系统按自然属性可分为自然系统与人造系统。自然系统的构成要素是自然物和自然现象，如太阳系、海洋、气象、地质构造、原始森林。人造系统又称为人工系统或社会系统，它的要素是人造的或它是在人的参与下形成的系统，它具有人为的目的性与组织性。人造系统按其研究对象，可以分为经济系统、教育系统、行政系统、医疗卫生系统、交通运输系统、科技系统、军事系统等。其中，经济系统又可以进一步细分为工业系统、农业系统、服务业系统等。人造系统通常都具有经济活动，所以又常常称为社会经济系统。系统工程所研究的大多数系统是自然系统和人造系统的复合系统。自然系统和人造系统是相互依存、相互制约的。一方面，自然系统及其规律是人造系统的基础，影响和制约人造系统；另一方面，人造系统常常导致自然系统的破坏，造成各种公害，如环境污染、生物多样性破坏、温室效应、大气层空洞等。科学地处理两者之间的关系（如控制环境污染、保护生态环境）是当代系统工程的重要课题。

2. 按物质属性分类

系统按其物质属性可分为实体系统和概念系统。实体系统是由各类物质实体组成的系统，如生物、建筑物、电子计算机、通信网络等；概念系统是由人的思维创造的，它由非物质的观念性东西（原理、概念、方法、程序等）所构成，如法律系统、信息系统、知识系统等。实体系统可以是自然系统，也可以是人造系统；而概念系统一定是人造系统。人们有时也将实体系统称为硬系统，而将概念系统称为软系统，如将一台机械传动装置称为硬系统，而将计算机控制程序称为软系统。

3. 按运动属性分类

系统按其运动属性可分为静态系统和动态系统。静态系统是指其状态参数不随时间显著改变的系统，没有输入与输出，如静止不动的机器设备、停工待料的生产线等。如果系统内部的结构参数随时间而改变，有输入、输出及转化过程，则称该系统为动态系统，如正在行驶的汽车、开放的服务系统、活的生命系统等均是动态系统。系统的静态与动态是相对而言的，严格地说，静态系统是难以找到的，但如果在我们所考察的时间范围内，系统受时间变化的影响很小，为研究问题方便起见，忽略系统内部结构与状态参数的改变，可将其近似地当作静态系统看待。

4. 按系统与环境的关系分类

根据系统与环境的关系，系统可分为开放系统和封闭系统。当系统与外界环境之间存在物质、能量、信息流动与交换时，则称系统为开放系统。如果系统与环境之间无明显的交互作用，则称系统为封闭系统。严格的封闭系统是难以找到的，但当上述的交互作用很弱，以至可以忽略时，则视系统为封闭系统。因此，封闭系统是开放系统的某种近似或简化，目的是便于分析研究。

开放系统又可分为开环系统和闭环系统。如果系统的输出能反过来影响系统的输入，则该系统具有反馈特性。能增强原输入作用的反馈称正反馈，而削弱原输入作用的反馈称负反馈。没有反馈特性的系统称为开环系统，而具有反馈特性的系统称为闭环系统。开放系统是动态的、"活"的系统，封闭系统是僵化的、"死"的系统。系统由封闭走向开放，就可以激发系统活力。

5. 按系统的复杂性分类

我国著名科学家钱学森院士提出，按照系统结构的复杂程度可以将系统分为简单系统和复杂系统。复杂系统可分为大系统和巨系统，其中，根据系统规模、开放性和复杂性，巨系统又可分为一般复杂巨系统和特殊复杂巨系统。

1.1.3　系统的结构和功能

1. 系统的结构

系统的结构是指系统内部各组成部分之间在空间、时间等方面的有机联系，包括相互作用的组织机构、方式和秩序。显然，系统不是要素的简单组合，要素间只有存在一定的相互关系（结构）才能构成系统。

各种系统的具体结构是大不一样的，许多系统的结构是很复杂的。从一般意义上说，系统的结构可以用公式表示为

$$S = \{E, R\} \tag{1-1}$$

式中，S——系统（system）；

　　E——要素（elements）的集合；

　　R——建立在集合 E 上的各种关系（relations）的集合。

由式（1-1）可知，系统必须包括要素的集合与关系的集合，两者缺一不可。只有把两者结合起来，才能决定一个系统的具体结构与特定功能。

要素集合 E 可以分为若干子集 E_i，如一个企业，其要素集合 E 可以分为人员子集 E_1、设备子集 E_2、原材料子集 E_3、产品子集 E_4 等，而人员子集 E_1 又可分为工人子集 E_{11}、技术人员子集 E_{12}、管理人员子集 E_{13} 等，即

$$E = E_1 \cup E_2 \cup E_3 \cup E_4 \cup \cdots \tag{1-2}$$

$$E_1 = E_{11} \cup E_{12} \cup E_{13} \cup \cdots \tag{1-3}$$

不同的系统，其要素集合 E 的组成有很大的差异。但在要素集合 E 之上建立的关系集合 R，对不同的系统而言，却是大同小异。在一般情况下，它可以表示为

$$R = R_1 \cup R_2 \cup R_3 \cup R_4 \tag{1-4}$$

式中，R_1——要素与要素之间、局部与局部之间的关系（横向关系）；

R_2——局部与全局（系统整体）之间的关系（纵向联系）；

R_3——系统整体与环境之间的关系；

R_4——其他各种关系。

根据系统的整体性、相关性等属性，在系统要素给定的情况下，调整这些关系可以提高系统的功能和整体性能。这就是组织管理工作的作用，也是系统工程的着眼点。

2. 系统的功能

功能是指系统诸要素在一定结构下形成的效应或作用。系统的功能是由系统要素及其关系所决定的，并通过系统整体的行为表现出来。

一方面，结构表示系统构造形式的特征，而功能表示系统的行为特征，并主要由系统内部的结构所决定；另一方面，系统的功能体现了系统与外部环境相互联系和作用的能力，描述了它们之间物质、能量和信息的输出、输入关系。

从一般意义上讲，系统的功能可用图 1-3 来表示，即接受环境的输入（如物质、能量、信息），在系统内部进行处理和转换（如加工、组装），再向环境输出（如产品、人才、成果）。

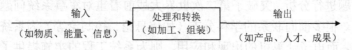

图 1-3　系统的功能

系统整体与环境相互作用所反映的能力称为系统的功能。其中，系统整体对外在环境的作用或影响称为系统的外部功能，简称外功能；系统整体对内在环境的作用或影响称为系统的内部功能，简称内功能。一个系统的内外功能是相互作用的。一般地，内功能是外功能的基础，内功能的状况决定着外功能的状况；外功能的发挥会刺激内功能的提高和进一步完善。表 1-1 列出了几个复杂系统及其主要输入、处理和转换及输出。

表 1-1　复杂系统的输入、处理和转换及输出

系统	输入	处理和转换	输出
客机	旅客和燃油	燃烧和推动力	行驶里程、被运送的旅客
气象卫星	图像	数据存储和传输	编码的图像
炼油厂	原油、触煤和能源	裂解、分离和混合	汽油、油产品和制品
发电站	燃煤、水和能源	电力生产、调节	交流电源
空中交通控制系统	飞机塔台效应	辨识跟踪	身份、空迹、通信
机票预订系统	旅客要求	数据管理	预订的机票
飞机机翼装配厂	机翼零件和能源	操作、连接和修整	装配好的机翼

1.2　系统工程概述

1.2.1　系统工程的产生与发展

从宏观上，一切将系统作为研究对象，对系统进行规划、研究、设计、评价、改造、运行的工程实践活动均可被视为系统工程。系统工程的产生和发展，是一个由系统理论、运筹学、经济控制论、管理科学等学科相互渗透、交叉发展的历程。

在 20 世纪 40 年代，美国贝尔电话公司在发展通信网络时，为缩短科学技术从发明到投入使用的时间，认识到不能只注意电话机和交换台站等设备，更需要研究整个系统，于是采用了一套新方法，并首次提出"系统工程"一词。

第二次世界大战期间，由于战争的需要，产生和发展了运筹学。运筹学的广泛应用是系统工程产生和发展的重要因素。美国在研制原子弹的"曼哈顿计划"的实践中，运用系统工程方法取得显著成效，对推动军事系统工程的发展起到了一定的作用。

第二次世界大战以后，定量化系统方法被广泛地用来对工程、经济、社会领域的大型复杂系统问题进行分析，突破了第二次世界大战前着重对军事系统问题进行定量化系统分析的应用。很多横向联系的学科分支（如信息论、控制论等）为系统工程的发展奠定了理论基础，而电子计算机的出现和应用，则为系统工程的实施提供了重要的技术基础。在这些因素的作用下，系统工程作为面向实践应用的工程技术已是呼之欲出。

1957 年，美国密歇根大学的歌德（Goode）和麦科尔（Machal）两位教授合作出版了第一部以"系统工程"命名的著作，标志着系统工程学科的正式形成。1958 年，美国海军特种计划局在研制"北极星"导弹的实践中，用到了系统技术、系统数学、系统环境等内容。至此，系统工程初步形成了一个较为完整的理论体系。1965 年，麦科尔又编写了《系统工程手册》一书，比较完整地阐述了系统工程理论和系统方法。

1969 年，"阿波罗登月计划"的实现是系统工程的光辉成就，它标志着人类在组织管理技术上迎来了一个新时代。在实施此计划的过程中，提出并采用了"计划评审技术"（program evaluation and review technique，PERT），从而把系统工程引进到管理领域。

进入 20 世纪 70 年代以后，系统工程发展到解决大系统的最优化问题阶段，其应用范围已超出了传统工程的概念。从社会科学到自然科学，从经济基础到上层建筑，从城市发展到生态环境，从生物科学到军事科学，无不涉及系统工程。至此，系统工程经历了产生、发展和初步形成阶段。但是，系统工程作为一门新兴的、综合性的边缘科学，无论在理论上、方法上还是体系上都处于发展之中，它必将随着生产技术、基础理论、计算工具的发展而不断发展。

系统工程在我国的应用始于 20 世纪 60 年代初期。当时，在著名科学家钱学森院士的倡导和支持下，我国在国防尖端技术方面应用系统工程方法，并取得了显著成效。自 20 世纪 70 年代后期以来，系统工程在我国的研究和应用进入了一个前所未有的新时期：系统工程作为重点学科被列入全国科学技术发展规划；在高等学校设置系统工程专业，培养本科生、硕士和博士研究生；中国自动化学会系统工程专业委员会和中国系统工程学会相继宣告成立。从此，系统工程在我国的研究工作便由初期的传播系统工程的理论、方法发展到独立开展系统工程的理论方法研究。在系统工程的应用方面，注重结合我国实际情况，已在能源系统工程、军事系统工程、社会系统工程、人口系统工程、农业系统工程的研究和应用方面取得了一定的成效。目前，系统工程与我国现代化建设的关系日益密切，必将在我国的现代化建设中发挥越来越大的作用。

1.2.2　系统工程的研究对象和领域

按照钱学森院士的学科体系结构思想，系统工程是从属于系统科学的具体工程技术，系统科学以系统为研究对象，所以系统工程的研究对象也必是系统，并且是组织化的复杂系统，这样的系统具有以下几个特征。

1）它是人工系统或者是复合系统，区别于无法加以控制的系统。

2）它是大系统，内部由许多相互作用、相互依赖的分系统所组成，并且是多层次的，每一个分系统所要考虑的因素很多，从而区别于小系统。

3）它是复杂系统，表现在总系统与分系统、各分系统之间，系统与环境之间存在非常复杂的关联，从而区别于简单系统。

4）它是组织化的系统，表现在系统的各组成部分都围绕一个共同的目标，区别于彼此没有共同目标的一组元素。

根据国外学者的理论，可按组织化程度与繁简程度对系统进行分类，如表 1-2 所示。可对表 1-2 中的四个象限进行如下解释：第Ⅲ象限属于简单事物，处于无序之中，这类系统一般可以用统计概率的方法来解决；第Ⅳ象限属于简单事物，处于有序之中，这类系统已找到规律，自然科学中的单学科属于这类，如物理学、化学等；第Ⅱ象限所研究的对象既复杂又无秩序，这类系统就难以描述，可以说是一片混沌，目前尚无成熟的科学方法来搞清楚，如生态问题等就依赖于未来学的发展；而系统科学和系统工程的主要研究领域是组织化的复杂大系统，处于第Ⅰ象限之中。

表 1-2　系统的分类

按组织化程度	按繁简程度	
	大系统	小系统
有组织系统	Ⅰ 系统科学、系统工程	Ⅳ 工程科学等
无组织系统	Ⅱ 未知领域	Ⅲ 概率、统计、模糊数学等

迄今为止，系统工程的研究在以下一些领域已有实际应用。

1）自然环境领域，如宇航系统、自然受控系统、国土资源系统、农业系统、生态与环境系统等。

2）生物医学领域，如生理系统、生物系统、神经系统、医疗系统等。

3）工业领域，如产品与技术开发、工业生产控制、产业布局、工业生态与循环经济、交通网络、物流与供应链管理、能源供应等。

4）社会领域，如城市规划与城市管理、服务系统、教育系统、应急管理系统、文化体育等。

5）国家管理领域，如区域规划与开发、宏观计划、经济政策、能源规划与生产、国防系统、武器系统、人口控制、国际关系等。

系统工程在各个领域的应用过程中逐步分化出带有特定研究对象特征的各系统工程，如能源系统工程、交通运输系统工程、军事系统工程、人口系统工程、航天系统工程、教育系统工程、管理系统工程、农业系统工程、矿业系统工程等。

从以上所列研究领域可以看出，系统工程的研究对象具有如下特征：①系统工程不同于机械工程、电子工程、水利工程等，后者以专门的技术领域为对象，而系统工程则跨各专业领域，研究各行各业中系统的开发、应用等问题；②系统工程不仅涉及工程系统，而且涉及社会经济、环境生态等非工程系统，不仅涉及技术因素，还涉及社会、经济甚至心理因素；③系统工程比一般工程更注重事理，注重计划、组织、安排、优化，一般工程注重"物"的研究，以创造人类有用的物质条件，如电气工程，而系统工程则注重"事"的研究，从而为完成某项任务提供决策、计划、方案和工序，以保证任务完成得最好。

1.2.3　系统工程的定义与特点

1. 系统工程的定义

系统工程作为一门新兴学科，与其他学科相互渗透、相互影响，不同专业领域的人对它的理解不尽相同。因此，要给出一个统一的定义比较困难。下面列举国内外学术界和工程界对系统工程的一些较有代表性的定义。

1967 年，美国著名学者切斯特纳特（Chestnut）指出："系统工程是按照各个目标进行权衡，全面求得最优解（或满意解）的方法，并使整体的各组成部分能够最大限度地互相适应。"

1967 年，日本工业标准（Japanese Industrial Standards，JIS）对系统工程的定义："系统工程是为了更好地达到系统目标，而对系统的构成要素、组织机构、信息流动和控制机构等进行分析与设计的技术。"

1978 年，我国著名科学家钱学森院士指出："系统工程是组织管理系统的规划、研究、设计、制造、试验和使用的科学方法，是一种对所有系统都具有普遍意义的科学方法。"

1993 年出版的《中国大百科全书·自动控制与系统工程卷》指出："系统工程是从整体出发，合理开发、设计、实施和运用系统的工程技术。它是系统科学中直接改造世界的工程技术。"

本书采用我国汪应洛院士主编的《系统工程》一书中给出的宏观定义：系统工程是从总体出发，合理开发、运行和革新一个大规模复杂系统所需的思想、理论、方法论、方法和技术的总称，属于一门综合性的工程技术。它把自然科学和社会科学中的某些思想、理论、方法、策略和手段等根据总体协调的需要有机地联系起来，把人们的生产、科研或经济活动有效地组织起来，应用定量分析和定性分析相结合的方法，利用电子计算机等工具，对系统的构成要素、组织结构、信息交换和反馈控制等功能进行分析、设计、制造和服务，从而达到最优设计、最优控制和最优管理的目标，以便最充分地发挥人力、物力的潜力，并且通过各种组织管理技术，使局部和整体之间的关系协调配合，以实现系统的综合最优化。

2. 系统工程的特点

系统工程与机械工程、电气工程、水利工程、物流工程等一般工程学有所不同，其特点主要表现在以下几个方面。

（1）研究思路的整体化

系统工程强调研究思路的整体化，就是既把研究对象看成是一个系统整体，又把研究对象的过程看成是一个整体。这就是说，一方面，对于任何一个研究对象，即使它是由各个不相同的结构和功能部分组成的，也都要把它看成为完成特定目标而由若干个元素有机结合成的整体来处理，并且还应把这个整体看成是它所从属的更大系统的组成部分来考察和研究；另一方面，把研究对象的研制过程也作为一个整体来对待，即将系统的规划、研究、设计、制造、试验和使用作为整体，分析这些工作环节的组成和联系，从整体出发来掌握各个工作环节之间的信息以及信息传递路线，分析它们的控制、反馈关系，从而建立系统研制全过程的模型，全面地考虑和改善整个工作过程，以实现整体最优化。

（2）应用方法的综合化

系统工程强调综合运用各个学科和各个技术领域内的成就和方法，使得各种方法相互配合，达到系统整体最优化。系统工程对各种方法的综合应用并不是将这些方法进行简单的堆砌叠加，而是从系统的总目标出发，将各种相关的方法协调配合、互相渗透、互相融合及综合运用。

（3）组织管理的科学化、现代化

系统工程研究思路的整体化要求组织管理的科学化，其应用方法的综合化要求组织管理的现代化。由于系统工程研究的对象在规模、结构、层次、相互联系等方面高度复杂，综合应用日益广泛，这就使得那种单凭经验的管理模式不能适应客观需要，没有组织管理的科学化和现代化，就难以实现研究思路的整体化和应用方法的综合化，也就不能充分发挥出系统的效能。管理科学化就是要按科学规律办事，其所涉及的内容极其广泛，包括对管理、组织结构、体制和人员配备的分析，工作环境的布局，程序步骤的组织，以及工程进度的计划与控制等问题的研究。管理现代化就是指符合事物发展的客观规律，符合组织需要，而且证明行之有效的最新管理理论、思想、组织形式和方法手段，它比旧的方法更合理、更有效，更能促进生产力的发展和生产关系的改善。

1.2.4　系统工程的应用

1. 系统工程的应用领域

在人类发展史上，系统工程思想被不断地应用于社会活动和生产活动中，其应用领域几乎遍及工程技术和社会经济的各个方面。

1）社会系统工程。它的研究对象是整个社会，研究范围包括社会发展目标、社会指标体系、社会发展模型、社会发展战略、综合发展规划、社会预测、宏观控制和调节、人口系统工程等。

2）经济系统工程。运用系统工程的方法研究宏观经济系统的问题，如国家的经济发展战略、经济指标体系、投入产出分析、积累与消费分析、产业结构分析、消费结构分析、价格系统分析、投资决策分析、资源合理配置、经济政策分析、综合国力分析、世界经济模型等。

3）区域规划系统工程。运用系统工程的原理和方法研究区域发展战略、区域综合发展规划、区域投入产出分析、区域城镇布局、区域资源合理配置、城市资源规划、城市公共交通规划与管理等。

4）环境生态系统工程。研究大气生态系统、大地生态系统、流域生态系统、森林与生物生态系统、城市生态系统等分析、规划、建设、防治等方面的问题，以及环境监测系统、环境计量预测模型等。

5）能源系统工程。研究能源合理结构、能源需求预测、能源开发规模预测、能源生产优化模型、能源合理利用模型、电力系统规划、节能规划、能源数据库等问题。

6）水资源系统工程。研究河流综合利用规划、流域发展战略规划、农田灌溉系统规划与设计、城市供水系统优化模型、水能利用规划、防污指挥调度、水污染控制等。

7）交通运输系统工程。研究铁路、公路、航运、航空综合运输规划及其发展战略，铁路调度系统，公路运输调度系统，航运调度系统，空运调度系统，综合运输优化模型，综合运输效益分析等。

8）农业系统工程。研究农业发展战略、大农业及立体农业的战略规划、农业投资规划、农业综合规划、农业区域规划、农业政策分析、农产品需求预测、农业发展速度预测、农业投入产出分析、农作物合理布局、农作物栽培技术规划、农业系统多层次开发模型等。

9）企业系统工程。研究市场预测、新产品开发、计算机集成制造系统（computer integrated manufacturing system，CIMS）及并行工程、计算机辅助设计与制造、生产管理系统、计划管理系统、库存控制、全面质量管理、成本核算系统、成本效益分析、财务分析、组织系统等。

10）工程项目管理系统工程。研究工程项目的总体设计、可行性、国民经济评价、工程进度管理、工程质量管理、风险投资分析、可靠性分析、工程成本-效益分析等。

11）科技管理系统工程。研究科学技术发展战略、科学技术预测、优先发展领域分析、科学技术评价、科技人才规划、科学管理系统等。

12）教育系统工程。研究人才需求预测、人才与教育规划、人才结构分析、教育政策分析等。

13）人口系统工程。研究人口总目标、人口参数、人口指标体系、人口系统数学模型、人口系统动态特性分析、人口政策分析、人口区域规划、人口系统稳定性等。

14）军事系统工程。研究国防战略、作战模拟、情报、通信与指挥自动化系统、先进武器装备发展规划、综合保障系统、国防经济学、军事运筹学等。

2. 系统工程的应用范例

（1）三峡工程

三峡工程全称为长江三峡水利枢纽工程。整个工程包括一座混凝土重力式大坝、泄水闸、一座堤后式水电站、一座永久性通航船闸和一架升船机。三峡工程建筑由大坝、水电站厂房和通航建筑物三大部分组成，它是人类对自然系统进行系统改造的典范。三峡工程综合开发成功后，能够调水抗洪、蓄水通航、泄水发电，还能够保证城市用水，提高农业灌溉面积等，这对保护长江中下游人民生命财产安全、缓解能源紧张状况、促进社会经济发展产生了重大的积极作用。

（2）神舟载人航天工程

1992 年，我国载人飞船正式列入国家计划进行研制，这项工程后来被定名为"神舟号飞船载人航天工程"，由神舟号载人飞船系统、长征运载火箭系统、酒泉卫星发射中心飞船发射场系统、飞船测控与通信系统、航天员系统、空间应用系统、着陆场系统、空间实验室系统等八大系统组成，是我国在 20 世纪末期至 21 世纪初期规模最庞大、系统组成最复杂、技术难度和安全可靠性要求最高的跨世纪国家重点工程。其中，载人飞船系统的主要任务是实现自主飞行、出舱活动和交会对接；长征运载火箭系统的主要任务是采用大推力长征二号 F 型运载火箭实现载人航天；酒泉卫星发射中心飞船发射场系统的主要任务是负责火箭、飞船和应用有效载荷在发射场的测试和发射；飞船测控与通信系统的主要任务是完成飞行试验的地面测量和控制；航天员系统的主要任务是选拔、训练航天员，实施太空科学实验及行走；空间应用系统的主要任务是研制空间对地观测和空间科学实验装置；着陆场系统的主要任务是搜救航天员和回收飞船返回舱；空间实验室系统的主要任务是为开展短期有人照料的空间科学实验提供基本平台。中国载人航天工程的八大系统涉及学科领域广泛，技术含量高度密集，全国 100 多个研究院所、3000 多个协作单位和数十万工作人员承担了研制建设任务。

上述实例都有力地证明了系统工程的重要作用与广泛应用。

1.3　系统工程的理论基础

系统工程作为一门交叉学科，具有宽广的理论基础，其理论主体是由一般系统论、控制论、信息论、耗散结构理论、协同学理论、突变理论、运筹学等理论体系形成的。系统工程从这些学科中汲取思想的营养，提炼科学方法，形成科学理论。

1.3.1　一般系统论

一般系统论是系统工程的重要理论基础。一般系统论的创始人是贝塔朗菲，1925 年他首次提出了系统论的思想，1937 年提出了一般系统论原理，为系统论奠定了理论基础。1945 年他发表了一篇文章，提出"机体系统论"的概念。他认为，生命有机体具有以下一般特征：①开放性，生物体是一个开放系统，不仅生物体各组成部分之间存在相互作用，更重要的是与环境发生相互作用；②整体性，生命体是一个有机的整体，各部分离开整体是不能存在的；③动态性，生物体结构是一种动态结构，每时每刻都在进行新陈代谢，并经历生长、衰老、死亡等阶段；④能动性，生物体是一个能动系统，具有应激性，如心跳、呼吸等生理机能不是对外界刺激的反应，而是维持生存的内在要求的实现；⑤等级性，生物组织具有群体、个体、器官、多细胞组织、细胞、基因、物理化学层次。贝塔朗菲的思想构筑了一般系统论的基本内核，后来为了解释更一般的现象，他把"机体"这个术语改为"有组织的实体"，并逐步形成了系统论的纲领。

1.3.2　控制论

控制论是 20 世纪 40 年代产生的对人类社会影响最广、最深远的科学新分支，被视为人类社会的最大成就之一。第二次世界大战期间，自动化技术、导弹和电子计算机的发展，要求自然科学在理论上进行科学的总结和研究。在这种背景下，以美国数学家诺伯特·威纳（Norbert Wiener）为首的一批科学家，通过总结前人的经验，针对充满矛盾性、不定性和关联性的不完备的客观世界，在深刻揭示了信息、反馈、通信、控制、系统、平衡、因果、稳定、有序、组织等一系列科学概念的本质联系和普遍性的基础上，创立了控制论。

控制论是研究生命系统和非生命系统以及与两者均有关的社会经济系统内部通信、控制、调节、组织、平衡、稳定、计算及其周围环境相互作用或反馈的各种自然科学和社会科学的统一的科学方法论。作为一门具有普遍性的边缘性学科，控制论使人们第一次有可能把物质世界和非物质世界、有生命和无生命过程的动态并联作为整体加以研究。控制论自从产生以后，即以其强大的生命力活跃于自然科学和社会科学的各个领域，在工程技术、生物、经济、社会等需要和可能进行控制的领域得到了广泛的应用。从 20世纪 60 年代开始，控制论开始被经济学家大量引入经济领域，并在微观经济和宏观经济的管理与控制方面发挥着重要作用，在此基础上发展起来的经济控制论成为经济系统分析与控制的新工具。

1.3.3　信息论

最早指出有关信息问题的学者是尼奎斯特（Nyquist）等，他们于 1924 年指出，信息的传输速率与信道的频带宽度呈比例关系。1928 年，哈特利（Hartley）进一步推广了前人的工作，他在《信息的传输》一文中首次提出了信息量的概念。1948 年，美国数学家香农（Shannon）发表了《通信的数学理论》一文，标志着信息理论逐渐形成了一门较为完整的理论。

信息论是用数学方法研究信息的计量、传递、变换和储存的一门学科。作为信息论的基础，香农信息论主要是从随机变量出发来研究信息特性和信息传递的一般规律的，着重研究信源、信道、信宿以及编码问题。例如，信源包含多少信息？怎样定量地描述它？信宿能否有效地获得发信端发出的信息？信道容量有多大（即信道最多能传送多少信息）？怎样编码才能使信源的信息充分表达、信道容量充分利用？这些编码、译码的方法是否存在？等等。

近半个世纪是信息理论快速发展的时期，不仅信源、信道、编码等方面的基础性研究不断深化，而且促进了语言学、社会学、物理学、心理学、生物学、计算机科学、控制论、系统科学等学科的发展。并且，这些学科与信息理论相互渗透，不仅丰富了信息理论的内容，同时也推进了许多新兴学科的产生与发展。

1.3.4 耗散结构理论

耗散结构理论是由比利时布鲁塞尔学派物理化学家普里果金（Prigogine）于 1969年提出的。他认为，一个远离平衡态的开放系统，通过不断地与外界环境交换物质和能量，在外界条件的变化达到一定的阈值时，由于非线性的复杂因素而出现涨落（系统的非稳定状态），系统会突然出现以新的方式组织起来的现象，产生新的质变，从原来混沌无序的混乱状态转变为在时空上或功能上的有序状态。普里果金把这种关于在远离平衡态情况下所形成的新的、稳定的有序结构的理论命名为"耗散结构理论"。普里果金还进一步证明了耗散结构形成的条件：首先，系统必须是远离平衡态的开放系统，不断与外界大量交换能量与物质，来维持系统形成新的有序结构；其次，系统必须进入远离平衡态的非线性区域；最后，还要有涨落的触发。涨落是微小的波动或干扰。在线性区，涨落被消耗掉，几乎没有什么作用，而在远离平衡的非线性区临界点附近，微小的随机小扰动会得到"放大"，成为一个"巨涨落"，触发系统跃迁到一个新的稳定的有序状态，从而形成耗散结构。

耗散结构理论不仅发展了经典热力学与统计物理学，而且推进了理论生物学，为系统有序结构的稳定性提供了严密的理论根据。

1.3.5 协同学理论

与耗散结构理论一样，协同学也是研究一个系统如何自发地形成有序结构的。德国物理学家赫尔曼·哈肯（Hermann Haken）在 20 世纪 60 年代研究激光理论的基础上，于 1969 年提出了协同学的微观理论，1977 年出版了专著《协同学导论》，1983 年出版了《高等协同学》一书。作为系统理论新的分支，协同学是关于"协同工作"的学问。它研究系统的各个部分如何通过非线性的相互作用产生协同现象和相干效应，形成系统在空间上、时间上或功能上的有序结构。例如，在外界能量达到一定的阈值时，激光器就会发出相位和方向都整齐一致的单色光（激光），激光的产生就是一种典型的协同行为。

协同学认为协同导致有序，在影响系统行为的若干个变量中，大多数变量在系统受到干扰而波动时，总是力图使系统回到原先的稳定状态，它们起一种阻尼作用，且衰减很快，对系统发生结构性转变的过程没有大的影响，这类变量被称为快弛豫变量或快变量；而另外一些为数极少（往往只有一个或几个）的变量则在系统受干扰而波动时，使系统偏离稳态，走向非稳态，或进入新的稳态，它们始终左右着演化的进程，决定着演化结果的结构与功能，这类变量被称为慢弛豫变量或慢变量。哈肯定义慢变量为表示系统有序程度的序参量。如果系统处于完全无序的混沌状态，其序参量为零；在接近临界区时，序参量迅速增大；进入临界区，序参量达到最大值。序参量主导着系统出现新的有序结构。

哈肯认为，快变量服从慢变量，序参量支配着子系统的行为。这个观点也称为"伺候原理"或"支配原理"。当系统处于阈值时，系统的有序结构形成的速度很快，外界对系统的影响很小，可予以忽略。多个序参量之间的关系是既合作又竞争。在不同的外部条件下，竞争与合作的结果是形成一种有序结构。

涨落是系统形成有序结构的内部决定性因素。与耗散系统一样，通常系统的随机涨落对系统的演化基本上不起作用，但在临界区涨落得到放大，触发系统形成新的有序结构，进入新的稳定平衡状态。

协同学自从产生后，在物理学、化学、生物学、经济学、管理学和社会学等学科领域得到了广泛应用，并推动着系统工程的发展。

1.3.6 突变理论

突变理论既是系统学的一个分支，也是数学的一个分支，它以不连续现象为研究对象。突变现象广泛地存在于自然、社会、经济和生活中。例如，物理学中的相变、地震的爆发与火山的喷发、楼房的突然倒塌、经济危机、政治危机、生物体的病变等都是突然发生的现象，即突变现象。由于这些突变都是事先难以预料和把握的，它们的发生对原先系统及环境的影响是巨大的，可能带来灾难性的后果，也可能带来积极性的后果。

法国数学家汤姆（Thom）于 1965 年创立了突变论。这开阔了人们认识系统突变现象的眼界，使人们科学地预测和恰当地处理突变现象的可能性大大增加。

突变理论认为突变现象的本质是系统从一种稳定状态到另一种稳定状态的跃迁，因此，系统的结构稳定性是突变理论的研究重点。

1.3.7 运筹学

运筹学是第二次世界大战期间在英国首先出现的。为了帮助参谋人员研究新的反空袭雷达控制系统，1940 年 8 月在诺贝尔物理学奖获得者布莱克特（Blackett）的带领下，成立了由物理学家、数学家、生理学家、天文学家、军官等组成的研究小组。他们成功地研究了飞机出击的时间和队形、商船护舰的规模、水雷的布置、对深水潜艇的袭击以及战略轰炸等大量实战问题，并取得了异常显著的效果。美国也成立了类似的小组，这些小组在战争期间解决了许多战略战术问题。第二次世界大战以后，从事这项活动的许多专家转到了非军事部门，使这项活动有了新的发展，运筹学就是在这样的背景下逐步形成和发展起来的。

运筹学一般通过模型化的方法，对一个已确定研究范围的现实问题，按提出的预期目标，将现实问题中的主要因素及各种限制条件之间的因果关系、逻辑关系建立数学模型，通过模型求解来寻求最优方案，为决策提供依据。运筹学为系统工程解决复杂问题提供了一系列优化技术与实现手段，迄今为止，运筹学中的许多内容仍然是系统工程工作者所关注的重要方面。运筹学的主要分支有线性规划、非线性规划、整数规划、动态规划、排队论、储存论、网络与图论、对策论（博弈）等。

1.4　系统工程方法论

系统工程研究的对象通常是复杂系统。所谓复杂，是指系统的结构复杂、层次较多、单元要素种类很多且相互关系复杂。一般情况下，系统包含"硬件"单元，也包含"软件"要素，尤其是人的行为，使系统更具复杂性和不确定性。另外，复杂系统必然是多目标、多方案的，因此，要有独特的思考问题和处理问题的方法。这就是本节要介绍的系统工程方法论。

系统工程方法论就是分析和解决系统开发、运作及管理实践中的问题所应遵循的工作程序、逻辑步骤和基本方法。它是系统工程思考问题和处理问题的一般方法和总体框架。

系统工程方法论可以是哲学层次上的思维方式、思维规律，也可以是操作层次上开展系统工程项目的一般过程或程序，它反映了系统工程研究和解决问题的一般规律或模式。自 20 世纪 60 年代以来，许多系统工程学者在不同层次上对系统工程方法论进行了探讨。近年来，随着系统工程方法论不断发展和完善，系统工程已被用于解决越来越多多样化和复杂化的问题。例如，从 20 世纪 50 年代开始，钱学森院士及一大批系统工程专家在我国军事系统研究中取得累累硕果，就是基于对系统工程方法论的深入理解和应用。

现代系统思想兴起后，学界逐步将实践中用到的方法提升到方法论的高度。本节重点介绍几种典型的系统工程方法论：以霍尔（Hall）为代表的硬系统工程方法论、以切克兰德（Checkland）为代表的软系统工程方法论、以钱学森为代表的综合集成方法论。

1.4.1　硬系统工程方法论

1969 年，美国贝尔电话公司工程师霍尔等在大量工程实践的基础上，提出了系统工程方法的三维结构模型，简称为霍尔方法论。三维模型中的"三维"是指时间维、逻辑维和知识维，集中体现了系统工程方法的系统化、综合化、最优化、程序化和标准化的特点，是操作层次上出现最早、影响最大的系统工程方法论。霍尔的三维结构模型将系统工程的活动分为前后紧密连接的七个阶段和七个步骤，并同时考虑到为完成各阶段和步骤所需要的各种专业知识。

1. 时间维

对一个具体的系统工程活动从规划阶段到更新阶段按时间排列的顺序，可分为七个工作阶段。

1）规划阶段：制定系统工程活动的政策和规划。

2）拟订方案阶段：提出具体的计划方案。

3）研制阶段：实现系统的研制方案，并制订生产计划。

4）生产阶段：生产出系统的零部件及整个系统，并提出安装计划。

5）安装阶段：把整个系统安装好，通过试验运行制订出运行计划。

6）运行阶段：系统按照预期目标提供服务。

7）更新阶段：改进或充实旧系统使之变成新系统而更有效地工作。

2. 逻辑维

将以上每个阶段展开，按照系统工程方法来思考和解决问题，有一个逻辑的思维过程，这个过程通常分为七个步骤。

1）明确问题：弄清问题的实质。通过尽量全面地搜集有关资料和数据说明问题的历史、现状和发展趋势，从而为解决目标问题提供可靠依据。

2）确定目标：弄清并提出为解决问题所需要达到的目标，并且制定出衡量是否达到目标的标准，以利于对所有供选择的系统方案进行衡量。

3）系统方案综合：按照问题性质及总目标形成一组可供选择的系统方案，方案中要明确所选系统的结构和参数。在进行系统方案综合时，最重要的问题是自由地提出设想。

4）系统分析：对可能入选的方案进一步说明其性能和特点以及整个系统的相互关系。为了对众多备选方案进行分析比较，往往通过形成一定的模型，把这些方案与系统评价目标联系起来。

5）系统选择：在一定的限制条件下，人们总是希望在备选方案中选出最优者。当评价目标只有一个定量的指标，而且备选的方案个数不多时，容易从中确定最优者。但是，当备选方案个数很多，评价目标有多个，而且彼此之间又有矛盾时，要选出一个对所有指标都最优的方案是不可能的，必须在各个指标间进行一定的协调，可使用多目标最优化方法进行评价，确定各个方案的优劣次序。

6）系统决策：由领导根据更全面的要求，选择一个或几个方案来试用，有时不一定就是最优方案。根据系统工程的咨询性，决策步骤并非系统工程师的工作，但是对于决策技术的研究，则是系统工程的课题之一。

7）系统实施：根据最后选定的方案，将系统具体付诸实施。如果在实施过程中，进展比较顺利或者遇到的困难不大，略加修改和完善即可，并把它确定下来，那么整个步骤即告一段落。如果问题较多，就有必要回到所述逻辑步骤中认为需要的一步开始重新做起，然后再决策或实施。这种反复有时会出现多次，直到满意。

3. 知识维

知识维是为完成各阶段、各步骤所需要的知识和各种专业技术，通常可理解为工程、医学、建筑、商业、法律、管理、社会科学及艺术等各种专业知识和技术。霍尔提出的知识维仅仅是一种概念上的，并没有就如何组织相关知识进行进一步的说明。

我们认为，从知识这个维度来考虑，就是要用系统的方法有效地获取上述各个阶段、各个逻辑步骤所必需的知识，并对其进行开发、利用、规划和控制，从而更好地实现系统工程目标。

自从 1986 年美国管理咨询专家创造了知识管理（knowledge management）这个词，特别是随着 20 世纪 90 年代知识经济概念的提出，知识管理已经引起了各国管理学家的密切关注，如何用系统的方法发现、理解和使用知识也成为系统工程项目能否有效开展的决定性因素。在系统的开发和运用中，知识管理意味着把正确的知识在正确的时间交给正确的人，使之能做出最满意的决策。

系统工程中知识管理的过程一般划分为以下阶段。

1）知识辨识阶段：根据系统工程的总体目标要求，制定知识来源战略，划定知识管理范围，辨识知识。

2）知识获取阶段：将现存知识（信息库、文件或人脑存储信息）正式化。

3）知识选择阶段：评估知识及其价值，去除相互冲突的知识。

4）知识储存阶段：通过适当、有效的方式储存所选择的知识。

5）知识共享阶段：将正确的知识传输给每个阶段的使用者。

6）知识使用阶段：在各个阶段的工作中使用知识。

7）知识创新阶段：通过科研、试验和创造性思维发现新知识。

霍尔的三维结构理论为解决大规模复杂系统提供了一个统一的思想方法，如图1-4所示。

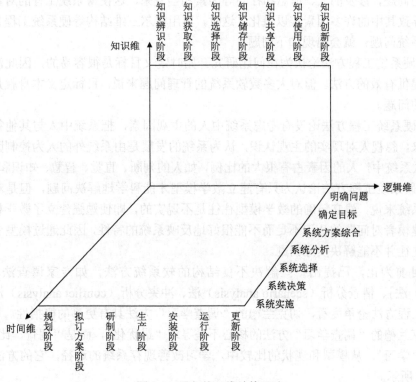

图1-4　霍尔的三维结构理论

霍尔提出的基于时间维、逻辑维、知识维的三维结构，标志着硬系统工程方法论的建立，也有文献将运筹学方法论、系统分析方法论、霍尔三维结构、系统动力学方法论统称为硬系统工程方法论。硬系统工程方法论的特点是强调明确的目标，认为对任何现实问题都必须而且可能弄清其需求，其核心内容是优化。

1972年，希尔（Hill）和沃菲尔德（Warfield）为克服约束条件复杂的多目标大系统组织方面的困难，在霍尔三维结构的基础上提出了统一规划法，其实质是对霍尔活动矩阵中规划阶段的具体展开，利用它可以较好地实现对大型复杂系统的全面规划和总体安排。

1.4.2　软系统工程方法论

1. 软系统工程方法论的提出

系统工程常常把所研究的系统分为良结构系统与不良结构系统两类。良结构系统是指偏重于工程、机理明显的物理型硬系统，它可以用较明显的数学模型描述，可以用较现成的定量方法计算系统的行为和最佳结果。不良结构系统是指偏重于社会、机理尚不清楚的生物型软系统，它较难用数学模型描述，往往只能用半定量、半定性的方法来处理。解决良结构系统所用的方法通常称为"硬方法"，霍尔三维结构就主要适用于解决良结构的硬系统问题。

进入 20 世纪 70 年代以来，系统工程越来越多地应用于研究社会经济的发展战略和组织管理问题，涉及的人、信息和社会等因素相当复杂，这使得系统工程的对象系统软化，并导致其中的许多因素难以量化。这时，再用霍尔三维结构等硬系统工程方法论来解决软系统问题，就会出现如下问题。

1）硬系统工程方法论认为在问题研究开始时定义目标是很容易的，因此没有为目标定义提供有效的方法。但对大多数软系统的管理问题来说，目标定义本身就是需要首先解决的问题。

2）硬系统工程方法论没有考虑系统中人的主观因素，把系统中人与其他物质因素等同起来，忽视人对现实的主观认识，认为系统的发展是由系统外的人为控制因素决定的。在软系统中，人的因素占有很大的比例，如人的判断、直觉、智慧、知识和经验等。

3）硬系统工程方法论认为只有建立数学模型才能科学地解决问题，但是对于复杂的社会系统来说，建立精确的数学模型往往是不现实的，即使勉强建立了数学模型，也会因为建模者对问题的认识不足而不能很好地反映系统的特性，因此通过模型求解得到的方案往往并不能解决实际问题。

到目前为止，已提出一些解决不良结构的软系统方法，如专家调查法［德尔菲（Delphi）法］、情景分析（scenario analysis）法、冲突分析（conflict analysis）法等，但从系统工程方法论角度看，切克兰德的"调查学习"方法具有更高的概括性。

切克兰德的"调查学习"方法的核心不是寻求"最优化"，而是"调查、比较"，或者说是"学习"，从模型和现状的比较中，学习改善现存系统的途径，它的方法流程图如图 1-5 所示。

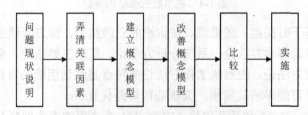

图 1-5　切克兰德"调查学习"方法流程图

2. 切克兰德方法论的基本流程

1）不良结构问题（issues）的提出。

2）问题的表述。

3）有关系统的基本定义。

4）提出概念模型。

5）将模型与问题的表述进行比较。

6）找出可行、满意解。

7）采取行动改善实际问题。

3. 软系统工程方法论的特点

软系统工程方法论具有以下一些特点。

1）与目标不明、非结构化的"麻烦"有关。

2）强调过程，即与学习和决策有关。

3）与感性认识、世界观及人类把组织现实的内涵与环境相联系的方式有关。

4）用模型的术语来说，它是非数量型的。

5）依靠加深对问题情景的理解来改进。

6）依赖于解释社会理论。

7）与对统治人类社会的社会规则的理解有关。

综上所述，硬系统工程方法论与软系统工程方法论相比有许多不同之处，表 1-3 大致给出了两者之间的差异。

表 1-3 硬系统工程方法论与软系统工程方法论的比较

项目	硬系统工程方法论	软系统工程方法论
处理对象	技术系统、人造系统	有人参与的系统
处理的问题	明确，良结构	不明确，不良结构
处理的方法	定量模型，定量方法	概念模型，定性方法
价值观	一元的，要求优化，有明确的好结果（系统）出现	多元的，满意解，系统有好的变化或者从中学到了某些东西

1.4.3 综合集成方法论

随着生物系统、经济系统、社会系统等系统呈现出明显的复杂性，研究和控制这类系统，完全靠已有的方法越来越困难，需要有新的方法论支持。1990 年《自然杂志》第 1 期发表了钱学森、于景元、戴汝为三人署名的文章《一个科学新领域——开放的复杂巨系统及其方法论》，首次向世人公布了"开放的复杂巨系统"的科学领域及其基本观点。

1）系统本身与系统周围的环境有物质的交换、能量的交换和信息的交换。由于有这些交换，所以系统是开放的。"开放"不仅意味着系统与环境进行物质、能量、信息的交换，接受环境的输入和扰动，向环境提供输出，而且意味着系统具有主动适应和进化的含义。从对系统进行分析的角度看，"开放"意味着在分析、设计或使用系统时，要重视系统行为对环境的影响，把系统行为与环境保护结合起来考虑，反对以牺牲环境为代价的系统优化，强调把系统优化与环境优化结合起来。从变化的角度看，"开放"还意味着系统不是既定不变的、结束了的，而是动态的和发展变化的，会不断出现新现象、新问题。因此，系统科学要求系统研究者必须以"开放的观点、开放的心态"来分析系统问题。

2）系统所包含的子系统很多，成千上万，甚至上亿万，所以是"巨系统"。

3）子系统的种类繁多，有几十、上百甚至几百种，所以是"复杂的"。

针对开放复杂巨系统问题，钱学森院士曾于 20 世纪 90 年代初提出了从定性到定量的综合集成方法论，其主要特点如下。

1）根据开放的复杂巨系统的复杂机制和变量众多的特点，把定性研究与定量研究有机地结合起来，从多方面的定性认识上升到定量认识。

2）按照人机结合的特点，将专家群体（各方面有关专家）、数据和各种信息与计算机技术有机结合起来。

3）把科学理论与经验知识结合起来，把人对客观事物星星点点的知识综合集中起来，力求使问题得到有效解决。

4）根据系统思想，把多种学科结合起来进行研究。

5）根据复杂巨系统的层次结构，把宏观研究与微观研究统一起来。

6）强调对知识工程及数据挖掘等技术的应用。

综合集成方法论的概念图解如图 1-6 所示。

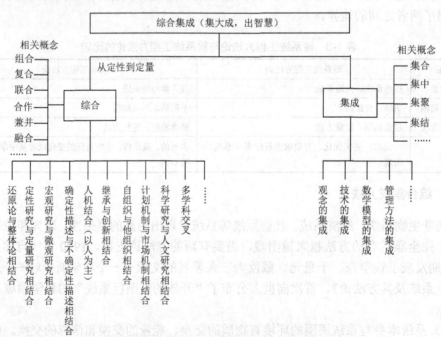

图 1-6　综合集成方法论的概念图解

综合集成方法论体现了精密科学从定性判断到精密论证的特点,也体现了从以形象思维为主的经验判断到以逻辑思维为主的精密定量论证的过程。它的理论基础是思维科学,方法基础是系统科学与数学,技术基础是以计算机为主的信息技术,哲学基础是实践论和认识论。应当指出的是,在应用综合集成方法论研究问题时,也可以进行系统分解,即在系统总体指导下进行分解,在分解后研究的基础上,再综合集成到整体,达到从整体上严密解决问题的目的。从这个意义上讲,综合集成方法论成为还原论和整体论的结合,它一方面吸收了还原论的长处,另一方面还弥补了各自的缺陷。此外,综合集成方法论的实质是把专家体系、数据和信息体系及计算机体系结合起来,构成一个高度智能化的人机结合系统,它的成功应用,就在于充分发挥了这个系统的综合优势、整体优势和智能优势。

综上,综合集成方法论是系统工程方法论的前沿成果,它还在发展之中,需要不断丰富和完善。

案例分析

案例背景

神龙汽车有限公司是中国东风汽车公司和法国 PSA 集团雪铁龙汽车公司合资,投资上百亿人民币建设的现代化轿车生产企业,生产欧洲 20 世纪 90 年代 ZX 型富康轿车系列。在公司的生产经营大系统中,物流系统占有重要地位。公司设立了内部生产物流系统管理部门和供应、销售两个外部物流部门。同时神龙汽车有限公司还不断运用系统工程方法来解决卸货站台过渡平台的选择,以提高物流运作的效率,实现利益最大化。

案例解析

货物装卸口(即站台)是物流大系统的一个"瓶颈"部位,此处的物流能否通畅直接影响到物流大系统的正常运转。通过对国内、国外站台过渡平台设备的了解和分析,神龙汽车有限公司 1996 年购置了德国 Hafa Stekvn 3500 型液压式站台过渡平台,使用后证明,这种设备使用性能好,但价格稍高。于是,在再次增加设备时,改选了法国随动性好、自动化程度高、操作简便的 Auto Manu 30.2410 型机械式站台过渡平台,使设备单价降低了 3.5 万元人民币。三种站台过渡平台的性能价格比较见表 1-4。

表 1-4　三种站台过渡平台的性能比较

项目	法国机械式	德国液压式	国产机械式
设备交货状态	需重新改造,增加附加装置	可即刻投入使用	仍需不断调试
工作条件	在室外,环境差	在室内,环境良好	在室外,环境艰苦
设备单价	9.5 万元	13 万元	
雨棚单机价	3 万元	0	

项目	法国机械式	德国液压式	国产机械式
安全台单机价	0.15 万元	0	
人力资源单机价	0.875 万元	0	
单台设备总投入	13.525 万元	13 万元	
4 台设备总价	54.10 万元	52 万元	

由表 1-4 可知：从系统的观念来分析，配置 4 台站台过渡平台，选择液压式站台过渡平台，总投入会减少约 2.10 万元人民币，且设备整体性好，工作安全可靠；而选择机械式，尽管设备首次采购价格低于液压式，但后期的设备改造费和人力投入费较高，而且机械式的使用效果较差，安全可靠性也较差，设备的整体性被破坏，厂房外观易受损害。如果把使用情况、厂房环境、安全条件、设备功能和设备价格综合起来考虑，把站台过渡平台看成从货源到零部件仓库这个系统中的环节，选择液压式平台才是合理的。

（资料来源：王长琼，谭世琴，2016. 物流系统工程[M]. 北京：高等教育出版社.）

问题：

1. 企业物流系统对生产经营大系统的重要作用有哪些？
2. 站台过渡平台选择的实例反映了系统的哪些特征？

本 章 小 结

本章简要介绍了系统和系统工程的一般概念和特点，并着重阐述了系统的结构与功能、系统工程的理论基础；论述并分析了系统工程的基本概念、研究对象与领域和三大方法论。本章提供了系统知识的必要基础，建立了系统及系统工程的知识体系，为从系统的角度认识物流系统奠定了基础。

课 后 习 题

1. 系统的定义是什么？系统的属性有哪些？它们之间的关联是怎样的？
2. 系统结构与功能的关系有哪些？
3. 如何理解系统的整体性、相关性、适应性、层次性与目的性？
4. 什么是系统工程？它与一般工程技术有什么不同之处？
5. 硬系统工程方法论、软系统工程方法论、综合集成方法论各有什么特点？试对这些方法论进行比较分析。
6. 系统工程的理论基础主要有哪些？
7. 试举出一些解决现实生活中问题的例子，并说明用到了哪些系统工程的思想。

第2章 物流系统工程概述

学习目标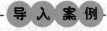

知识目标

1. 了解现代物流的发展趋势。
2. 掌握物流系统的概念和特征。
3. 掌握物流系统的各构成要素。
4. 了解物流系统工程的基础理论，掌握其主要内容。

技能目标

1. 建立物流系统的知识体系。
2. 掌握运用系统工程的概念分析和定义物流系统工程的方法。

素质目标

1. 形成从多学科理论体系提取科学方法的思维。
2. 提高利用系统思维解决实际问题的能力。

导入案例

古代世界最发达的物流工程——京杭运河

如今，人类的物流可以走水路、陆路和航空，但在古代，交通物流远没有这么发达。然而，有一条贯通南北、1700多公里长的运河——京杭运河，极大地提升了古代中国的物流能力，为联通南北经济、促进南北文化交流作出了巨大贡献。一条人工运河，怎么会有如此大的威力？

京杭运河纵贯于中国最富饶的华北平原和东南沿海地区，地跨北京、天津、河北、山东、江苏、浙江等省、直辖市，是中国古代南北交通的大动脉，是中国古代劳动人民创造的一项伟大的水利建设工程。

总的来看，京杭运河实际上就是一个典型的"物流工程"。在蒸汽机出现之前，世界上效率最高的运输系统便是漕运，也就是水运。在那个交通不发达的时代，运输成本非常高，如运输的距离为1000公里，粮食的耗损就要超过60%。相比之下，京杭运河运输高效率的特点保证了物流运输系统的形成。

思考：

1. 尝试从物流系统工程的角度出发，分析京杭运河系统理论的体现。
2. 调查并结合企业实况，谈谈京杭运河的建造给现代企业物流运作模式带来的启示。

2.1 现代物流及其发展概述

2.1.1 物流的产生与发展

按照《物流术语》（GB/T 18354—2021）的定义，物流是指根据实际需要，将运输、储存、装卸、搬运、包装、流通加工、配送、信息处理等基本功能实施有机结合，使物品从供应地向接收地进行实体流动的过程。

作为一种实践活动，自从有了商品的交换，物流活动就存在了，它是与人类的生产、生活活动紧密联系在一起的。从这个意义上讲，物流本身并不是一种新的活动或新的现象。但是，将物流作为一种经济活动，从理论的高度加以分析和研究，尤其是将物流作为企业经营管理的基本职能之一，并对物流活动实施系统化的科学管理，则是 20 世纪 50 年代前后的事情。

1962 年，美国著名的管理学家彼得·德鲁克（Peter Drucker）在《财富》杂志上发表了题为《经济的黑暗大陆》一文，指出流通是经济领域的黑暗大陆，强调应该高度重视流通以及流通过程中的物流管理。虽然德鲁克泛指的是流通，但是，由于流通领域中物流活动的模糊性尤其突出，是流通领域中人们认识不清的领域，因此，"黑暗大陆"说法现在转向主要针对物流而言。"黑暗大陆"说法主要是指尚未认识、尚未了解的现象。如果理论研究和实践探索照亮了这块黑暗大陆，那么，摆在人们面前的可能是一片不毛之地，也可能是一片宝藏之地。"黑暗大陆"说法是对物流本身的正确评价，即物流领域未知的东西还很多，理论和实践皆不成熟。

在这一背景下，1963 年成立了世界上第一个物流专业人员组织——美国物流管理协会（National Council of Physical Distribution Management）。该组织对物流做了一个精要的概括："所谓物流，即以最高的效率和最小的成本，以满足顾客需要为目的，从商品的生产地到消费地，对包括原材料、在制品、最终品及其相关信息的流动与储存，进行设计、实施和控制的过程。"此定义将物流的对象从实物扩展到相关的信息，将物流活动从搬运、装卸、运输等过程扩展到包括对物流系统的设计、实施、控制在内的一系列过程。

20 世纪 80 年代中期以来，经济、管理、工程技术领域的一系列变化，导致物流领域也发生了巨大变化，不仅有物流技术方面的进步，还有企业及学术界对物流理论和理念的高度重视。另外，20 世纪 80 年代中期，美国物流活动的经营环境发生了巨大的变化，一系列新的运输法规法案的出台，使运输市场全面自由化；运输业的激烈竞争，使物流企业必须切实满足顾客需要、提升物流服务水平，也使消费者能自由选择更高水平的物流服务。在这样的背景下，美国的现代物流业迅速发展起来。

20 世纪 80 年代中期产生的一些先进的管理方法，如物料需求计划（material requirement planning，MRP）、制造资源计划（manufacturing resource planning，MRP Ⅱ）、分销需求计划（distribution requirement planning，DRP）、分销资源计划（distribution resource planning，DRP）、准时化生产（just in time，JIT）等，使人们认识到需要从采

购、生产、销售的全过程来把握物流管理，物流从战略意义上得到了企业高层决策者的重视。物流也从狭义的物流（physical distribution）发展到集采购物流、生产物流和销售物流于一体的现代物流（logistics），其重要标志就是 1985 年美国物流管理协会从"National Council of Physical Distribution Management"更名为"the Council of Logistics Management"。

20 世纪 90 年代以来，计算机技术、网络技术和信息技术的快速发展及其在物流领域的广泛应用，促进了物流技术和物流管理手段的现代化，为物流战略决策的最优化提供了技术保证。另外，随着市场竞争的日益激烈，狭义物流的作用已经日益显得单一和不足，物流必须与生产、采购、销售以及信息相结合，形成整体优势，才能适应新的竞争环境，企业只有在发挥核心竞争力的同时，与自己的上游企业和下游企业结成联盟，参加由优秀的生产者、原材料供应者、产品批发商、零售商、物流企业乃至相关的金融、保险、信息、咨询等企业优势组合的同盟体，才能维持生存和发展。因此，更加强调物流跨企业的延伸，这实质上就是供应链形态，只有供应链才能满足这种竞争的需要。作为一种重要的发展趋势，物流渐渐地被涵盖在供应链管理之中，或者说物流向更高的阶段发展了。2005 年，美国物流管理协会更名为"美国供应链管理专业协会"，这标志着物流管理已进入供应链管理的时代。

现代物流学极为重要的特征之一就是认为各项物流活动之间存在着相互关联、相互制约的关系，它们是作为统一的有机整体的一部分而存在的，这个有机整体就是物流系统。因此，系统性是现代物流学最基本的特性。物流本身就是一个系统。现代系统科学的理论、观点和方法在现代物流领域具有广泛的应用价值，物流学与系统科学的融合对现代物流理论和方法的形成具有重要的作用。

2.1.2　现代物流的发展趋势

进入 21 世纪，全球经济一体化进程加快，企业面临着尤为激烈的竞争环境，资源在全球范围内的流动和配置大大加强，世界各国更加重视物流发展对于本国经济发展、民生素质和军事实力增强的影响，更加重视物流的现代化，从而使现代物流呈现出一系列新的发展趋势。根据国内外物流发展的新情况，未来物流的发展趋势可以归纳为信息化、网络化、自动化、电子化、共享化、协同化、集成化、智能化、移动化、标准化、柔性化和全球化。

1. 信息化

现代社会已步入了信息时代，物流信息化是社会信息化的必然要求和重要组成部分。物流信息化表现在物流信息的商品化、物流信息收集的代码化和商业智能化、物流信息处理的电子化和计算机化、物流信息传递的标准化和实时化、物流信息存储的数字化和物流业务数据的共享化等方面。信息化是现代物流发展的基础，没有信息化，任何先进的技术装备都无法顺畅地使用。信息技术的应用将会彻底改变世界物流的面貌，更多新的信息技术在未来物流作业中将得到普遍采用。

2. 网络化

网络化是指物流系统的组织网络和信息网络体系。从组织上来讲，它是供应链成员间的物理联系和业务体系，国际电信联盟（International Telecommunication Union，ITU）将射频识别技术（radio frequency identification，RFID）、传感器技术、纳米技术、智能嵌入技术等列为物联网的关键技术，这个过程需要有高效的物流网络支持。信息网络是供应链上企业之间的业务运作通过互联网实现信息的传递和共享，并运用电子方式完成操作。例如，配送中心向供应商发放订单就可以利用网上的电子订货系统通过互联网来实现，对下游分销商的送货通知也可通过网上的分销系统甚至移动手持设备来实现，等等。

3. 自动化

物流自动化的基础是信息化，核心是机电一体化，其外在表现是无人化，效果是省力化。此外，物流自动化还能扩大物流能力、提高劳动生产率、减少物流作业的差错等。物流自动化的技术很多，如射频自动识别、自动化立体仓库、自动存取、自动分拣、自动导向和自动定位、货物自动跟踪等技术。这些技术在经济发达国家已普遍用于物流作业中，在我国，虽然某些技术已被采用，但达到普遍应用还需要相当长的时间。

4. 电子化

电子化是指物流作业中的电子商务，它也是以信息化和网络化为基础。它具体表现为：业务流程的步骤实现电子化和无纸化，商务的货币实现数字化和电子化，交易商品实现符号化和数字化，业务处理实现全程自动化和透明化，交易场所和市场空间实现虚拟化，消费行为实现个性化，企业或供应链之间实现无边界化，市场结构实现网络化和全球化，等等。作为电子商务发展关键性因素之一的物流，是商流、信息流和资金流的基础与载体。电子化使得跨国物流更加频繁，对物流的需求更加强烈。

5. 共享化

供应链管理强调链上成员的协作和社会整体资源的高效利用，以最优化的资源最大化地满足整体市场的需求。企业只有在建立共赢伙伴关系的基础上，才能实现业务过程间的高度协作和资源的高效利用，通过资源、信息、技术、知识、业务流程等的共享，实现社会资源优化配置和物流业务的优势互补、快速对市场需求做出响应。近年来，一些新型的供应链管理策略，如供应商管理库存（vendor-managed inventory，VMI），JIT II，协作计划、预测和补货方法（collaborative planning，forecasting and replenishment，CPFR），第四方物流与零售商-供应商伙伴关系（retailer-supplier partnership，RSP）等都实现了信息、技术、知识、客户和市场等资源的共享化。

6. 协同化

市场需求的瞬息万变、竞争的日益激烈都要求企业具有与上下游进行实时业务沟通的协同能力。企业不仅要及时掌握客户的需求，更快地响应、跟踪和满足客户需求，还要使供应商对自己的需求具有可预见能力，并能把握好供应商的供应能力，使其能为自己提供更好的供给。为了实现物流协同化，合作伙伴需要共享业务信息、集成业务流程，共同进行预测、计划、执行和绩效评估等业务。企业只有认真实现了全方位的协同，才能使物流作业的响应速度更快、预见性更好、抵御风险的能力更强，才能降低成本和增加效益。

7. 集成化

物流业务是由多个成员与环节组成的，全球化和协同化的物流运作要求物流业中成员之间的业务衔接更加紧密，因此要对业务信息进行高度集成，实现供应链的整体化和集成化运作，缩短供应链的相对长度，使物流作业更流畅、更高效、更快速，更加接近客户需求。集成化的基础是业务流程的优化和信息系统的集成，二者都需要有完善的信息系统支持，实现系统、信息、业务、流程和资源等的集成。同时，集成化也是共享化和协同化的基础，没有集成化，就无法实现共享化和协同化。

8. 智能化

智能化是自动化、信息化的一种高层次应用。物流涉及大量的运筹和决策，如物流网络的设计优化、运输（搬运）路径和每次运输装载量的选择、多货物的拼装优化、运输工具的排程和调度、库存水平的确定与补货策略的选择、有限资源的调配、配送策略的选择等优化处理，这些都需要借助智能的优化工具来解决。近年来，专家系统、人工智能、仿真学、运筹学、商务智能、数据挖掘和机器人等相关技术已经有比较成熟的研究成果，并在实际物流业中得到了较好的应用，使智能化成为物流发展的一个新趋势。智能化还是实现物联网优化运作的一个不可缺少的前提条件。

9. 移动化

移动化是指物流业务的信息与业务的处理移动化，它是现代移动信息技术发展的必然选择。由于物流作业更多地体现在载体与载物的移动，除了暂时静态的存储环节外全都处于移动状态，因此移动化对物流业具有更加重要和深远的意义。应用现代移动信息技术[如通信、计算机互联网、全球定位系统（global positioning system，GPS）、地理信息系统（geographic information system，GIS）、RFID、传感、智能等技术]能够在物流作业中实现移动数据采集、移动信息传输、移动办公、移动跟踪、移动查询、移动业务处理、移动沟通、移动导航控制、移动检测、移动支付、移动服务等，并将这些业务与物流形成闭环的网络系统，在真正意义上实现物联网。物流的移动化不仅使物流作业降低成本、加速响应、提高效率、增加盈利，而且使其更加环保、节能和安全。

10. 标准化

标准化是现代物流技术的一个显著特征和发展趋势，也是实现现代物流的根本保证。货物的运输配送、存储保管、装卸搬运、分类包装、流通加工等作业与信息技术的应用，都要求有科学的标准，如物流设施、设备及商品包装、信息传输等的标准化等。只有实现了物流系统各个环节的标准化，才能真正实现物流技术的信息化、自动化、网络化、智能化等。特别是在经济贸易全球化的 21 世纪，如果没有标准化，就无法实现高效的全球化物流运作，这将阻碍经济全球化的发展进程。

11. 柔性化

柔性化是 20 世纪 90 年代由生产领域提出来的。为了更好地满足消费者的个性化需求，实现多品种、小批量以及灵活易变的生产方式，国际制造业推出柔性制造系统（flexible manufacturing system，FMS），实行柔性化生产。随后，柔性化又扩展到了流通领域，根据供应链末端市场的需求组织生产和安排物流活动。物流作业的柔性化是生产领域柔性化的进一步延伸，它可以帮助物流企业更好地适应消费需求的"多品种、小批量、多批次、短周期"趋势，灵活地组织和完成物流作业，为客户提供定制化的物流服务，以满足他们的个性化需求。

12. 全球化

为了实现资源和商品在国际上的高效流动与交换，促进区域经济的发展和全球资源优化配置的要求，物流运作必须向全球化的方向发展。在全球化趋势下，物流目标是为国际贸易和跨国经营提供服务，选择最佳的方式与路径，以最低的费用和最小的风险，保质、保量、准时地将货物从某国的供方运到另一国的需方，使各国物流系统相互"接轨"。全球化代表物流发展的更高阶段。

2.2 物流系统的概念和特征

2.2.1 物流系统的概念

由物流的定义可知，物流由诸环节构成，各物流环节之间存在着相互关联、相互制约的关系。正是通过各环节之间的相互协调和作用，实现了物的高效率、低成本流动这一特定功能。

根据系统的定义，系统是由两个或两个以上的相互区别又相互联系的要素组成的能实现特定功能和目的的整体。这一定义的核心在于系统是由多个要素组成的，要素之间是相互联系、相互制约的，而不是彼此孤立的，组成的整体具有特定的功能和目的。通过剖析系统的概念特征可知，物流本身就是一个系统。

仿照系统的定义可以给出物流系统的定义。

所谓物流系统，是指在一定的时间和空间里，由物流诸环节及其涉及的物品、信息、设施和设备等若干相互联系、相互制约的要素组成的具有特定功能和目标的有机整体。

将系统的内涵本质应用到物流领域，可以构造出物流系统的结构与功能，并通过科学的系统设计和集成，建立物流系统，并对物流系统进行管理，使其具有特定的目的。

按照系统概念的核心内涵，可以对物流系统的概念进行如下分析。

（1）物流系统的构成要素

物流由诸多作业环节按照时间和空间顺序连接组成。这个过程涉及不同的经济主体、物品、信息、设施、设备、工具等。为了实现物流系统的目标，还需要政策、制度、法规的支持或约束。这说明，从不同的角度分析，物流系统包括不同的要素：既有实体要素，也有概念要素；既有自然要素，也有人造要素；既有静态要素，也有动态要素。因此，物流系统是一个自然系统与人造系统复合的、实体系统与概念系统结合的、静态要素与动态要素兼备的系统。物流系统要素的详细分析见 2.3 节。

（2）物流系统的功能或目的

系统目的一般体现为若干目标。从不同的研究角度考虑，系统一般具有多个目标。多个目标具有不同的层次、不同的重要程度、不同的时空序列，有些目标甚至还相互冲突。物流系统是有目的的，物流系统的目的通过系统对环境产生的功能来实现，通过实现功能来达到目的。物流系统具有多目的性和多层次性。以一个企业层面的物流系统构建为例，其目的可能包括满足客户服务需要、降低物流成本、提高资源利用率、通过物流系统运作增强企业竞争优势、实现企业整体经营目标等。物流系统的目的有的可以量化，有的无法量化。有些目的还会相互冲突、相互牵制，甚至在一定条件下此消彼长。因此，需要对物流系统的目的进行协调和优化。为实现系统目的，不同企业可以设计物流系统的不同功能。

（3）要素之间的相互作用与影响

物流系统目标的多样性，可以通过各项功能活动来实现，而物流系统功能的实现是通过不同要素的功能的组合表现出来的。物流系统的多个目标之间存在相互制约甚至相互冲突的现象。例如，提高服务水平与降低物流成本这两个目标通常就会相互冲突。同样地，要素功能之间也存在相互制约、相互冲突的现象。物流系统的构建正是要消除这种相互冲突的现象，实现物流系统的整体效益。

虽然不同学者对物流系统的概念有不同的描述，但以下两个观点是共同的：物流系统是社会经济大系统的一个子系统或组成部分；物流系统的直接目的是实现物资的空间效益和时间效益的最大化，在保障社会再生产顺利进行的前提下，实现物流活动中各环节的合理衔接，并取得最佳的经济效益。

2.2.2 物流系统的特征

物流系统具有一般系统的共同特点（如层次性、整体性、目的性、适应性等），同时还具有不同于一般系统的特殊性。物流系统的主要特征如下。

1. 物流系统是一个"人-机系统"

从物流系统的构成要素看，物流系统是由人和物流设施、设备、工具及信息所构成的混合系统，表现为物流管理者和从业者运用有形的设备、工具和无形的政策、思想、方法、技术作用于物流对象的一系列活动。在这一系列活动中，人是系统的主体，因而在研究物流系统的各方面问题时，必须把人和物这两个因素有机地结合起来。

2. 物流系统是一个具有层次结构的可分的系统

系统的层次性原理说明，系统组成要素在数量和质量以及结合方式等方面存在的差异，使得每个系统在作用与地位、结构与功能上表现出等级秩序，最终形成具有质的差异的系统等级。层次性是系统的基本特性，物流系统同样也具有层次性，而且可以按照层次结构对物流系统进行层次划分。

首先，物流系统是由多个作业环节构成的。其中，最基本的功能作业环节包括运输、储存、包装、装卸搬运、流通加工及信息处理等。这些功能环节是物流系统的构成要素，而这些要素本身也是一个系统，可以称为物流系统的子系统。子系统当中的任何一个或几个通过有机结合，都可以构成具有特定功能的物流系统；而且这些子系统又可按空间或时间特性划分成更低层次的子系统，即每个子系统都包含更低一层的要素，综合起来形成一个多层次的结构。

其次，物流系统的层次具有多样性。按照不同的属性、特征或目的，可以划分出物流系统不同的层次。例如，按照地域范围由大到小，可以将物流系统划分为全球物流、区域物流、国家物流、城市物流、企业物流；按照企业形态的不同，又可将企业物流划分为制造企业物流、流通企业物流、医药企业物流、图书出版业物流、港口物流等。上述层次还可以继续划分，以制造业为例，按照功能环节构成，可将制造企业物流进一步划分为供应物流、生产物流、销售物流、回收物流等。这里的任何一个物流子系统一般都会包括运输、仓储、包装、信息处理等基本功能环节。这些不同层次的子系统之间相互区别又相互联系、相互协调，通过有机结合构成一个整体，且系统整体的功能大于各子系统功能之和。

物流系统层次还具有相对性的特点。也就是说，每个系统相对于它所包含的组成要素来说是一个系统，相对于比它更高一层的系统来说，就变成了要素。因此，系统和要素是相对的，要素也是一个系统，每个物流系统都处在一个更大的系统之中，这个更大的系统就是物流系统的环境。每个物流系统都具有一个系统环境。物流系统的环境是物流系统赖以生存发展的外部条件，物流系统必须适应外部环境才能生存，即物流系统只有不断地与外部环境进行物质、能量和信息的交换，其功能才能得到实现。这也说明了物流系统具有环境适应性和开放性的特点。

3. 物流系统是跨地域、跨时域的大系统

由于世界经济的全球化和信息化，物流活动早已突破了地域限制，形成了物流跨地区、跨国界发展的趋势，而跨地域性正是物流系统创造空间价值的体现。另外，通过仓储可以解决供需之间的矛盾，跨时域性正是物流系统创造时间价值的体现。跨地域、跨时域的特点使得系统的管理难度较大，对信息的依赖程度较高。因此，物流系统是一个大规模系统。

4. 物流系统是一个动态的开放系统

一般的物流系统总是联结着多个生产企业和用户。社会物资的生产状况和需求变

化、资源的变化、价格的变化、企业间的合作关系等，都随时随地影响和制约着物流系统内的各个要素，物流系统必须对其各个要素不断进行修改、完善，甚至对系统进行重新设计，才能适应外部环境的变化，从而获得生存和发展。也就是说，物流系统是一个动态的开放系统。

5. 物流系统是一个复杂系统

首先，人力、物力、财力资源的组织和合理利用是一个非常复杂的问题。从社会宏观物流而言，物流对象遍及全部社会物质资源，物质资源的品种成千上万，数量极大；从事物流活动的人员形成数以百万计的庞大队伍；物流活动需要占用大量的流动资金；物资供应经营网点遍及全国城乡各地。

其次，在物流活动的全过程中，始终贯穿着大量的物流信息。如何把这些信息收集全、处理好，从而把各个子系统有机地联系起来，使物流系统有效运转，也是一个非常复杂的事情。

最后，物流系统的边界横跨生产、流通、消费三大领域，如此广大的范围给物流系统的组织带来了很大的困难；而且，随着科技进步、生产发展和物流技术的提高，物流系统的边界范围还将不断地向内深化、向外扩张。

6. 物流系统是多目标系统

物流系统是一个多目标系统。物流系统的总目标是实现宏观和微观的经济效益。通常，人们希望物流数量最大、物流服务质量最好、物流反应速度最快、物流成本最低，但要同时满足上述要求是很难办到的。这是因为物流系统的功能要素之间存在着非常强的"交替损益"或"效益背反"现象，即某一功能要素的优化和利益发生同时必然伴随另一个或几个功能要素的利益损失。例如，减少库存量能降低储存持有成本，加速资金周转，但势必会增加运输次数，从而增加运输成本；简化包装能节省包装费用，但降低了产品的防护效果，造成储存、装卸、运输的工作质量和效益下降。这种多个要素目标冲突的现象在物流系统中普遍存在，必须在物流系统总目标下对各要素目标加以协调，才能达到总体最优的效果。

2.3　物流系统的要素

要认识物流系统，需要运用分析与综合的认识方法。首先，要进行要素分析：一要弄清系统由哪些要素构成；二要弄清组成要素之间以及系统与其组成要素之间的关系；三要弄清环境状况，明确系统所处的环境和功能对象，系统和环境如何相互影响，以及环境的特点和变化趋势。其次，要进行要素综合：确定系统中的要素是按照怎样的方式相互关联、形成一个统一整体的。

2.3.1　物流系统的一般要素

物流系统和一般的管理系统一样，都是由人、财、物组成的有机整体。

1）人是物流的主要因素，是物流系统的主体。

2）财是物流活动中不可缺少的资金。

3）物是物流中的原材料、成品、半成品、能源、动力等物质条件，包括物流系统的劳动对象，即各种实物，以及劳动工具，如各种物流设施、工具，各种消耗材料（燃料、保护材料）等。没有物，物流系统便成了无本之木。

2.3.2 物流系统的流动要素

1. 流体

流体指物流中的"物"，即物资实体。流体具有自然属性和社会属性。自然属性是指流体的物理、化学和生物属性。在物流过程中需要对流体进行检验、养护，根据物资实体的自然属性合理安排运输、保管、装卸等物流作业，使其自然属性不受损坏。社会属性是指流体所体现的价值属性，以及生产者、采购者、物流作业者与销售者之间的各种关系，有些关系国计民生的重要商品作为物流的流体还肩负着国家宏观调控的重要使命，因此在物流过程中要保护流体的社会属性不受任何影响。由于物流的目的是实现流体从供应者向需求者的流动，为实现此目的，尽管有一部分流体要不断地储存在仓库中，但这也是一种流动形式，这是流体在时间上的移动，所有的流体终究要通过运输等方式实现空间上的移动。总的来说，流体是处于不断流动的状态中的。

2. 载体

载体是指承载"物"的设备以及这些设备赖以运作的设施。载体可分为两类：一类指基础设施，如铁路、公路、水路、港口、车站、机场等，它们大多是固定的；另一类指设备，即以第一类载体为基础，直接承载并运送流体的设备，如车辆、船舶、飞机、装卸搬运设备等，它们大多是可以移动的。物流载体的状况，尤其是物流基础设施的状况直接决定物流的质量、效率和效益。物流学科研究物流载体的结构、规模，尤其要研究物流载体的网络结构、技术进步等，如要研究物流中心或者配送中心的选址、载体的定位和跟踪、载体运行速度的提高、载体的协调等。

3. 流向

流向指流体从起点到终点的流动方向。物流的流向有以下四种。

1）自然流向，指根据产销关系所决定的商品的流向，这表明一种客观需要，即商品要从产地流向销地。

2）计划流向，指根据流体经营者的商品经营计划而形成的商品流向，即商品从供应地流向需求地。

3）市场流向，指根据市场供求规律由市场确定的商品流向。

4）实际流向，指在物流过程中实际发生的流向。

对某种商品而言，可能会同时存在以上几种流向。例如，根据市场供求关系确定的商品流向是市场流向，这种流向反映了产销之间的必然联系，是自然流向；实际发生物流时还需要根据具体情况来确定运输路线和调运方案，这才是最终确定的流向，这种流向是实际流向。在确定物流流向时，理想的状况是商品的自然流向与商品的实际流向相一致，但由于计划流向与市场流向都有其存在的前提，还由于载体的原因，商品的实际流向经常偏离自然流向。物流学科通过研究流向，准确掌握流向的变化规律，达到合理配置物流资源、合理规划物流流向，从而降低物流成本、加快物流速度的目的。

4. 流量

流量是指通过载体的流体在一定流向上的数量表现。流量与流向是不可分割的，每一种流向都有一种流量与之相对应。因此，流量的分类可以参照流向的分类，也分为四种，即自然流量、计划流量、市场流量和实际流量。

但是，对流量的分类也有特殊性，根据流量本身的特点，可以将流量具体分为以下两类。

第一类是实际流量，即实际发生的物流流量。实际流量又可分为以下几种：①按照流体统计的流量；②按照载体统计的流量；③按照流向统计的流量；④按照发运人统计的流量；⑤按照承运人统计的流量。

第二类是理论流量，即从物流系统合理化角度来看应该发生的物流流量。理论流量也可与实际流量一样分为相对应的五种。

理想状况的物流应该是在所有流向上的流量都均匀分布，这样，物流资源利用率最高，组织管理最容易。但是实际上，在一定的统计期间内，在一个流向上流量达到均衡的物流是不存在的，在流体之间、载体之间、流向之间、承运人和托运人之间的实际物流流量是不可能出现均衡的，这样，就需要从宏观物流管理的角度，通过资源的合理配置、采用合理的物流运行机制等手段消除物流流向和流量上的不均衡。

5. 流程

流程是指通过载体的流体在一定流向上行驶路径的数量表现。流程的分类与上述流向的分类基本类似，可以分为自然流程、计划流程、市场流程与实际流程，也可以像流量的分类那样，将物流流程分为实际流程和理论流程。实际流程又可按照五种口径来统计：一是按照流体统计，二是按照载体统计，三是按照流向统计，四是按照发运人统计，五是按照承运人统计。理论流程往往是可行路径中的最短路径。路径越长，物流运输成本越高，如果要降低运输成本，一般就应设法缩短运输里程。

6. 流速

流速是指通过载体的流体在一定流程上的速度表现。流速与流向、流量、流程一起构成了物流向量的四个数量特征，是衡量物流效率和效益的重要指标。一般来说，流速快，意味着物流时间的节约，也就意味着物流成本的减少、物流价值的提高。

流体、载体、流向、流量、流程和流速这六个要素称为物流的六要素，任何物流系统都有这六个要素。同时，这六个要素之间有极强的内在联系，如流体的自然属性决定了载体的类型和规模，流体的社会属性决定了流向和流量，载体对流向和流量有制约作用，载体的状况对流体的自然属性和社会属性均会产生影响，等等。物流六要素横跨整个供应链，存在于原材料采购、制造、销售、消费、废弃物回收等环节，也存在于运输、储存、包装、装卸、流通加工、物流信息等物流活动中，还存在于公路运输、铁路运输、水路运输、航空运输以及管道运输等各种运输系统中。因此，分析物流六要素可以帮助人们更好地认识物流系统。

物流六要素中的每一个要素都需要将物流系统作为一个整体进行总体集成和优化。任何一个要素的目标都由物流系统的整体目标来确定。只有要素目标互相协调，才能使整体目标最优化，因此需要进行系统的整体集成和优化。

2.3.3　物流系统的功能要素

物流系统的功能要素指的是物流系统所具有的基本能力。这些基本能力有效地组合、联结在一起，便形成了物流系统的总功能，就能合理、有效地实现物流系统的总目标。一般认为，物流系统的功能要素有运输、储存、包装、装卸搬运、流通加工、配送、物流信息等。如果从物流活动的实际工作环节来考查，物流由上述七项作业活动构成。换句话说，物流系统能实现以上七项功能。

1. 运输功能要素

运输环节实现物的空间位置的转移，具有创造物流的空间价值或场所价值的功能。另外，通过使产品快速流动，运输还能创造产品的时间价值。运输包括公路运输、铁路运输、水路运输、航空运输及管道运输等基本方式。对运输活动的管理，要求选择技术经济效果最好的运输方式或多种运输方式的联合，合理确定运输路线，以保证货物安全、迅速、准时、低成本地送达。

2. 储存功能要素

储存环节是指在一定场所对物品进行储存并对其数量、质量进行管理控制的活动，包括接货入库、拣货、出库、安全保存、库存管理等。储存环节具有创造物流时间价值的功能。

对储存环节的管理，要求正确确定库存物资种类及其数量，明确仓库以流通为主还是以储备为主，合理确定保管制度和流程，对不同的库存物品采取不同的管理策略，力求提高保管效率，降低损耗，加速物资周转和资金周转。

3. 包装功能要素

包装是物流过程的起点，具有保护商品、方便物流操作的功能。对包装活动的管理，既要考虑包装对产品的保护作用、促进销售的作用及提高装运率的作用，还要考虑包装费用的合理化。包装容器强度越高，产品在物流过程中的破损率就越低，但包装费用会越高。对物流包装环节进行管理的目的就是要在二者之间取得平衡。

4. 装卸搬运功能要素

装卸搬运功能主要是实现运输、仓储、包装、流通加工、配送等物流活动的衔接。在所有物流活动中，装卸活动发生得最频繁，是消耗人力、占用设备但却不产生价值增值的物流环节。对装卸活动的管理，主要是确定最恰当的装卸方式，力求减少装卸次数，合理配置及使用装卸工具，以做到节能、省力、降低产品破损率、提高作业效率。

5. 流通加工功能要素

流通加工，又称为流通过程的辅助加工。这种加工活动不仅存在于社会流通过程中，也存在于企业内部的流通过程中，所以，实际上是在物流过程中进行的辅助加工活动。企业、物资部门、商业部门为了弥补生产过程中加工程度的不足，更有效地满足用户或本企业的需求，更好地衔接产需，往往需要进行这种加工活动。

6. 配送功能要素

配送是直接面向最终用户提供的物流服务功能，是综合了前几项功能要素的小范围的物流系统，它以订单处理、配货、拣货、送货等形式提供社会物流服务。与运输功能相比，配送更强调顾客服务功能，是集经营、服务、社会集中库存、分拣、装卸搬运于一体的物流活动。

7. 物流信息功能要素

物流信息包括进行与上述各项活动有关的计划、预测、动态（运量、收发、存数）的信息及有关的费用信息、生产信息、市场信息等。对物流信息活动的管理，要求建立信息系统和信息收集渠道，正确选定信息科目以及信息的收集、汇总、统计、使用方式，以保证其可靠性和及时性。

在上述功能要素中，运输及仓储分别解决了供给者与需要者之间场所和时间的分离，分别是物流创造"场所效用"及"时间效用"的主要功能要素，因而在物流系统各要素中处于重要地位。上述功能要素之间普遍存在效益背反的现象。

2.3.4　物流系统的物质基础要素

物质基础要素主要包括以下几个方面。
1）物流设施：物流站、货场、物流中心、仓库、港口、物流线路等。
2）物流设备：仓库货架、进出库设备、加工设备、运输设备、装卸机械等。
3）物流工具：包装工具、维护保养工具、办公设备等。
4）信息设施：通信设备及线路、计算机及网络等。
因此，物流系统是指按照计划，为实现物流目的而设计的相互作用的物流要素的统一体。

从物流系统结构来看，企业物流系统大致可以分为作业系统和信息系统。作业系统是为了实现物流各项作业功能的效率化，通过各项作业功能的有机结合，使物流效率化的统一体。信息系统是将采购、生产、销售等活动有机地联系在一起，通过信息的顺畅流动，推进库存管理、订货处理等作业活动效率化的支持系统。

2.3.5 物流系统的环境要素

物流系统的建立需要有许多支撑手段，尤其是它处于复杂的社会经济系统中，要确定物流系统的地位，要协调与其他系统的关系，因此，环境要素必不可少。环境要素主要包括以下几个方面。

1）体制、制度：决定物流系统的结构、组织、管理方式，是组织和管理系统运作的基础。

2）法律、法规：是物流系统处理和协调与外部关系的准绳。

3）行政命令：是从社会的角度提出的有关规范物流系统行为的准则或要求。

4）标准、规范：是为提高物流系统运作效率，用以协调系统内部各阶段或系统与相关部门之间相互关系的技术措施。

物流系统各要素之间存在制约关系，物流系统各要素整合的前提之一是了解物流系统中存在的各种制约关系。

1）物流服务和物流成本间的制约关系。在提高物流系统服务水平的同时，物流成本往往也要增加。例如，采用小批量即时供货就要增加运输等费用；要提高供货率，即降低缺货率，必须增加库存，增加存储费用。

2）构成物流服务的各子系统功能之间的制约关系。如果各子系统的功能不均匀，物流系统的整体能力将受到影响。例如，搬运装卸能力很强，但运输力量不足，会产生设备和人力的浪费；反之，如果搬运装卸环节薄弱，车、船到达车站、港口后不能及时装卸，也会带来巨大的经济损失。

3）构成物流成本的各个环节费用之间的制约关系。例如，为了减少仓储费用、降低库存而采取小批量订货策略，将导致运输次数增加，运输费用上升，即运输费和仓储费之间存在相互制约关系。

4）各子系统的功能和所耗费用之间的制约关系。任何子系统功能的增加和完善都必须投入资金。例如，信息系统功能的增加，必须购置硬件和开发软件；增加仓库的容量和提高进出库速度，就要建设更大的库房并实现机械化、自动化。

2.4 物流系统工程基础理论及内容

2.4.1 物流系统工程的概念

物流系统工程是以物流系统为研究对象，在进行物流系统规划、研究、分析、设计、制造、试验和运行的过程中，综合运用自然科学、社会科学与工程技术中的思想、理论、方法和技术，从而实现物流系统整体目标最优化的一种科学方法和组织管理技术。它从物流系统整体出发，根据总体协调的需要，综合运用有关科学理论与方法，以计算机为工具，进行物流系统结构与功能分析，以求得最好的或满意的系统方案并付诸实施。

2.4.2　物流系统工程的基础理论

在物流系统的研究与分析中，运用和发展了应用数学、信息论、控制论以及大系统理论等学科成果。由于物流系统的研究涉及许多领域，因此，采用的研究手段和技术也多种多样。

1. 运筹学

为寻求物流系统的最优方案，必须采用运筹学中的相关理论和方法，例如：

1）规划论（线性/非线性/动态/整数规划等）：解决物流系统中的物资运输、设施规划、计划优化等问题。

2）库存论：解决物流系统中的最优订货量、订货间隔等问题。

3）排队论：解决物流系统中的流程概率性问题，按随机过程的到达率处理各种现象。

4）决策论：解决物流系统中多目标、多方案决策问题。

2. 经济控制论

经济控制论用于解决物流系统中的资源（包括设施、设备）的最优利用与控制、预测技术以及物流系统合理化等问题。它是物流系统研究分析中常用的基础理论。

3. 大系统理论及协同化、耗散结构理论

物流系统是一种包含多个子系统的复杂大系统，而且是一个非平衡的开放系统。采用大系统基础理论，协调物流系统中的整体与部分、整体与环境之间的相互关系，使物流系统各个环节都处于最优状态。采用协同学理论，便于研究不同子系统间的相互关系、相互影响。由于物流系统内部各元素的联系是非线性的，存在有规律的波动和无规律的随机扰动，因而是一个耗散结构，它的整体化、多因素、多过程的相互作用是非加法性的，应该采用耗散结构理论进行分析研究。

4. 系统动力学理论

系统动力学理论是在总结运筹学理论的基础上，为适应社会系统管理需要而发展的。它的主要特征是，不进行抽象的数学假想，不单纯追求最优解，而是以对系统实际观测的数据为依据，建立动态仿真模型，通过计算机模拟实验获得系统行为的描述，达到改进和完善系统的目的。物流系统中可采用系统动力学理论研究分析系统与子系统以及不同子系统间的发展变化趋势、相互关系和相互影响。

2.4.3　物流系统工程的主要内容

物流系统工程主要包括以下几个方面的内容。

1. 物流系统分析

物流系统分析就是运用科学的分析工具和方法，对物流系统的目的、功能、环境、

费用、效益等进行充分的调查研究，并收集、分析和处理有关的资料和数据，提出实现物流系统目标的若干可行方案，通过建立物流系统模型，进行仿真实验、优化分析和综合评价，最后整理成完整、正确与可行的综合资料，作为决策者选择最优物流系统方案的主要依据。

物流系统分析的主要方法是系统建模和最优化方法，常见的方法有数学规划法、系统优化法、主成分分析（principal component analysis，PCA）法、聚类分析（cluster analysis）法等。

2. 物流系统建模

要对物流系统进行有效分析、预测、优化、评价和决策，并得到有效的结果，就必须首先建立物流系统模型，然后借助模型对物流系统进行定量或者定量与定性相结合的分析。因此，建立物流系统模型是物流系统分析、预测、优化、评价和决策的工具和基础。根据不同的研究目的，可以建立物流系统的分析模型、优化模型、预测模型、评价模型、决策模型等。

3. 物流系统仿真

物流系统仿真就是运用系统仿真理论和技术，通过建立物流系统的计算机仿真模型，对物流系统的某些功能、过程或规律进行仿真实验，以寻求对某些问题的解决方法。物流系统仿真包括连续系统仿真、离散事件系统仿真等，经常采用专门的仿真语言和软件仿真。

4. 物流系统预测

物流系统预测就是根据物流系统发展变化的实际数据和历史资料，运用现代的科学理论和方法，以及各种经验、判断和知识，对物流系统在未来一定时期内的可能变化情况进行推测、估计和分析，从而减少对物流系统未来认识的不确定性，以指导我们的决策行动，减少决策的盲目性。物流系统预测的主要方法包括定性预测、定量预测和因果关系预测，具体方法有德尔菲法、时间序列预测、回归分析预测、马尔可夫预测等。

5. 物流系统评价

物流系统评价就是借助科学方法和手段，针对各种可行方案中的物流系统的目标、结构、环境、输入、输出、功能、效益等要素构建指标体系，建立评价模型，经过计算分析，从物流系统的经济性、社会性、技术性、可持续性等方面进行综合评价，为决策提供科学依据。因此，物流系统评价是物流系统决策的基础和依据。物流系统评价包括指标体系构建、单项评价法、综合评价法（层次分析法、模糊综合评价法）等。

6. 物流系统决策

物流系统决策就是运用系统理论和决策技术，对可以互相替代的物流系统优化方案进行排序，寻求满意方案，由决策者根据更全面的要求，对物流系统方案做出最终抉择。物流系统决策有不同类型，包括确定型决策、风险型决策以及非确定型决策，一般都需要建立决策模型，如规划论法、决策表法、决策矩阵法、决策树法、贝叶斯决策法、悲观决策法、乐观决策法等。

7. 物流系统优化

物流系统优化就是运用优化理论和方法，解决物流系统资源如何合理、有效地使用或配置，以及方案的评价和优选等问题。物流系统优化的常用方法是规划论，如线性规划、整数规划及动态规划等。

8. 物流系统规划

物流系统规划就是运用规划理论和方法，根据需要构建物流系统的输入条件，即物流系统的范围及外部环境，以及物流系统的输出结果，即物流系统的规划目标，在收集、整理、分析物流系统原始数据的基础上建立规划模型，进行系统分析，提出若干物流系统可行的规划方案，通过系统评价和决策，确定并实施最终规划方案。物流系统规划包括战略层、战术层和运作层的规划，以及国家级、区域级、行业级和企业级的规划，如网络规划、设施规划、供应链规划等。物流系统规划的主要方法包括规划论、决策论等。

案例分析

案例背景

美国国家机械公司配件部门年销售额为 16 000 万美元，年实物配送费用为 2600 万美元，为年销售额的 16.5%，发生这样高的配送费用是由于公司坚持高质量的服务标准。公司在全国各主要市场都设有仓库，以便全国各地的客户快速、及时地收到配件，提高客户满意度。因此，公司共建有 50 多座仓库。

公司高级管理层认为，配送方面费用开支过大。可否通过降低服务标准来降低配送成本呢？公司领导犹豫不决。为此，公司聘请了著名的管理顾问 H. N. 谢康解决这个问题。H. N. 谢康认为，撤销 20 座仓库可使配送费用降至最低，年节省费用 200 万美元；但公司认为，如果减少了仓库，客户不能就近及时收到配件，将降低客户服务水平，甚至导致客户流失。

案例解析

物流成本与物流服务水平之间具有效益背反关系，要维持较高的服务水平，企业就需要在物流设施、技术水平、信息系统等方面增加投入。要取得最佳的平衡，就需要利用系统工程的方法来解决问题。到底该如何解决这一问题呢？是维持现有仓库数量，还是减少仓库数量？该公司通过运用系统工程的模拟技术，针对公司实际情况进行计算机系统模拟，通过计算机对各种情况进行仿真。模拟结果显示：如果采取减少仓库的方法，公司将失去部分客户，失去现有销售额的 20%。最后，公司高级管理层经过决策，决定仍保留原来的 50 座仓库，避免了由于销售量下降所带来的更大损失。

本案例利用系统工程思想帮助决策者通过系统模拟分析，看清了复杂的物流系统的本质及其问题所在，最终避免了决策失误造成的损失。

该案例也说明，对复杂物流系统的分析经常要借助各种模型或仿真技术才能更全面地了解系统的各种可能情况。

（资料来源：王长琼，谭世琴，2016. 物流系统工程[M]. 北京：高等教育出版社.）

问题：

1. 结合案例，讨论物流系统分析常用的方法或技术。

2. 仓库数量与客户服务水平之间存在什么关系？这种关系能否用数学模型明确表示？

3. 结合案例讨论物流系统分析的作用。

本 章 小 结

本章主要介绍了物流的产生与发展及现代物流的发展趋势，重点阐述了物流系统的相关概念与特征、物流系统的各要素组成及要素之间的关系与冲突；最后介绍了物流系统的概念以及有关基础理论，较全面地涵盖并解释了物流系统工程的主要内容；并通过案例分析帮助大家更好地认识物流系统工程这门学科。

课 后 习 题

1. 现代物流最主要的特征是什么？

2. 如何理解"物流系统是多目标系统"？指出物流系统规划或决策中可能遇到的效益背反现象。

3. 简述物流系统的流动要素和功能要素。

4. 试分析以系统工程概念和物流概念的基本要点为基础，来定义物流系统工程的概念。

5. 简述物流系统工程的内容，并结合某一案例说说你对某一方面内容的理解。

6. 调查一家企业，运用物流系统分析的原理和方法，就该企业的一个物流运作事例加以分析。

第3章 物流系统分析方法

学习目标

知识目标

1. 理解系统分析和物流系统分析的概念。
2. 了解物流系统分析的步骤和应用。
3. 掌握主成分分析、聚类分析方法。

技能目标

1. 学会正确使用主成分分析方法来分析具体问题。
2. 学会正确使用系统聚类分析方法来分析具体问题。
3. 学会正确使用模糊聚类分析方法来分析具体问题。

素质目标

1. 学会具体问题具体分析，从实际出发解决问题。
2. 充分发挥主观能动性，遇到问题及时调整解决方案。

导入案例

"绿水青山就是金山银山"实践创新基地
——宁夏回族自治区银川市西夏区镇北堡镇

近年来，镇北堡镇认真学习贯彻习近平总书记视察宁夏、亲临镇北堡镇时的重要讲话精神，按照西夏区委、区政府的统一安排和部署，以黄河流域生态保护和高质量发展先行区建设为统领，抢抓乡村振兴战略机遇，全力开展生态建设、特色产业等重点工作，经济实力不断跃升。2020年实现地区生产总值16.31亿元，2018—2020年平均增速为6.98%；社会固定资产投资额为6.50亿元，近3年社会固定资产投资额保持稳定；旅游产业直接带动经济收入5亿元，近3年旅游产业直接带动经济收入保持稳定；农村居民人均可支配收入达到13 359元，2018—2020年平均增速为7.78%。

镇北堡镇积极践行"绿水青山就是金山银山"理念，坚持"生态立镇、产业兴镇、富民强镇"发展思路。统筹山水林田湖草系统治理，坚决保护好贺兰山生态和加强生态恢复，依托贺兰山丰富的旅游资源、万亩酿酒葡萄产业和镇北堡西部影视旅游产业效应，着力打造葡萄、生态、康养、文旅、影视、高端农业"六大产业"。生态环境的保护带动经济发展水平、质量不断提升，农村居民人均收入明显提高，生态环境保护与经济发展协同共进，"绿水青山"与"金山银山"互促成效明显。

（资料来源：中华人民共和国生态环境部。）

思考：

1. "绿水青山就是金山银山"理念体现了怎样的系统思想？

2. 从系统工程的角度出发，结合实际情况，思考可以从哪些方面分析积极践行"绿水青山就是金山银山"理念取得的经济效益、社会效益、生态环境效益。

3.1　系统分析与物流系统分析概述

3.1.1　系统分析概述

1. 系统分析的概念

系统分析是系统分析方法的简称，系统分析是运用建模及预测、优化、仿真、评价等技术对系统的各有关方面进行定性分析与定量分析，并为最优的系统决策提供足够的信息与依据的分析过程。采用系统分析，用系统的方法和观点分析问题，可以帮助人们尽快找出系统的目标和功能，辅助决策者做出合理有效的决策，为解决问题提供正确指导，最终获得整体上的最优规划、管理和控制。

系统分析活动的重点在于通过系统研究，调查问题的状况和确定问题的目标，再通过系统设计，形成系统的结果，拟订可行方案，通过建模、模拟、优化和评价技术等对各种可行的备选方案进行系统量化分析与评价比较，最后输出适宜的方案集及其可能产生的效果。

系统分析在整个系统建立的过程中起着承上启下的作用，也是系统工程处理问题的核心内容。系统分析从系统总体最优出发，以问题状况为导向，分析和梳理系统内部与系统环境之间、系统内部各要素之间的相互联系、相互影响、相互制约的复杂关系，把握系统运行的内在规律，着重评价和改进现有的系统和设计新系统。系统分析不仅分析技术经济方面的有关问题，而且分析政策、法令、社会风俗、资源等环境因素，以及组织体制、信息等各方面的问题。

2. 系统分析的要素

系统分析的要素如图 3-1 所示。

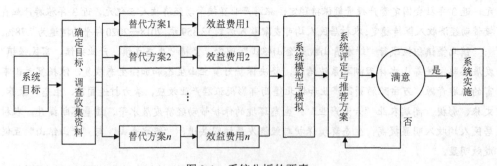

图 3-1　系统分析的要素

（1）目的及目标

目的是对系统的总要求，目标是系统目的的具体化。目的具有整体性和唯一性，目标具有从属性和多样性。目标分析是系统分析的基本工作之一，其任务是确定和分析系统的目的及其目标，分析和确定为达到系统目标所要具备的系统功能和技术条件。目标

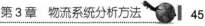

分析可采用目标树等结构分析方法，并要注意对冲突目标的协调和处理。

（2）可行方案集

方案即达到目的及目标的途径。为了达到预定的系统目的，可以制订若干备选方案，供决策时选择。可行方案首先应该是可行的，同时还应该是可靠的。有了多种可行方案，决策者就可以根据当时的条件，选择其中最合适的方案。

（3）指标

指标是系统目标的具体体现，它是对系统方案进行分析与评价的基本出发点。方案的预期效果需要通过指标体系来评价，不同的指标体系对方案的评价结果可能完全不同。反映目标的指标主要是从技术性能与技术适应性、费用与效益、时间、进度与周期等方面来考虑的，技术性能与技术适应性是技术论证的主要方面，费用与效益是经济论证的标志，时间是一种价值因素，进度与周期是具体表现。由于达到目标的各个方案在资源消耗、产生的效益及其时间方面的不同，因此借助评价指标的评判将更有利于方案的合理选择。

（4）模型

模型是进行系统分析的基本工具，因为系统进行择优的前提是必须建立反映系统目标的适当模型，模型也是对系统指标的具体衡量方法。模型是对实际问题的描述、模仿和抽象，是研究与解决问题的基本框架，可以起到帮助认识系统、模拟系统和优化与改造系统的作用。在系统分析中常常通过建立相应的结构模型、数学模型或仿真模型等来规范分析各种备选方案的性能、费用和效益，以便做出较为准确的预测。

（5）评价标准

衡量可行方案优劣的指标，称作评价标准。由于可以有多种可行方案，因此，要制定统一的评价标准，对各种方案进行综合评价，比较各种方案的优劣，确定对各种方案的选择顺序，为决策提供依据。

（6）决策

在确定各方案的优先顺序之后，决策者就可以根据分析结果的不同侧面、个人经验和各种决策原则进行综合的、整体的考虑，结合当前利益和长远利益、局部利益和整体利益、内部条件和外部条件，选择一个综合效益最优的方案。

3.1.2　物流系统分析概述

1. 物流系统分析的概念

物流系统分析是针对物流系统内部存在的基本问题，采用系统的观点、理论和方法，进行定量和定性相结合的分析，对所研究的问题提出各种可行性方案或策略，通过分析对比、全面评价和协调，为达到物流系统的预期目标选出最优方案，实现其空间和时间的经济效益，以辅助领导者做出科学决策的一种技术经济方法。

物流系统分析是确立方案、建立系统必不可少的一个环节，是物流系统的综合、优化及设计的基础。无论是设计一个新系统还是改造一个老系统，都需要对物流系统进行分析，即通过了解物流系统内部各部分之间的相互关系，把握物流系统运行的内在规律，从全局的观点出发，合理安排好每一个局部，使每一个局部都服从一个整体目标，最终求得整体上的最优规划、最优管理和最优控制。物流系统分析所涉及的问题范围很广，如搬运系统、系统布置、物流预测、生产库存等各种信息，要应用多种数理方法和计算机技术，才能分析、比较实现不同系统目标和采用不同方案的效果，为系统评价和系统设计提供足够的信息与依据。

物流运作是十分复杂的，它贯穿于企业生产和运作各个方面。企业必须对与物流相关的作业系统及活动进行必要的分析与规划，才能使物流系统有效运行。

对物流系统进行物流分析，要了解物流系统各部分之间的内在联系，把握物流系统行为的内在规律，从整体观点出发，使每个局部都服从一个整体目标，发挥物流系统整体的优势。

为了实现最优化设计，通常构造多种模型来模拟同一物流系统的功能，通过对模型的分析和比较，从中选出物流系统的最优结构，再对物流系统进行全面的分析，确定最优的结构形式，形成各功能之间有内在联系的功能体系，从而为系统的设计、开发提供条件。物流系统的分析具有科学性，但同样也是一门技艺。不同的分析者对同一个问题可能会采取不同的分析方法，或采取相同的分析方法却产生不同的结论。

2. 物流系统分析的步骤

物流系统分析的步骤如图 3-2 所示。

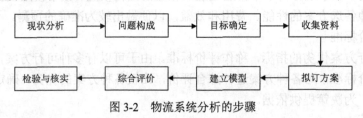

图 3-2　物流系统分析的步骤

（1）现状分析

在实际的物流分析中，只有通过准确的现状分析才能够反映出存在的主要问题，随后才能提出恰当的解决方案。开始分析一个物流系统时，常常会觉得它非常复杂。因为它可能包含很多子系统，每个子系统又由许多元素组成，元素间的关系也是错综复杂的。但无论多复杂的物流系统，总是可以从物质实体的实际流动、支撑物质实体流动的信息流和信息系统以及控制整个物流系统的组织和管理结构三个方面入手。

物质实体的实际流动是物流系统中最明显的一个方面。在分析绝大多数物流系统时，绘制物流实体从起始到终点流动的示意图是一个很好的分析起点。

信息流是随着物流实体的实际移动而经过整个系统的，它也是现状分析中应该考虑的一个重要内容。

物流运作由不同的功能部门分别管理的现象也是非常普遍的。而且整个物流系统中各个功能部门之间的关系也非常复杂，对这些功能部门进行很好的组织和管理就十分重要，因而，整个物流系统的组织和管理结构也就成为一个重要的分析内容。

（2）问题构成与目标确定

问题构成不仅是物流系统中十分困难的部分，也是至关重要的部分。系统分析，首先要明确所要解决的问题，以及问题的性质、重点和关键所在，恰当地划分问题的范围和边界，了解该问题的历史、现状和发展趋势，并在此基础上确定系统的目标。

（3）收集资料与拟订方案

在问题构成之后，就要根据当前物流系统运作过程中所产生问题的性质以及预期目标的要求，进行充分细致的调查研究，搜集、处理和分析有关资料，并依据已搜集的有关资料找出其中的相互关系，建立抽象、简洁而又充分体现物流系统相关特性的若干方案。良好的备选方案是进行良好系统分析的基础。

（4）建立模型

为了便于分析，应该建立和利用各种模型用于预测每一方案可能产生的结果，并根据结果定量说明各方案的优劣与价值。模型的功能在于集聚分析者的思维，及时获得解决实际问题所需要的知识和线索。

（5）综合评价

利用已经建立的模型和方案分析评价指标，对每一个方案进行定性和定量的分析，显示每一个方案的利弊得失和成本效益。同时综合考虑各种影响因素，如社会、政治、经济、技术等，从而获得一个有助于指导具体行动的综合结论。物流系统分析是一个需要在信息反馈的基础上不断反复、不断调整的过程。

（6）检验与核实

以试验、抽样、试行等方式鉴定所得结论，提出应采取的最佳方案。如果不能获得一个可行的方案，就需要重新考虑目标，并引进新方案，重复上述步骤。

在物流系统分析过程中可利用不同的模型，在不同的假设下对各种可行方案进行比较，获得结论，提出建议。

3. 物流系统分析的准则

物流系统由许多要素组成，不仅每个要素之间相互联系、相互作用、相互依赖，而且每个要素与环境之间也相互联系、相互作用、相互依赖，从而使物流系统分析演变成一个复杂的、影响广泛的问题。因此，物流系统分析应遵循如下几个准则。

（1）物流系统与外部环境相结合

无论是企业物流系统还是社会物流系统，都会受到孕育环境的影响，并持续地与外部环境进行物质、能量和信息的交换。面对物流系统与外部环境存在的这种无法割裂的联系，物流系统分析应综合考虑系统的内外部环境，考虑环境的作用和影响。

（2）局部效益与整体效益相结合

物流系统的局部效益与整体效益并不能总是保持一致，单纯追求局部效益最大化或整体效益最大化都不可取，需要综合权衡局部效益与整体效益，特别是在以整体效益最大化目标的驱动下，平衡局部效益与整体效益。

（3）当前利益与长远利益相结合

在物流系统分析过程中，需要兼顾当前利益和长远利益，最理想、最有利的方案就是当前利益和长远利益都较高。但是，如果方案对当前不利，而对长远有利，此时要经过全面分析后再进行决策。

（4）定量分析与定性分析相结合

物流系统分析不仅要进行定量分析，而且要进行定性分析，即需要综合运用定量分析和定性分析方法。通常需要在定性分析的基础上，深入细致地建立描述物流系统定量关系的数学模型。

4. 物流系统分析方法

所谓系统分析方法，就是按照事物本身的系统性把对象放在系统的形式中加以考察的一种分析方法，即从系统的观点出发，始终着重从整体与部分之间，从整体与外部环境的相互联系、相互作用、相互制约的关系中综合地、精确地考察对象，以找到解决问题的最佳方法。

基本的系统分析方法主要有以下几种。

（1）网络方法

网络方法是一种统筹安排、抓住关键的系统方法。一个企业内有多种不同的业务部门，如何协调工作？一个产品的生产过程有许多工序，如何最合理地调配人力、物力和安排进度，以确保产品生产顺利完成？一个工程项目也有类似的问题，即如何合理安排整个工程项目中的各项工作，使工程以最快的进度顺利完工。为了解决这类问题，美国在1956—1958年发展了两种方法，即关键路线法（critical path method，CPM）和PERT。这两种方法最先由数学家华罗庚引入我国，并称为"统筹法"。

（2）数学规划法

数学规划法是指在一定的约束条件下，寻求最优目标的一类数学方法。这里的约束条件主要包括资源约束（如人力、物力、财力、时间等）以及必须满足的一些客观规律。所谓寻求最优目标，就是求目标函数的极值。这类优化方法包括四大规划，分别是线性规划、整数规划、动态规划、非线性规划。线性规划是解决目标函数和约束条件都是自变量的一次函数问题；整数规划是解决对于最优解要求必须是整数的问题；动态规划是解决多阶段决策过程的最优化问题；非线性规划是解决目标函数和约束条件中有一个或多个自变量的非线性函数问题。

（3）综合评价法

综合评价法就是对系统的各种可行方案，从功能、质量、投资、效益、能耗、使用寿命等各方面进行全面分析比较、综合考虑，从而选择整体效果最优的方案予以实施。综合评价法的关键在于选择适当的评价项目和评价的定量计算方法。

（4）系统模拟方法

系统模拟方法就是通过建立系统模型进行各种试验，以弄清模型所代表的实际系统的特性，以及各种因素间的关系，从而便于对现有系统进行分析，使之不断改进和完善，或者为未来系统选择最优方案的决策提供科学依据，或者对系统今后的发展趋势做出预测等。

（5）大系统理论

大系统理论是指规模庞大、结构复杂，包括的子系统数目多，系统的功能多、目标多，系统内的因素多、变量多的综合性系统。大系统与一般系统的研究方法是不同的，对于大系统，演绎法和依靠建立单一的数学模型来求解的方法都不适用。一般地，对于大系统，比较多地采用"分解-协调"方法，就是按照不同原则把大系统划分成若干子系统，先分别对各子系统进行分析与综合（可以采用常规的分析方法来做），使各子系统的状态最优，这叫局部最优。但局部最优并不等于整体最优，这就需要再根据大系统的总任务和总目标，使各个小系统之间相互协调，为了总任务和总目标，有时可能会使某些子系统不是局部最优，但局部应服从整体，最后实现大系统的整体最优化。

5. 物流系统分析方法的应用

物流系统分析所涉及的问题范围广泛，它研究的主要问题是如何使物流系统的整体效应最优。通常，越是重大复杂的问题，运用物流系统分析方法就越具有优势。目前，物流系统分析方法主要在如下几个方面获得了应用。

（1）制定区域物流发展规划

对于特定区域的各种物流资源条件、统计资料、生产经营目标等，在融入区域经济发展体系的前提下，以保证物流系统协调运营为目标，综合运用物流系统分析方法寻求优化方案，对物流系统的输入和输出进行权衡，从这些优化方案中选择一个满意的规划方案。

（2）重大物流工程项目的组织管理

对于重大物流工程项目的每一个部分、每一个环节，集成应用物流系统分析方法和网络分析方法进行全面的计划协调和安排，以保证重大物流工程项目的各个环节都能密切配合，保质保量地如期完成重大物流工程项目。

（3）物流基础设施建设规划

如果新建物流基础设施（如一个物流配送中心等），应综合运用物流系统分析方法，对各种技术条件、交通运输状况、市场状况、能源供应、生活设施等客观条件与环境因素进行论证，论证建设上的可行性、经济上的合理性、技术上的先进性，以选择最佳的建设方案。例如，物流园区的选址需要满足物流系统各方面的要求，同时又必须与城市的总体规划相适应，因为在城市总体规划中已经确定了城市范围内用地的总体规划，需要运用物流系统分析方法进行论证。

（4）新产品开发

在设计新产品时，应从物流系统优化的视角，应用物流系统分析方法，结合对新产品的使用目的、技术结构、原材料、价格等因素的价值分析，确定设计开发的新产品最适宜的设计性能、技术结构、原材料选择和市场可接受的价格水平，以及用于支撑新产品开发的物流系统。

（5）资金和成本管理

应用物流系统分析方法，对物流系统的费用进行预算控制，对物流活动采取的技术革新措施进行成本盈亏分析，从而确定一种经济合理的措施或方案，以更有效地管理物流系统的资金和成本。

（6）组织企业的生产布局和生产线

从物流系统优化的视角，应用物流系统分析方法，科学地规划生产组织中的人员、物资、设备等各种生产资源所需要的空间，以实现最佳配置和调度，并使相互间能有效地组合和安全地运行，从而使企业获得较高的生产效率和经济效益。

（7）编制生产作业计划

可以综合应用投入产出分析法和物流系统分析方法，做好各种零部件的投入产出平衡与生产能力平衡，确定最合理的生产周期、批量标准和在制品的储备周期，并运用调度管理方法安排好加工顺序，使装配线平衡，从而实现 JIT 生产和均衡生产。

物流系统分析方法在解决复杂的规划、设计、管理和控制等问题方面呈现出明显的优势，同时在解决区域性甚至全球性的物流系统分析和优化问题等方面也取得了一定的成效。

3.2　主成分分析

在实证问题研究中，为了全面、系统地分析问题，必须考虑众多影响因素。这些因素一般称为指标，在多元统计分析中也称为变量。因为每个变量都在不同程度上反映了所研究问题的某些信息，并且指标之间彼此有一定的相关性，因而所得到的统计数据反映的信息在一定程度上有重叠。在用统计方法研究多变量问题时，变量太多会增加计算量并增加分析问题的复杂性。人们希望在进行定量分析的过程中，涉及的变量较少，得到的信息量较多。主成分分析正是为适应这一要求产生的，是解决这类问题的理想工具。

3.2.1　主成分分析基本思想

主成分分析也称主分量分析或矩阵数据分析，它通过变量变换的方法把相关的变量变为若干不相关的综合指标变量。例如，建立一个指标体系，为了从不同的侧面反映系统分析和评价的综合性与全面性，在指标体系中要设立若干个（n 个）指标。对于大系统的指标体系来说，这类指标数量往往很多，而且这些指标之间常常存在联系。例如，在生产性固定资产总值与总产值之间、职工人数与总产值之间、总产值与净产值之间都存在着相关关系，而且很多是线性相关的。由于实际中存在的指标数量多且指标之间线性相关，使得分析评价方法，特别是定量方法的应用面临着很大的困难，甚至无法应用。在这种情况下，主成分分析方法的这一特点，即能将众多的线性相关指标转换为少数线性无关的指标，就显示出其应用价值。这里说的主成分，是指通过转换后所找到的线性无关的变量。由于线性无关，分析与评价指标变量时，就可切断相关的干扰，找出主导因素，做出更准确的估量。

3.2.2　主成分的定义与性质

1. 主成分的定义

如果将描述系统的 n 个指标看作 n 维空间的 n 个随机变量（由于运行情况不断变化，故其取值是随机的），则有如下的主成分的定义：

设 $\boldsymbol{a} = (a_1, a_2, \cdots, a_n)$ 为 n 维空间 $\mathbf{R}^n$ 的单位向量，并将所有单位向量集合为

$R_0 = \{ \boldsymbol{a} \mid \boldsymbol{a}\boldsymbol{a}^{\mathrm{T}} = 1 \}$。

记 n 个线性相关的随机变量为 $\boldsymbol{X} = (X_1, X_2, \cdots, X_n)^{\mathrm{T}}$。

记 $D(X_i)$ 为 X_i 的方差，$z_i = a_i \boldsymbol{X}$，$a_i \in R_0$，则有如下定义：

若 $D(z_1) = \max\limits_{a_1 \in R_0} \{a_1 \boldsymbol{X}\}$，称 z_1 为 $\boldsymbol{X}$ 的第一主成分，记为 $z_1 = \boldsymbol{\beta}_1 \boldsymbol{X}$，$\boldsymbol{\beta}_1 \in R_0$；

一切形如 $\boldsymbol{Z} = \boldsymbol{a}\boldsymbol{X}$ 中，且与 z_1 不相关，使方差达到极大者，称为 $\boldsymbol{X}$ 的第二个主成分，记为 $z_2 = \boldsymbol{\beta}_2 \boldsymbol{X}$，$\boldsymbol{\beta}_2 \in R_0$；

类似地，假设前 $k-1$ 个主成分已知，一切形如 $\boldsymbol{Z} = \boldsymbol{a}\boldsymbol{X}$ 中，且与 $z_1, z_2, \cdots, z_{k-1}$ 不相关，使方差达到极大者，称为 $\boldsymbol{X}$ 的第 k 个主成分，记为 $z_k = \boldsymbol{\beta}_k \boldsymbol{X}$，$\boldsymbol{\beta}_k \in R_0 (k=1,2,\cdots,n)$。

定理 设 $E(\boldsymbol{X}) = 0, E(\boldsymbol{X}\boldsymbol{X}^{\mathrm{T}}) = \boldsymbol{\sigma}$（可以证明 $\boldsymbol{\sigma}$ 是实对称的非负定的 n 阶协方差矩阵）；$\boldsymbol{\sigma}$ 的 n 个不同的特征根记为 $\lambda_1 \geqslant \lambda_2 \geqslant \cdots \geqslant \lambda_n \geqslant 0$，则 $\boldsymbol{X}$ 的第 k 个主成分 $z_k = \boldsymbol{\beta}_k \boldsymbol{X}$ 的线性系数 $\boldsymbol{\beta}_k$ 为 λ_k 的单位化的特征向量（证明略）。

至此，n 维空间的 n 个主成分已定义。为了便于理解，下面仅以二维空间为例，直观地说明主成分的含义。

设两个随机变量取值的一组样本如图 3-3 所示，在二维空间内，根据这组样本可以确立两个主成分，如图 3-3 中的 z_1 和 z_2。z_1 为第一个主成分，其指标取值（样本）沿 z_1 方向分布范围最大，即方差最大。此时沿 z_1 方向对样本的区分能力最大，即 z_1 可在很大程度上综合原来的 X_1、X_2 两个指标反映的信息。与 z_1 不相关（即垂直）且使沿该方向样本分布范围最大者为 z_2，故 z_2 为第二个主成分。

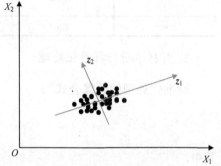

图 3-3 二维空间的主成分示意

2. 主成分的性质

性质 1 $\sum\limits_{i=1}^{m} \lambda_i = \sum\limits_{i=1}^{m} \sigma_i^2, \sigma_i^2 = E(X_i^2)(i=1,2,\cdots,n)$

即 $X_1, X_2, \cdots, X_n$ 的方差之和等于主成分 $z_1, z_2, \cdots, z_n$ 的方差之和。

性质 2 $\rho_{ij} = \dfrac{\sqrt{\lambda_i} \beta_{ij}}{\sigma_j} (i, j = 1, 2, \cdots, n)$

其中 $\rho_{ij} = \rho(X_i, X_j)$，$\beta_{ij}$ 是 λ_i 的特征向量 $\boldsymbol{\beta}_i$ 的第 j 个分量。

性质 3 $\sum\limits_{j=1}^{n} \sigma_j^2 \rho_{ij}^2 = \lambda_i$

性质 4 $\sum\limits_{i=1}^{n} \rho_{ij}^2 = \sum\limits_{i=1}^{n} \dfrac{\lambda_i \beta_{ij}^2}{\sigma_j^2} = 1$

3.2.3 主成分的计算

设 $\boldsymbol{X}$ 为 n 维空间的随机变量，且 $E(\boldsymbol{X}) = 0, \boldsymbol{\sigma} = E(\boldsymbol{X}\boldsymbol{X}^{\mathrm{T}})$，则

$$\boldsymbol{\sigma} = E(\boldsymbol{XX}^{\mathrm{T}}) = E(\boldsymbol{X})E(\boldsymbol{X}^{\mathrm{T}}) + \mathrm{cov}(\boldsymbol{XX}^{\mathrm{T}}) = \mathrm{cov}(\boldsymbol{XX}) \qquad (3\text{-}1)$$

即 $\boldsymbol{\sigma}$ 为一实对称的 n 阶协方差矩阵，可以证明 $\boldsymbol{\sigma}$ 具有 n 个大于零的特征根，记为 $\lambda_1 > \lambda_2 > \cdots > \lambda_n > 0$，则 $\boldsymbol{X}$ 的第 k 个主成分 $z_k = \boldsymbol{\beta}_k \boldsymbol{X}$ 的线性系数 $\boldsymbol{\beta}_k$ 为 $\boldsymbol{\sigma}$ 的第 k 个特征根值 λ_k 的单纯化特征向量，如此可求得 n 个主成分。

3.2.4　样本的主成分计算

设 n 个随机变量（n 个指标）取得的一组样本如表 3-1 所示。

表 3-1　n 个指标取得的一组样本数据

样本	指标			
	X_1	X_2	$\cdots$	X_n
1	X_{11}	X_{12}	$\cdots$	X_{1n}
2	X_{21}	X_{22}	$\cdots$	X_{2n}
$\vdots$	$\vdots$	$\vdots$	$\vdots$	$\vdots$
m	X_{m1}	X_{m2}	$\cdots$	X_{mn}

1. 对样本进行标准化处理

标准化处理的计算公式为

$$X_{ij}^* = \frac{X_{ij} - \overline{X_j}}{S_j} \qquad (3\text{-}2)$$

其中，

$$\overline{X_j} = \frac{1}{m}\sum_{i=1}^{m} X_{ij} \,(j=1,2,\cdots,n) \qquad (3\text{-}3)$$

$$S_j^2 = \frac{1}{m-1}\sum_{i=1}^{m}\left(Y_{ij} - \overline{X_j}\right)^2 (j=1,2,\cdots,n) \qquad (3\text{-}4)$$

标准化处理的作用有：①式（3-3）可消除原来各指标的量纲，使指标之间具有可比性；②式（3-4）使标准化后的样本满足 $E(\boldsymbol{X}) = 0$。可以证明，标准化后的样本满足 $E(\boldsymbol{X}) = 0$，$D(\boldsymbol{X}) = 1$。

2. 利用标准化后的样本估计 $\boldsymbol{\sigma}$

由 $\boldsymbol{\sigma} = E(\boldsymbol{XX}^{\mathrm{T}}) = \mathrm{cov}(\boldsymbol{XX}^{\mathrm{T}})$ 可知，此处的工作就是通过样本估计总体的协方差矩阵。可以证明下述两种估计都是无偏估计：

$$\sigma_{ij} = \frac{1}{m-1}\sum_{k=1}^{m} X_{ki}X_{kj} \,(i,j=1,2,\cdots,n) \qquad (3\text{-}5)$$

$$\sigma_{ij} = \frac{\displaystyle\sum_{k=1}^{m} X_{ki}X_{kj}}{\sqrt{\displaystyle\sum_{k=1}^{m} X_{ki}^2 \sum_{k=1}^{m} X_{kj}^2}} \,(i,j=1,2,\cdots,n) \qquad (3\text{-}6)$$

于是，得到一个实对称的协方差矩阵 $\boldsymbol{\sigma}$。

3. 计算各主成分

根据前面得到的协方差矩阵 $\boldsymbol{\sigma}$ 即可得到 n 个非负特征根 $\lambda_1 > \lambda_2 > \cdots > \lambda_n > 0$，从而得到 n 个单位化特征向量，构成一个正交矩阵，记为 $\boldsymbol{a}$，则

$$\boldsymbol{a} = \begin{pmatrix} a_{11} & a_{12} & \cdots & a_{1n} \\ a_{21} & a_{22} & \cdots & a_{2n} \\ \vdots & \vdots & & \vdots \\ a_{n1} & a_{n2} & \cdots & a_{nn} \end{pmatrix}$$

a_{ij} 中的 i 为第 i 个主成分，j 为第 j 个主成分。

对于 m 个样本中的第 k 个样本，根据 $\boldsymbol{Z}_k = \boldsymbol{a}_k \boldsymbol{X}$，则可得到 n 个主成分如下：

$$\begin{pmatrix} Z_{k1} \\ Z_{k2} \\ \vdots \\ Z_{kn} \end{pmatrix} = \begin{pmatrix} a_{11} & a_{12} & \cdots & a_{1n} \\ a_{21} & a_{22} & \cdots & a_{2n} \\ \vdots & \vdots & & \vdots \\ a_{n1} & a_{n2} & \cdots & a_{nn} \end{pmatrix} \begin{pmatrix} X_{k1} \\ X_{k2} \\ \vdots \\ X_{kn} \end{pmatrix}$$

对于全部的 m 个样本，则有

$$\begin{pmatrix} Z_{11} & Z_{12} & \cdots & Z_{1n} \\ Z_{21} & Z_{22} & \cdots & Z_{2n} \\ \vdots & \vdots & & \vdots \\ Z_{n1} & Z_{n2} & \cdots & Z_{nn} \end{pmatrix} = \begin{pmatrix} a_{11} & a_{12} & \cdots & a_{1n} \\ a_{21} & a_{22} & \cdots & a_{2n} \\ \vdots & \vdots & & \vdots \\ a_{n1} & a_{n2} & \cdots & a_{nn} \end{pmatrix} \begin{pmatrix} X_{11} & X_{12} & \cdots & X_{1n} \\ X_{21} & X_{22} & \cdots & X_{2n} \\ \vdots & \vdots & & \vdots \\ X_{n1} & X_{n2} & \cdots & X_{nn} \end{pmatrix}$$

即

$$\boldsymbol{Z}_0^{\mathrm{T}} = \boldsymbol{a} \boldsymbol{X}_0^{\mathrm{T}}$$

整理得

$$\boldsymbol{Z}_0 = \boldsymbol{X}_0 \boldsymbol{a}^{\mathrm{T}}$$

式中，$\boldsymbol{Z}_0$——样本主成分；

$\boldsymbol{X}_0$——标准化的样本。

至此，可以把由原来研究 $\boldsymbol{X}_0$ 转化为研究 $\boldsymbol{Z}_0$ 的问题，并且 $\boldsymbol{Z}_0$ 中的各主成分是线性无关的。但是 $\boldsymbol{Z}_0$ 只是将原来的线性相关的一组随机变量转换为线性无关的随机变量，其主成分仍为 n 个，并没有减少指标的数量。下面介绍如何减少主成分的个数，将多指标分析转化为少数指标分析问题，并且在研究少数指标的变化规律后，再通过这少数几个指标将原始指标计算出来，达到分析的目的。

3.2.5　样本主成分选择及原指标对主成分的回归

1. 主成分选择

为了合理地选择少数几个主成分来有效地描述原来 n 个指标所构成的一组样本，要引入主成分贡献率的概念及其计算方法。

若 λ_i 为协方差矩阵 σ 的第 i 个特征根，则 $\dfrac{\lambda_k}{\sum\limits_{i=1}^{n}\lambda_i}$ 为第 k 个主成分的贡献率；$\dfrac{\sum\limits_{i=1}^{r}\lambda_i}{\sum\limits_{i=1}^{n}\lambda_i}$ 为第 r 个主成分的累计贡献率。

样本前 r 个主成分的累计贡献率表明了 r 个主成分能够反映原样本信息量的程度。当其达到一定的水平时，说明采用前 r 个主成分来描述原样本所包含的信息量已经可以达到要求。例如，当 $n=5$，$\lambda_1 = 3.0$，$\lambda_2 = 1.5$，$\lambda_3 = 0.3$，$\lambda_4 = 0.15$，$\lambda_5 = 0.05$ 时，

$\dfrac{\lambda_1+\lambda_2}{\sum\limits_{i=1}^{5}\lambda_i}=\dfrac{3.0+1.5}{3.0+1.5+0.3+0.15+0.05}=0.9$，说明前两个主成分即能反映 90%原来 5 个指

标的信息量，从而在一定水平下可将多个指标转换成用少数几个指标来处理分析、研究、预测和评价的工作并得到有关结论。但是有时候运用这个研究结果时，还必须知道它们所对应的原始的 n 个指标的取值，因此，还要给出根据已知主成分求原始指标的方法。

2. 原指标对主成分的回归

设 X_i 为原指标列向量，Z_i 为主成分列向量，则原指标对主成分的回归问题即为在 $X = BZ$ 中如何确定回归系数矩阵 B 的问题。

由 $Z = aX$ 可得 $a^{\mathrm{T}}Z = a^{\mathrm{T}}aX$，因 a 为正交矩阵，故 $a^{\mathrm{T}} = a^{-1}$，即 $a^{\mathrm{T}}a = a^{-1}a = I$，所以上式变为 $X = a^{\mathrm{T}}Z$，即回归系数 $B = a^{\mathrm{T}}$，于是可以根据主成分反求原指标。

当取其前 r 个主成分时，上式为

$$\begin{pmatrix} X_1 \\ X_2 \\ \vdots \\ X_n \end{pmatrix} = \begin{pmatrix} a_{11} & a_{12} & \cdots & a_{1n} \\ a_{21} & a_{22} & \cdots & a_{2n} \\ \vdots & \vdots & & \vdots \\ a_{n1} & a_{n2} & \cdots & a_{nn} \end{pmatrix} \begin{pmatrix} Z_1 \\ Z_2 \\ \vdots \\ Z_n \end{pmatrix}$$

综上所述，将多个线性相关的随机变量转换成少数线性无关的随机变量来研究，既能使被研究的问题简化而实用，又能根据研究结果推算原指标的取值。

3.2.6 主成分分析的应用步骤

主成分分析的应用步骤如下。

1）对数据样本进行标准化处理。

2）计算样本的相关矩阵 R。

3）求相关矩阵 R 的特征根和特征向量。

4）根据系统要求的累计贡献率确定主成分的个数。

5）确定主成分的线性方程式。

6）计算因子负荷量和累计贡献率（或总贡献率）。

7）根据上述计算结果对系统进行分析。

3.2.7　主成分分析的主要作用

1）主成分分析能降低所研究数据空间的维数，即用研究 q 维的 Y 空间代替 p 维的 X 空间（$q<p$），而用低维的 Y 空间代替高维的 X 空间所损失的信息很少。即使只有一个主成分 Y_l（即 $l=1$），这个 Y_l 仍是使用全部（p 个）X 变量得到的。例如，要计算 Y_l 的均值也得使用全部 X 的均值。在所选的前 q 个主成分中，如果某个 X_i 的系数全部近似于零，就可以把这个 X 删除，这也是一种删除多余变量的方法。

2）有时可通过因子负荷 a_{ij} 的结论，弄清 X 变量间的某些关系。

3）利用主成分分析法使多维数据可以用图形表示。因为当维数大于 3 时便不能画出几何图形，而多元统计研究的问题大都多于 3 个变量，所以要把研究的问题用图形表示出来是不可能的。然而，经过主成分分析后，可以选取前两个主成分或其中某两个主成分，根据主成分的得分，画出 n 个样本在二维平面上的分布状况，由图形可直观地看出各样本在主成分中的地位，进而对样本进行分类处理，从而由图形发现远离大多数样本点的离群点。

4）由主成分分析法构造回归模型，即把各主成分作为新自变量代替原来的自变量 x 做回归分析。

5）用主成分分析筛选回归变量。回归变量的选择有着重要的实际意义，为了使模型本身易于做结构分析、控制和预报，可以从原始变量所构成的子集合中选择最佳变量，构成最佳变量集合。用主成分分析筛选变量，可以用较少的计算量来选择变量，获得选择最佳变量子集合的效果。

3.2.8　主成分分析的应用

【例 3-1】为了全面分析某城市制造类企业的经济效益，选择了 8 个不同的利润指标以及 14 家企业。这些企业关于这 8 个指标的统计数据如表 3-2 所示，为了评价各企业效益高低，试进行主成分分析。

表 3-2　14 家企业利润指标的统计数据

企业序号	利润指标							
	净产值利润率 x_{i1}/%	固定资产利润率 x_{i2}/%	总产值利润率 x_{i3}/%	销售收入利润率 x_{i4}/%	产品成本利润率 x_{i5}/%	物耗利润率 x_{i6}/%	人均利润 x_{i7}/（千元/人）	流动资金利润率 x_{i8}/%
1	40.4	24.7	7.2	6.1	8.3	8.7	2.442	20.0
2	25.0	12.7	11.2	11.0	12.9	20.2	3.542	9.1
3	13.2	3.3	3.9	4.3	4.4	5.5	0.578	3.6
4	22.3	6.7	5.6	3.7	6.0	7.4	0.176	7.3
5	34.3	11.8	7.1	7.1	8.0	8.9	1.726	27.5
6	35.6	12.5	16.4	16.7	22.8	29.3	3.017	26.6
7	22.0	7.8	9.9	10.2	12.6	17.6	0.847	10.6
8	48.4	13.4	10.9	9.9	10.9	13.9	1.772	17.8
9	40.6	19.1	19.8	19.0	29.7	39.6	2.449	35.8
10	24.8	8.0	9.8	8.9	11.9	16.2	0.789	13.7

企业序号	利润指标							
	净产值利润率 x_{i1}/%	固定资产利润率 x_{i2}/%	总产值利润率 x_{i3}/%	销售收入利润率 x_{i4}/%	产品成本利润率 x_{i5}/%	物耗利润率 x_{i6}/%	人均利润 x_{i7}/（千元/人）	流动资金利润率 x_{i8}/%
11	12.5	9.7	4.2	4.2	4.6	6.5	0.874	3.9
12	1.8	0.6	0.7	0.7	0.8	1.1	0.056	1.0
13	32.3	13.9	9.4	8.3	9.8	13.3	2.126	17.1
14	38.5	9.1	11.3	9.5	12.2	16.4	1.327	11.6

解： 样本均值向量为

$$\bar{x} = (27.979 \quad 10.950 \quad 9.100 \quad 8.543 \quad 11.064 \quad 14.614 \quad 1.552 \quad 14.686)^{\mathrm{T}}$$

样本协方差矩阵为

$$S = \begin{pmatrix} 168.333 & 60.357 & 45.757 & 41.215 & 57.906 & 71.672 & 8.602 & 101.620 \\ & 37.207 & 16.825 & 15.505 & 23.535 & 29.029 & 4.785 & 44.023 \\ & & 24.843 & 24.335 & 36.478 & 49.278 & 3.629 & 39.410 \\ & & & 24..423 & 36.283 & 49.146 & 3.675 & 38.718 \\ & & & & 56.046 & 75.404 & 5.002 & 59.723 \\ & & & & & 103.018 & 6.821 & 74.523 \\ & & & & & & 1.137 & 6.722 \\ & & & & & & & 102.707 \end{pmatrix}$$

由于 S 中主对角线元素差异较大，因此从样本相关矩阵 R 出发进行主成分分析。

样本相关矩阵 R 为

$$R = \begin{pmatrix} 1 & 0.76266 & 0.70758 & 0.64281 & 0.59617 & 0.54426 & 0.62178 & 0.77285 \\ & 1 & 0.53341 & 0.51434 & 0.51538 & 0.46888 & 0.73562 & 0.71214 \\ & & 1 & 0.98793 & 0.9776 & 0.97409 & 0.68282 & 0.78019 \\ & & & 1 & 0.98071 & 0.9798 & 0.69735 & 0.77306 \\ & & & & 1 & 0.99235 & 0.62663 & 0.78718 \\ & & & & & 1 & 0.6303 & 0.72449 \\ & & & & & & 1 & 0.62202 \\ & & & & & & & 1 \end{pmatrix}$$

矩阵 R 的特征值及相应的特征向量如表 3-3 所示。

表 3-3 矩阵 R 的特征值及相应的特征向量

特征值	特征向量							
6.1366	0.32113	0.29516	0.38912	0.38472	0.37955	0.37087	0.31996	0.35546
1.0421	−0.4151	−0.59766	0.22974	0.27869	0.31632	0.37151	−0.27814	−0.15684
0.43595	−0.45123	0.10303	−0.039895	0.053874	−0.037292	0.075186	0.77059	−0.42478
0.22037	−0.66817	0.36336	−0.22596	−0.11081	0.14874	0.069353	−0.13495	0.55949
0.15191	−0.038217	0.62435	0.12273	−0.036909	0.15928	0.21062	−0.43006	−0.58105

续表

特征值	特征向量							
0.008 827 4	−0.101 67	0.135 84	−0.158 11	0.832 26	−0.252 04	−0.345 06	−0.139 34	−0.026 557
0.002 962 4	0.159 6	−0.061 134	−0.539 66	0.046 606	0.760 9	−0.278 09	0.062 03	−0.131 26
0.001 223 8	0.192 95	−0.031 987	−0.641 76	0.110 02	−0.253 97	0.687 91	−0.006 045	−0.005 403 1

R 的特征值及贡献率如表 3-4 所示。

表 3-4　R 的特征值及贡献率

特征值	贡献率	累计贡献率
6.136 6	0.767 08	0.767 08
1.042 1	0.130 27	0.897 34
0.435 95	0.054 494	0.951 84
0.220 37	0.027 547	0.979 38
0.151 91	0.018 988	0.998 37
0.008 827 4	0.001 103 4	0.999 48
0.002 962 4	0.000 370 3	0.999 85
0.001 223 8	0.000 152 97	1

前 3 个标准化样本主成分累计贡献率已达到 95.184%，故只需要取前 3 个主成分即可。前 3 个标准化样本主成分中各标准化变量 $x_i^* = \dfrac{x_i - \overline{x}_i}{\sqrt{s_{ii}}}(i=1,2,\cdots,8)$ 前的系数即为对应的特征向量，由此得到 3 个标准化样本主成分为

$$
\begin{cases}
y_1 = 0.321\,13x_1^* + 0.295\,16x_2^* + 0.389\,12x_3^* + 0.384\,72x_4^* + 0.379\,55x_5^* + 0.370\,87x_6^* \\
\quad + 0.319\,96x_7^* + 0.355\,46x_8^* \\
y_2 = -0.415\,1x_1^* - 0.597\,66x_2^* + 0.229\,74x_3^* + 0.278\,69x_4^* + 0.316\,32x_5^* + 0.371\,51x_6^* \\
\quad - 0.278\,14x_7^* - 0.156\,84x_8^* \\
y_3 = -0.451\,23x_1^* + 0.103\,03x_2^* - 0.039\,895x_3^* + 0.053\,874x_4^* - 0.037\,292x_5^* + 0.075\,186x_6^* \\
\quad + 0.770\,59x_7^* - 0.424\,78x_8^*
\end{cases}
$$

注意到，y_1 近似是 8 个标准化变量 $x_i^* = \dfrac{x_i - \overline{x}_i}{\sqrt{s_{ii}}}(i=1,2,\cdots,8)$ 的等权重之和，是反映各企业总效益大小的综合指标，y_1 的值越大，则企业的效益越好。由于 y_1 的贡献率高达 76.708%，故用 y_1 的得分值对企业进行排序，能从整体上反映企业之间的效益差别。将 S 中的 s_{ii} 的值及 x_i 中各 $\overline{x}_i$ 的值以及企业关于 x_i 的观测值代入 y_1 的表达式中，可求得各企业 y_1 的得分及其按得分由小到大的排序结果，如表 3-5 所示。

表 3-5 企业效益得分

企业序号	得分	企业序号	得分
12	−0.973 54	5	0.016 879
4	−0.648 56	8	0.177 11
3	−0.627 43	13	0.189 25
11	−0.485 58	1	0.293 51
10	−0.219 49	2	0.653 15
7	−0.189	6	0.855 66
14	−0.004 803	9	0.962 85

所以，第 9 家企业的效益最好，第 12 家企业的效益最差。

3.3 聚 类 分 析

3.3.1 聚类分析概述

聚类分析是一种根据研究对象特征对研究对象进行分类的多元分析技术，它将样本或变量按照亲疏的程度，把性质相近的归为一类，使得同一类中的个体都具有高度的同质性，不同类之间的个体具有高度的异质性。描述亲疏程度通常有两种方法：一种是把样本或向量看成 p 维空间的一个点，定义点与点之间的距离；另一种是用样本间的相似系数来描述其亲疏程度。有了距离和相似系数就可定量地对样本进行分组，根据分类函数将差异最小的归为一组，组与组之间再按分类函数进一步归类，直到将所有样本归为一类为止。

聚类分析就是分析如何对样本（或变量）进行量化分类的问题。通常聚类分析分为 Q 型聚类和 R 型聚类。Q 型聚类是对样本进行分类处理，R 型聚类是对变量进行分类处理。常见的聚类分析方法有系统聚类法、模糊聚类法、动态聚类法（逐步聚类法）等。这里仅对系统聚类法和模糊聚类法进行简单介绍。

3.3.2 系统聚类分析

1. 应用步骤

1）对样本数据进行标准化处理。

设样本数为 n，变量数为 m，则原始观测数据 x_{ij} 表示第 i 个样本的第 j 个指标变量，用矩阵 x 表示样本矩阵，则有

$$x = \begin{pmatrix} x_{11} & x_{12} & \cdots & x_{1m} \\ x_{21} & x_{22} & \cdots & x_{2m} \\ \vdots & \vdots & & \vdots \\ x_{n1} & x_{n2} & \cdots & x_{nm} \end{pmatrix}$$

对原始数据进行标准化转换，即取

$$x'_{ij} = \frac{x_{ij} - \overline{x}_j}{\sigma_j} \left(i = 1, 2, \cdots, n; \ j = 1, 2, \cdots, m\right) \tag{3-7}$$

式中,

$$\bar{x}_j = \frac{1}{n}\sum_{i=1}^{n} x_{ij} \tag{3-8}$$

$$\sigma_j = \sqrt{\frac{1}{n-1}\sum_{i=1}^{n}\left(x_{ij}-\bar{x}_j\right)^2} \tag{3-9}$$

2)定义并计算样本点之间的距离 d_{ij}。

d_{ij} 表示第 i 个样本和第 j 个样本间的距离,则 d_{ij} 有多种表示方式,常用的有闵可夫斯基(Minkowski)距离

$$d_{ij}(q) = \sqrt[q]{\sum_{k=1}^{p}\left(x_{ik}-x_{jk}\right)^q} \tag{3-10}$$

当 $q=2$ 时,得欧氏距离

$$d_{ij}(2) = \sqrt{\sum_{k=1}^{p}\left(x_{ik}-x_{jk}\right)^2}\ (i,j=1,2,\cdots,n) \tag{3-11}$$

此时,欧氏距离又称平方根距离。

3)计算相似系数 r_{ij}。

相似系数 r_{ij} 的计算公式为

$$r_{ij} = \frac{\sum_{k=1}^{m}\left(x_{ik}-\bar{x}_i\right)\left(x_{jk}-\bar{x}_j\right)}{\sqrt{\sum_{k=1}^{m}\left(x_{ik}-\bar{x}_i\right)^2}\sqrt{\sum_{k=1}^{m}\left(x_{jk}-\bar{x}_j\right)^2}} \tag{3-12}$$

式中,分子表示两个变量(或指标的)协方差,分母为标准差的积, r_{ij} 不受量纲的影响,当 $i \neq j$ 时, r_{ij} 的取值在 0~1 之间;当 $i=j$ 时, $r_{ij}=1$。

4)将距离最近的(或相似系数最大)两类并成一新类,并计算新类与其他类的距离(或相似系数)。

5)重复步骤 2)~4),直至全部样本归为一类。

6)并类时记下合并时的样本编号和并类时的水平(距离或相似系数的值),并由此画成聚类谱系图。

7)由聚类谱系图和实际问题的意义确定最终分类和分类结果。

2. 系统聚类的应用

【例 3-2】对 8 家企业技术创新能力进行综合评价打分,以确定各企业技术创新能力等级。根据在评分上的差异将它们分为适当的类,原始数据如表 3-6 所示。

表 3-6　8 家企业的原始数据

指标		各企业原始数据							
总指标	分指标	企业 1	企业 2	企业 3	企业 4	企业 5	企业 6	企业 7	企业 8
研发能力	研发投入强度/万元	180	200	120	250	175	117	230	192
	研发人员构成	0.79	0.82	0.57	0.8	0.83	0.68	0.85	0.81

续表

指标		各企业原始数据							
总指标	分指标	企业 1	企业 2	企业 3	企业 4	企业 5	企业 6	企业 7	企业 8
研发能力	研发技术构成	0.65	0.82	0.59	0.71	0.72	0.69	0.83	0.79
	研发开发成功率	0.84	0.87	0.71	0.86	0.89	0.76	0.9	0.83
	新产品开发时间/年	1.8	2	2.9	1.9	1.7	2.5	1.8	2.3
	新产品开发费用/万元	123	100	125	105	158	103	109	101
投入能力	生产设备先进程度	0.51	0.85	0.43	0.83	0.81	0.73	0.86	0.82
	外界科技经费投入强度	0.27	0.2	0.19	0.3	0.23	0.28	0.26	0.21
	生产资源投入强度	0.82	0.85	0.94	0.8	0.76	0.88	0.81	0.83
	人员投入强度	0.23	0.16	0.09	0.2	0.31	0.19	0.25	0.17
管理能力	领导创新欲望	0.83	0.82	0.73	0.85	0.79	0.74	0.87	0.81
	激励机制	0.73	0.88	0.69	0.77	0.82	0.7	0.84	0085
	技术创新活动评估能力	0.8	0.9	0.75	0.83	0.87	0.85	0.88	0.87
	与外界合作能力	0.74	0.72	0.68	0.71	0.68	0.8	0.76	0.71
营销能力	营销强度	0.07	0.05	0.08	0.06	0.09	0.1	0.07	0.06
	产品竞争性	0.82	0.75	0.72	0.84	0.79	0.68	0.87	0.8
	营销人员素质	0.75	0.88	0.69	0.83	0.85	0.79	0.86	0.87
	市场占有率	0.09	0.12	0.08	0.14	0.21	0.18	0.17	0.1
财务能力	技术创新资金获得能力	0.78	0.76	0.7	0.75	0.8	0.69	0.77	0.74
	投资回收/年	3.4	3.2	3.9	2.9	2.7	2.5	2.6	3
	投资收益率	0.16	0.2	0.08	0.21	0.18	0.28	0.23	0.19
	新产品销售/%	0.51	0.52	0.47	0.5	0.63	0.68	0.54	0.53
	新产品利税/%	0.42	0.45	0.38	0.48	0.51	0.47	0.55	0.43

解： 用 SPSS 统计分析软件对原始数据进行分析处理，得到样本间距离（表 3-7）、聚类分析的详细步骤（表 3-8）和聚类谱系图（图 3-4）。

表 3-7　SPSS 输出的样本间距离

样本	欧氏平方距离							
	1：样本 1	2：样本 2	3：样本 3	4：样本 4	5：样本 5	6：样本 6	7：样本 7	8：样本 8
1：样本 1	0.000	32.572	51.410	16.522	36.778	51.175	34.705	23.528
2：样本 2	32.572	0.000	83.693	19.089	37.979	56.920	20.021	3.784
3：样本 3	51.410	83.693	0.000	86.304	111.155	71.458	127.612	66.995
4：样本 4	16.522	19.089	86.304	0.000	31.856	52.070	12.246	14.318
5：样本 5	36.778	37.979	111.155	31.856	0.000	59.190	25.655	35.449
6：样本 6	51.175	56.920	71.458	52.070	59.190	0.000	59.097	46.713
7：样本 7	34.705	20.021	127.612	12.246	25.655	59.097	0.000	20.709
8：样本 8	23.528	3.784	66.995	14.318	35.449	46.713	20.709	0.000

从表 3-7 中可以看出，样本 2 与样本 8 之间的距离最小，为 3.784，因而先聚为一类，其次是样本 4 和样本 7 之间的距离，为 12.246，聚为一类，依此类推，直到所有的样本聚为一类。

表 3-8　SPSS 输出的聚类分析详细步骤

步骤	样本聚类组合		系数	阶段聚类结果		下一步
	聚类 1	聚类 2		聚类 1	聚类 2	
1	2	8	3.784	0	0	3
2	4	7	12.246	0	0	3
3	2	4	18.534	1	2	4
4	1	2	26.582	0	6	5
5	1	5	33.543	4	0	6
6	1	6	54.194	5	0	7
7	1	3	85.518	6	0	0

从表 3-8 可以清楚地看到，第 1 步是 2 和 8 的合并，第 2 步是 4 和 7 的合并，第 3 步为 2 和 8 合并了 4 和 7，依此类推，直到全部合并为一类。

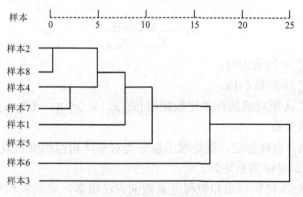

图 3-4　聚类谱系图

图 3-4 更清楚地表现出了各样本的聚类过程，根据原始数据对比分析，可以认为 2、8、4 和 7 属于一类，其余 4 家企业由于某些技术创新能力方面比较特殊，所以各自单独为一类。

3.3.3　模糊聚类分析

分析清楚客观事物间的界限和关系是进行聚类的基础，但往往客观世界中的事物之间的界限不是很清晰，也就是说，分类问题在许多场合都具有模糊性。这就要求借助模糊数学来解决此类问题，从而产生了模糊聚类分析，这样分类的结果更符合客观实际，效果更好。

1. 模糊聚类分析的过程

模糊聚类分析就是用模糊等价关系将样本分类，因为模糊等价关系的 λ 截集 R_λ 是普通等价关系，因此就可以在 λ 的水平上对样本进行分类。

（1）数据标准化

设被聚类对象为 $A_1, A_2, \cdots, A_n$，$U = \{A_1, A_2, \cdots, A_n\}$ 为样本集，考虑的因素（或称样本的指标）为 $B_1, B_2, \cdots, B_m$，因此，A_i 可由 m 个数据描述，记 A_i 所对应的 m 个数为 $(m'_{i1}, m'_{i2}, \cdots, m'_{im})$ $(i = 1, 2, \cdots, n)$，对因素 B_k 可测得 n 个数据为 $(x_{1k}, x_{2k}, \cdots, x_{nk})$ $(k = 1, 2, \cdots, m)$。

由于各因素的量纲往往不相同，为了便于分析和比较，需要将各因素的数据标准化。

$$x''_{ik} = \frac{x'_{ik} - \overline{x'_k}}{S_k} \tag{3-13}$$

式中，$\overline{x'_k}$——第 k 个指标的平均值；

S_k——第 k 个指标的标准差。

$$\overline{x'_k} = \frac{1}{n} \sum_{i=1}^{n} x'_{ik} \tag{3-14}$$

$$S_k = \sqrt{\frac{1}{n} \sum_{i=1}^{n} \left(x'_{ik} - \overline{x'_k}\right)^2} \quad (i = 1, 2, \cdots, n;\ k = 1, 2, \cdots, m) \tag{3-15}$$

这时得到的标准化数据 x''_{ik} 不一定都在 $[0,1]$ 闭区间之内，还需采用下面的极值标准化公式进行处理。

$$x_{ik} = \frac{x''_{ik} - x''_{\min k}}{x''_{\max k} - x''_{\min k}} \tag{3-16}$$

式中，$x''_{\max k}$——x''_{ik} 中的最大值；

$x''_{\min k}$——x''_{ik} 中的最小值。

这样就得到了 A_i 所对应的标准化数据组 $(x_{i1}, x_{i2}, \cdots, x_{im})$ $(i = 1, 2, \cdots, n)$。

（2）建立模糊关系

建立模糊关系，也称标定，就是求出被分类对象间相似程度系数 r_{ij}，从而得到相似矩阵 $\boldsymbol{R} = \left(r_{ij}\right)_{m \times n}$，即模糊关系矩阵。

由 A_i 和 A_j 的标准化数据求相似程度系数的方法很多，有数量积法、相关系数法、算术平均最小法等十几种。这里只列出常用的几种计算公式。

1）数量积法：

$$r_{ij} = \begin{cases} 1, i = j \\ \dfrac{1}{M} \sum_{i=1}^{m} x_{ik} \cdot x_{jk}, i \neq j \end{cases} \tag{3-17}$$

式中，$M = \max\limits_{i \neq j} \left(\sum\limits_{k=1}^{m} x_{ik} \cdot x_{jk} \right)$。

2）相关系数法：

$$r_{ij} = \frac{\sum\limits_{k=1}^{m} |x_{ik} - \overline{x}_i| |x_{jk} - \overline{x}_j|}{\sqrt{\sum\limits_{k=1}^{m} (x_{ik} - \overline{x}_i)^2} \sqrt{\sum\limits_{k=1}^{m} (x_{jk} - \overline{x}_j)^2}} \tag{3-18}$$

式中，$\bar{x}_i = \dfrac{1}{m}\sum_{k=1}^{m}x_{ik}$，$\bar{x}_j = \dfrac{1}{m}\sum_{k=1}^{m}x_{jk}$。

3）算术平均最小法：

$$r_{ij} = \frac{\sum_{k=1}^{m}\left(x_{ik} \wedge x_{jk}\right)}{\dfrac{1}{2}\sum_{k=1}^{m}\left(x_{ik} + x_{jk}\right)} \tag{3-19}$$

4）几何平均最小法：

$$r_{ij} = \frac{\sum_{k=1}^{m}\left(x_{ik} \wedge x_{jk}\right)}{\sum_{k=1}^{m}\left(x_{ik} \cdot x_{jk}\right)^{\frac{1}{2}}} \tag{3-20}$$

（3）模糊聚类

如果求出的模糊关系矩阵 $\boldsymbol{R}$ 是模糊等价矩阵，则对有限论域 U，给定 $\lambda \in [0,1]$，便可以得到一个普通的等价关系 R_λ，也就是说，可以决定一个 λ 水平的聚类。

如果求出的模糊关系矩阵 $\boldsymbol{R}$ 是模糊相似矩阵，则需求该矩阵的传递闭包 $t(\boldsymbol{R})$，然后根据该等价矩阵进行聚类。

2. 模糊聚类的应用

【例3-3】工作环境的聚类分析。工作环境主要由温度 B_1、湿度 B_2、噪声 B_3 和照度 B_4 四个因素来表示。已知有三种不同的工作环境 A_1、A_2、A_3，各工作环境的指标值如表3-9所示，试对这三种不同的工作环境进行模糊聚类分析。

表3-9　各工作环境的指标值

工作环境	温度 B_1/℃	湿度 B_2/%	噪声 B_3/dB	照度 B_4/lx
A_1	22.4	92.4	78	119
A_2	23.3	94.8	84	137
A_3	27.5	96	91	82

解：（1）数据的标准化

1）求平均值 $\bar{x}'_k$：

$$\bar{x}'_1 = \frac{22.4 + 23.3 + 27.5}{3} = 24.4$$

同理可得：$\bar{x}'_2 = 94.4$，$\bar{x}'_3 = 84.33$，$\bar{x}'_4 = 112.67$。

2）求标准差 S_k：

$$S_1 = \sqrt{\frac{(22.4 - 24.4)^2 + (23.3 - 24.4)^2 + (27.5 - 24.4)^2}{3}} = 2.22$$

同理可得：$S_2 = 1.50$，$S_3 = 5.31$，$S_4 = 22.90$。

3）求标准值 x_{ik}''：

$$x_{11}'' = \frac{22.4 - 24.4}{2.22} = -0.90$$

其余可类似求出，结果如表 3-10 所示。

表 3-10 标准值表

工作环境	B_1	B_2	B_3	B_4
A_1	-0.90	-1.33	-1.19	0.28
A_2	-0.50	0.27	-0.06	1.06
A_3	1.40	1.07	1.26	-1.34

4）求标准化数据 x_{ik}：

$$x_{11} = \frac{-0.9 + 0.9}{1.4 + 0.9} = 0$$

其余可类似求出，结果见表 3-11 所示。

表 3-11 标准化数据表

工作环境	B_1	B_2	B_3	B_4
A_1	0.00	0.00	0.00	0.68
A_2	0.17	0.67	0.46	1.00
A_3	1.00	1.00	1.00	0.00

（2）建立模糊关系

根据算术平均最小法，求 A_i 和 A_j 的相似程度系数 r_{ij}，构成相似矩阵 R。

$$r_{12} = \frac{0 \wedge 0.17 + 0 \wedge 0.67 + 0 \wedge 0.46 + 0.68 \wedge 1}{\frac{0.17 + 0.67 + 0.46 + 1 + 0.68}{2}} = \frac{0 + 0 + 0 + 0.68}{1.49} = 0.46$$

$$r_{13} = \frac{0 \wedge 1 + 0 \wedge 1 + 0 \wedge 1 + 0.68 \wedge 0}{\frac{1 + 1 + 1 + 0.68}{2}} = \frac{0 + 0 + 0 + 0}{1.84} = 0$$

$$r_{23} = \frac{0.17 \wedge 1 + 0.67 \wedge 1 + 0.46 \wedge 1 + 1 \wedge 0}{\frac{0.17 + 0.67 + 0.46 + 1 + 1 + 1 + 1}{2}} = \frac{0.17 + 0.67 + 0.46 + 0}{2.65} = 0.49$$

$$R = \begin{bmatrix} 1 & 0.46 & 0 \\ 0.46 & 1 & 0.49 \\ 0 & 0.49 & 1 \end{bmatrix}$$

（3）模糊聚类

由于求出的模糊矩阵 R 是相似矩阵，故需求出 R 的传递闭包 $t(R)$，即将 R 变换为等价矩阵。可采用逐次平方法。

$$R^2 = \begin{bmatrix} 1 & 0.46 & 0 \\ 0.46 & 1 & 0.49 \\ 0 & 0.49 & 1 \end{bmatrix} \circ \begin{bmatrix} 1 & 0.46 & 0 \\ 0.46 & 1 & 0.49 \\ 0 & 0.49 & 1 \end{bmatrix} = \begin{bmatrix} 1 & 0.46 & 0.46 \\ 0.46 & 1 & 0.49 \\ 0.46 & 0.49 & 1 \end{bmatrix}$$

$$\boldsymbol{R}^4 = \begin{bmatrix} 1 & 0.46 & 0.46 \\ 0.46 & 1 & 0.49 \\ 0.46 & 0.49 & 1 \end{bmatrix} \circ \begin{bmatrix} 1 & 0.46 & 0.46 \\ 0.46 & 1 & 0.49 \\ 0.46 & 0.49 & 1 \end{bmatrix} = \begin{bmatrix} 1 & 0.46 & 0.46 \\ 0.46 & 1 & 0.49 \\ 0.46 & 0.49 & 1 \end{bmatrix} = \boldsymbol{R}^2$$

所以 $t(\boldsymbol{R}) = \boldsymbol{R}^2$ 是等价模糊矩阵。

当 $\lambda = 1$ 时，$\boldsymbol{R}_1 = \begin{bmatrix} 1 & 0 & 0 \\ 0 & 1 & 0 \\ 0 & 0 & 1 \end{bmatrix}$，相应的聚类为 $\{A_1\}, \{A_2\}, \{A_3\}$。

当 $\lambda = 0.49$ 时，$\boldsymbol{R}_{0.49} = \begin{bmatrix} 1 & 0 & 0 \\ 0 & 1 & 1 \\ 0 & 1 & 1 \end{bmatrix}$，相应的聚类为 $\{A_1\}, \{A_2, A_3\}$。

当 $\lambda = 0.46$ 时，$\boldsymbol{R}_{0.46} = \begin{bmatrix} 1 & 1 & 1 \\ 1 & 1 & 1 \\ 1 & 1 & 1 \end{bmatrix}$，相应的聚类为 $\{A_1, A_2, A_3\}$。

对等价矩阵 $t(\boldsymbol{R}) = \boldsymbol{R}^2$ 进行动态聚类，其结果如图 3-5 所示。

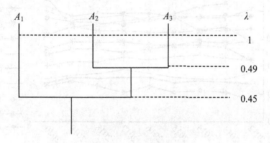

图 3-5 动态聚类图

案例分析

案例背景

结合区域物流产业发展和产业核心竞争力发展相关理论，构建西部地区物流产业核心竞争力评价指标体系，即产业规模指标（F_1）、基础设施指标（F_2）、区域经济指标（F_3）、网络/市场环境指标（F_4）、其他相关指标（F_5），对我国西部 12 省份的 2012—2020 年面板数据进行评价分析。

案例解析

利用主成分分析法进行分析。运用 SPSS 统计分析软件对 2020 年相关数据进行分析，2020 年主成分排序及特征值如表 3-12 所示。

表 3-12 2020 年主成分排序及特征值

主成分排序	特征值	方差/%	累计贡献率/%
F_1	12.809	58.221	58.221
F_2	3.126	14.21	72.431
F_3	2.105	9.566	81.997
F_4	1.396	6.346	88.343
F_5	1.097	4.985	93.328

2020 年的评价结果 $= \dfrac{0.58F_1 + 0.14F_2 + 0.10F_3 + 0.06F_4 + 0.05F_5}{0.93}$，以此为基础对 2012—2020 年分析结果进行综合评价，2012—2020 年西部各区域物流产业核心竞争力水平评价结果如图 3-6 所示。

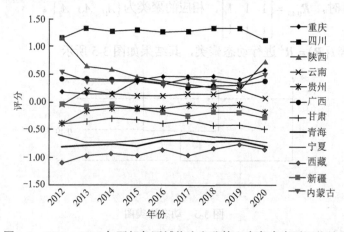

图 3-6 2012—2020 年西部各区域物流产业核心竞争力水平评价结果

（资料来源：张宗义，2023."一带一路"背景下西部地区物流产业核心竞争力评价研究[J]. 桂林航天工业学院学报，28（1）：61-68.）

问题：

1. 结合案例，划分强竞争力、较强竞争力、中等竞争力、较弱竞争力四个层次的具体区域。

2. 参考 2020 年主成分分析方法，试计算 2012—2019 年主成分排序及特征值。

本 章 小 结

物流系统分析是确立方案、建立系统必不可少的环节，是物流系统的综合、优化和仿真的基础。无论是设计新系统还是对已有系统进行优化改造，都需要全面详细地进行物流系统分析，了解系统内部各部分、各环节之间的相互关系和相互影响，准确把握物流系统运行的内在规律。

课 后 习 题

一、名词解释

1. 系统分析
2. 物流系统分析

二、单项选择题

系统分析要素有（　　）个。

A. 4　　　　　　　　B. 5　　　　　　　　C. 6　　　　　　　　D. 7

三、多项选择题

物流系统分析应遵循（　　）准则。

A. 物流系统与外部环境相结合　　　　　B. 局部效益与整体效益相结合

C. 当前利益与长远利益相结合　　　　　D. 定量分析与定性分析相结合

四、简答题

1. 阐述物流系统分析的过程。
2. 说明主成分分析、聚类分析的基本原理。

五、论述题

结合实例说明为什么要进行物流系统分析。

六、应用题

1. 为了分析土壤质量，对土壤的四个指标进行指标抽样分析，指标为淤泥含量、黏土含量、有机物含量、酸性指标 pH，抽样数 $n=20$，土壤样本取样值如表 3-13 所示，试分析土壤的质量。

表 3-13　土壤样本取样值

样本编号	淤泥含量/%	黏土含量/%	有机物含量/%	酸性指标 pH
1	13.0	9.7	1.5	6.4
2	10.0	7.5	1.5	6.5
3	20.6	12.5	2.3	7.0
4	33.3	19	2.8	5.8
5	20.5	14.2	1.9	6.9
6	10.0	6.7	2.2	7.0
7	12.7	5.7	2.9	6.7

续表

样本编号	淤泥含量/%	黏土含量/%	有机物含量/%	酸性指标 pH
8	36.5	15.7	2.3	7.2
9	37.1	14.3	2.1	7.2
10	25.5	12.9	1.9	7.3
11	26.5	14.9	2.4	6.7
12	22.3	8.4	4.0	7.0
13	30.8	7.4	2.7	6.4
14	25.3	7.0	4.8	7.3
15	31.2	11.6	2.4	6.3
16	22.7	10.1	3.3	6.2
17	31.2	9.6	2.4	6.0
18	13.2	6.6	2.0	5.8
19	11.1	6.7	2.2	7.2
20	20.7	9.6	3.1	5.9

2. 环境单元分类。每个环境单元包括空气、水分、土壤、作物等四个要素。环境单元的污染状况由污染物在四个要素中含量的超标限度来描述。现有五个环境单元 A_1、A_2、A_3、A_4、A_5，它们的污染数据如表 3-14 所示。试对这五个环境单元进行聚类分析。

表 3-14 环境单元污染数据

环境单元	空气	水分	土壤	作物
A_1	5	5	3	2
A_2	2	3	4	5
A_3	5	5	2	3
A_4	1	5	3	1
A_5	2	4	5	1

第4章 物流系统建模与仿真方法

学习目标 ☞ | 知识目标
1. 理解物流系统模型的定义、特点及分类。
2. 掌握系统建模和物流系统仿真的基本步骤。
3. 了解状态空间模型的基本表达方式。
4. 掌握解释结构模型法的工作程序。
5. 掌握系统动力学的建模与仿真。

技能目标
1. 学会利用状态空间模型下的状态方程分析现实生活中的问题。
2. 学会建立解释结构模型。
3. 学会使用系统动力学分析物流环节中遇到的问题。

素质目标
1. 具有敏锐地捕捉和获取现代物流相关信息的能力。
2. 学会系统思维，做到统筹兼顾。

导入案例

校企合作共赢创新模型构建

随着我国教育体制和经济体制改革的不断深化，大力发展高等职业教育必然成为社会经济飞速发展的实际需要。校企合作为高职院校创新发展的新模式，在人才培养、服务社会等方面发挥了重要作用。我国高职院校校企合作目前主要有学工交替、教学工厂、"订单式"人才培养、职教集团等模式，但其合作开展多以学校为主导，以企业为辅，二者在对校企合作认识上的偏差导致"学校热、企业冷"的局面时常出现。政府积极引导协调，企业、学校两大合作主体积极参与的"校企合作共赢创新模型"，为解决这一问题提供了新的途径，其模型如图4-1所示。

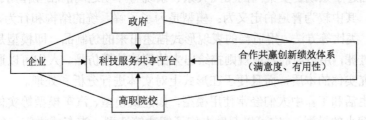

图4-1 高职院校校企合作共赢创新模型

常州工程职业技术学院举行政、校、企合作签约仪式，与海安县科技局、江苏威尔曼科技股份有限公司（以下简称"威尔曼"）签约合作。学院认为，学校的发展离不开政府、企业的支持，为社会输送人才、服务地方经济发展是学校应尽的义务。海安县科技局介绍了海安县区域优势、产业结构和社会经济发展情况，希望加强校地联合，在科技创新平台、高层次人才对接、人才培养等方面率先进行有益尝试，并愿意为校企沟通搭建桥梁，实现校企双方共赢。威尔曼介绍了企业发展情况，并表达了在人才培养、学生就业、产学研等方面开展合作的愿望。学院与威尔曼签订了校企合作协议，与海安县科技局签订了校地合作协议，这为今后学院与海安企业开展深层次的合作与交流奠定了坚实的基础，为更好地加强政、校、企联合，探寻校企合作新模式，促进多方资源优势互补，整合优势产业资源和优质教育资源，搭建教育与区域经济互动的新平台。

（资料来源：李树白，孙毓韬，2016. 校企合作共赢创新模型构建[J].中国高校科技（1）：50-51.）

思考：

1. 从系统动力学角度出发分析高职院校校企合作共赢创新模式。

2. 常州工程职业技术学院和校企合作企业是如何实现共赢的？

4.1　物流系统建模与仿真概述

物流系统建模与仿真是物流系统工程解决问题的必要工具，是物流系统决策与物流系统管理人员必须掌握的。在物流系统工程中，对所研究的系统进行抽象模型化，反映了人们对物流系统认识的飞跃。由于物流系统在时域和地域的广泛性，因此需要借助建模与仿真对物流系统进行系统性的研究。

4.1.1　系统模型概述

1. 系统模型的概念

系统是由许多相互联系的元素所组成的整体，系统的特性可由这些元素之间的联系推导出来。为了掌握系统发展变化的规律，必须根据系统的目的，抓住系统各单元之间的联系，进行系统的考察与研究，其中最容易、最方便的方法就是利用模型，将系统模型化。

模型是对系统特征要素、有关信息和变化规律的一种抽象表达，它反映了系统某些本质属性，描述了系统各要素间的相互关系、系统与环境之间的相互作用。模型有各种各样的定义，其中较为普遍的定义为：模型是为了了解系统的结构和行为，通过抽象、归纳、演绎、类比等方法，用适当的表现形式描述出来的仿制品，即模型是把对象实体通过适当的过滤，用适当的表现规则描绘出来的简洁的模仿品。人们可以通过这个模仿品了解所研究实体的本质，而且便于在形式上对实体进行分析和处理。

在日常生活和工作中人们经常使用模型，如建筑模型、汽车模型等实体系统的仿制品（放大或缩小的模型），它可以帮助人们了解建筑造型、汽车式样等；经济分析中所使用的文字、符号、图表、曲线等可为分析者提供经济活动运行状况及特征等信息。它们虽然描述形式各异，但都具有共同的特点。

1）它们都是被研究对象的模仿和抽象。

2）它们都是由与研究目的有关的、反映被研究对象某些特征的主要因素构成的。

3）它们都能反映被研究对象各部分之间的关联，体现系统的整体特征。

使用模型的意义在于三个方面：首先，客观实体系统很难做试验，或者根本不能做试验；其次，对象问题虽然可以做试验，但是利用模型更便于理解；最后，模型易于操作，利用模型的参数变化来了解现实问题的本质和规律更加经济方便。因此，在系统分析中模型被广泛地应用。

从模型的特征和意义可以看出，模型是现实系统的抽象，它能反映客观实际又高于实际。现实范围宽广、内容复杂，使用模型的目的就在于通过模型认识和掌握客观世界，并为改造客观世界提供有关信息。

由模型的定义及特点可见：首先，模型必须与所研究的系统"相似"，也就是"像"，这种相似不是指形状上的"相似"，而是指本质上的"相似"；其次，模型必须有一定的描述形式，描述形式可以是形状的放大或缩小，但更普遍的是文字、符号、图表等；最后，必须采用一套有科学依据的方法来描述模型。采用什么样的方法、怎样描述才能得到与所研究系统相似的模型则是系统模型化的内容。

模型是系统的原型在研究时的"替身"，在选择模型结构时，要以便于达到研究的目的为前提。虽然对特定的建模目标与结构性质之间的关系知道得很少，但对结构特性的描述经常应用下述一些原则。

1）相似性。模型与所研究的系统在属性上具有相似的特性和变化规律。这就是说，"原型"与"替身"之间具有相似的物理属性或数学描述。

2）切题性。模型只应该针对与研究目的有关的方面，而不是一切方面。也就是说，对于一个系统，其模型不是唯一的，模型结构的选择应针对研究目的。

3）吻合性。模型结构的选择，应尽可能对所利用的数据作合理的描述。通常，其实验数据应尽可能由模型来解释。

4）可辨识性。模型结构必须选择可辨识的形式。若一个结构具有无法估计的参数，此结构就没有实用价值。

5）简单化。从实用的观点来看，由于在模型的建立过程中，忽略了一些次要因素和某些非可测变量的影响，因此实际上的模型已是一个被简化了的近似模型。一般而言，在实用的前提下，模型越简单越好。

6）综合精度。它是模型框架、结构和参数集合等各项精度的一种综合指标。若有限的信息限制了模型的精度，最有效的模型就应是各方面精度的平衡和折中。

若上述原则间出现冲突，则要寻求合理的折中。但特定的折中方案都依赖于模型的对象，因而没有固定的程式。

2. 系统模型的分类

从不同的角度观察模型，可以得出多种不同的分类方法。按照模型的形式分，有抽象模型和形象模型，按模型中变量的性质分，有动态模型和静态模型、连续型模型和离散型模型、确定型模型和随机型模型等；按模型的规模分，有宏观模型和微观模型；按模型的用途分，有工程用模型、科研用模型、管理用模型等。下面就模型的形式对模型进行细分。

（1）抽象模型

抽象模型是指用概念、原理、方法等非物质形态对系统进行描述所得到的模型。一般来讲，抽象模型没有具体的物理结构，如用数学方法描述的模型、用逻辑关系描述的框图、用类比方法描述的类比模型等。这类模型的特点是从模型表面上已看不出系统原型的形象，模型只反映系统的本质特征，只是与系统在本质上相似。抽象模型是经人类的思维活动在对系统原型的认识—提高—再认识—再提高的基础上高度抽象的产物，是系统工程中经常使用的模型。抽象模型又可分成以下几类。

1）数学模型。数学模型是用数学方法描述的系统模型。它是以字母、数字和各种数学符号对系统结构、特性以及内在联系进行数学抽象而建立的模型。它的主要特点是可通过模型的求解，即通过数学运算而得出系统运行的规律、特点及结构等，如物流设施的随机服务系统模型、可靠性模型、运输路线问题的最优化模型等。数学模型是最抽象的模型，是系统分析中采用最多的模型。

首先，数学模型是定量化的基础。自然科学及技术工程领域数量上精确与否直接关系到质量的优劣，在社会科学中，只凭热情和主观想象，主观地进行决策的后果同样非常严重，正反两方面的例子生动地说明了这一点。定量化问题和决策质量的关系已经引起各方面的重视。

其次，数学模型是科学实验的重要补充手段和重要的预测工具。系统活动要耗费大量的物资，花费高昂的代价才能够取得成果；某些模型则不能或者很难做实验。这时，只有利用数学模型进行模拟，才能经济方便地取得结果。

最后，数学模型是现代科学管理的重要工具。人类资源是有限的，利用有限的资源取得最佳的经济效果，是任何组织和社会都梦寐以求的事情，数学模型在这方面有其他模型所不能比拟的特殊优越性，因此，数学模型在物流系统工程中占有重要的地位。

根据具体的数学结构形态，数学模型又可分为：方程式模型，如静态投入-产出模型；函数型模型，如柯布-道格拉斯生产函数；概率统计模型，即利用已有的数据按概率、统计的方法建立的模型；逻辑型模型，即用逻辑变量按逻辑运算法则建立的模型。

2）图形模型。用少量文字、简明的数字、不同形式的直线和曲线所构成的图形模型，能够直观、生动、形象地表示现实系统的本质和规律。图形模型又可分为流程图、方框图、结构图、流图及网络图等。

① 流程图：反映某种实体的流转过程，如生产流程图。

② 方框图：一个系统由许多子系统组成，用方框来代表子系统，从而简化对问题的说明。

③ 结构图：用来研究系统元素之间的逻辑联系、结构层次、空间分布等，如管理决策的层次结构、企业的组织结构。

④ 流图：可分为信息流图、资金流图和物流图。信息流图反映了组织信息的来龙去脉；资金流图反映了费用的流转和消耗情况，通过计算每一环节的费用可以分析出企

业的生产效益；物流图反映了物资流动的方向、运量、距离和费用等内容，对研究工厂布局、计算运费、确定运输工具有重要意义。

⑤ 网络图：用箭线和节点将某项工作的流程表示出来的图形，如工程图。

图形模型的主要特点是明确显示系统各部分之间的联系，既可用于定性分析，又可进行定量计算或指示系统运行程序，如网络计划法中的 CPM 网络图、某种算法的计算机程序框图、计算机结构原理图、结构模型图等。

3）计算机程序。计算机程序也能代表某一系统，因此它属于抽象模型，但计算机程序必须输入计算机方能运行，因此它又是"模拟器"的一部分。

下面介绍两种计算机程序的抽象模型。

① 克莱顿·希尔（Clayton Hill）模型。这是一种采用逐次逼近法的模拟模型，用来处理企业物流策略的方法。其目标为：最好的服务水平，最少的物流费用，最快的信息反馈。其决策变量有：物流中心的数目，物流中心的收、发货时间的长短，对用户的服务水平，库存分布，系统整体的优化等。

② 哈佛大学的物流系统模型。该物流系统模型采用逐次逼近的方法，按照一定的步骤来确定物流网络的构造和策略，经若干步骤，顺次求出其可行解为最小的集合，最后求得收入额与费用的差值，即得利润最大解，称为最优解。在这个模型里，具体考虑的是物流服务和物流费用。物流服务包括货物收发时间的长短和仓库服务效率等；物流费用包括装卸费、运输费、发送费、保管费、信息费及投资费用等。需要确定的具体问题是：物流中心的数目和地点选择，物流中心的装卸设备选择，运输和发送手段的选择，等等。同时，为了满足物流服务水平，需要确定各流通中心的能力和库存水平。

4）概念模型。概念模型是通过人们的经验、知识和直觉形成的，这种模型往往最为抽象，即在缺乏资料的情况下，凭空构想一些资料，建立初始模型，再逐渐扩展而成。它们在形式上可以是思维的、字句的或描述的。当人们试图系统地想象某系统时，就用到这样的模型。

（2）形象模型

形象模型分为模拟模型和实物模型。前者的特点是具有物理结构，故又称物理模型。

1）模拟模型。用一种原理上相似但求解或处理起来更容易的系统，代替或近似描述另一种系统，前者称为后者的模拟模型。模拟模型一般有两种类型：一种是可以接受输入并进行动态表演的可控模型，如对机械系统的电路模拟，可用电压模拟机械速度，用电流模拟力，用电容模拟质量；另一种是用计算机和程序语言表达的模拟模型，如物资集散中心站台数设置的模拟、组装流水线投料批量的模拟等。通常用计算机模型模拟内部结构不清或因素复杂的系统是行之有效的。

2）实物模型。实物模型是将现实系统加以放大或缩小后的表示，因而也称为比例模型（当比例为 1 时就是原系统）。这类模型看起来与现实系统基本相似，如飞机用的风洞模型、教学用的原子模型、化工试验车间等都是实物模型，但不是所有系统都可以得到实物模型，只有一些具有实物实体的系统才能建立实物模型。

3. 系统建模的原则

人们所面临的系统是各种各样的，需要建立的模型也是多种多样的，但是不管建立什么样的模型，都必须遵循以下原则。

1）现实性。建模的目的是抽象现实系统和改进现实系统，所以模型必须立足于现实系统，否则建立模型是没有意义的。

2）准确性。一方面，模型中所使用的包含各种变量和数据的公式、图表等信息要准确，因为这些信息是求解模型和研究模型的依据；另一方面，模型要能准确反映系统的本质规律。

3）可靠性。模型既然是实际系统的替代物，必须能反映事物的本质，且有一定的精确度。如果一个模型不能在本质上反映实际系统，或者在某个关键部分缺乏一定的精确度，就存在潜在的危险。

4）简明性。模型的表达方式应明确、简单，变量的选择不能过于烦琐，模型的数学结构不宜过于复杂。对于复杂的实际系统，若建立的模型也很复杂，则构造和求解型的费用太大，甚至由于因素太多，模型难以控制和操纵，这样就失去了建模的意义。

5）实用性。模型必须能方便用户、易于进行处理和计算，因此要努力使模型标准化、规范化。要尽量采用已有的模型，这样既可以节省时间和精力，又可以节约建模费用。

6）反馈性。人们对事物的认识总是一个由浅入深的过程，建模也是一样。开始可以构建系统的初步模型，然后逐步对模型进行细化，最后达到一定的精确度。

7）鲁棒性。由于系统环境等因素的多变性，不可能不断地对系统进行建模，要求模型对现实问题的变动有一定的不敏感性。

4. 系统建模的基本步骤

虽然对于不同的系统应该建立不同的模型，但是系统建模的步骤常常大同小异，通常包括以下步骤：分析现实系统、收集相关信息、找出主要因素、找出系统的变量并对变量进行分类、确定变量之间的关系、确定模型的结构、检验模型的效果、改进和修正模型以及将模型应用于实际。

1）分析现实系统：分析系统目标、系统的约束、系统的范围、系统的环境，并确定模型的类型。

2）收集相关信息：根据上面对现实系统的分析，进行资料收集，并确保信息的正确性和有效性。

3）找出主要因素：影响系统的因素有很多，包含内部因素和外部因素，但要找出关键因素并分析各个因素之间的关系。

4）找出系统的变量并对变量进行分类：通过对因素进行分析得到相应的变量，并对变量进行分类。

5）确定变量之间的关系：根据因素之间的关系以及变量的类别确定变量之间的关系，另外还要分析变量的变动对目标实现的影响。

6）确定模型的结构：根据系统的特征、建模对象、各变量之间的关系构造模型结构。

7）检验模型的效果：检验模型是否能在一定的精度范围内反映现实问题。

8）改进和修正模型：若模型不能在精度约束下反映原有问题，要查明原因，并根据原因对模型的结构或者参数进行改进和修正。

9）将模型应用于实际：对于满足要求的模型可以在实际中加以应用，但是每次应用该模型都必须进行检验，尤其是社会经济系统的模型，因为社会经济系统的环境因素变化太快，而且社会经济系统受环境因素的影响很大。

4.1.2　物流系统的建模

1. 物流系统模型的定义、特点与主要参数

为了实现系统开发、计划、设计和应用，需要定量或定性地分析和掌握系统的功能与特性。在物流研究中，定量的系统分析、系统综合已受到人们更多的重视，物流系统模型（the model of logistics system）是开展这项工作的有效工具。

（1）物流系统模型的定义

物流系统模型是对物流系统的特征要素、变化规律和相关信息的一种抽象表达，它反映了物流系统的某些本质属性，描述了物流系统各要素间的相互关系、系统与环境之间的相互作用，反映了所研究的物流系统的主要特征。

物流系统建模就是把物流系统中各个组成部分的主要特征要素及其变化规律、各组成部分之间的输入输出关系建立系统模型，便于运用分析方法或计算机仿真方法得出物流系统的优化解。为了实现物流系统合理化，需要在物流系统的规划与运行过程中不断做出科学的决策。由于物流系统结构与行为过程的复杂性，只有综合运用定性与定量分析方法才能建立恰当的物流系统模型，进而求得最佳的决策结果。因此，物流系统建模是物流合理化的前提。

建立物流系统模型的目的在于解决物流系统实际运作中的某些问题，使用模型的意义在于用物流系统模型代替客观系统做实验。在实际物流系统的运作过程中，很难都通过对实际系统进行试验来解决，用物流系统模型来代替试验进行研究可以降低难度。客观实体系统很难做试验，可利用系统模型来代替；对象问题虽然可以做试验，但是利用模型更便于理解。模型易于操作，利用模型的参数变化来了解现实问题的本质和规律更经济方便。因此，在物流系统分析中，物流系统模型被广泛地运用。

（2）物流系统模型的特点与主要参数

1）物流系统模型的特点。

物流系统模型具有以下三个特点。

① 物流系统模型是物流系统中现实实体的抽象或模仿。

② 物流系统模型由一些与物流系统分析有关的因素所组成。

③ 物流系统模型用来表明物流系统中各因素间的关系。

2）物流系统模型的主要参数。

① 周期数：物流系统的决策与运行都是离散的，假设其订货或者业务处理遵循一

定的节奏和周期，则物流过程在时间上可以使用周期数来表示。

② 库存量：库存是物流系统的重要环节，是保证物流系统不同环节耦合的重要部分，每一个时刻的库存量是物流系统的重要参数。

③ 初始库存：在一个物流系统的运作初期，每一个仓库需要有一定的初始库存用以防止在系统运作初期的波动。

④ 库存价格：单位产品单位时间所需要耗费的库存费用。

⑤ 库存成本：一个仓库里的库存对象在一个周期中发生的库存费用。库存成本是物流系统费用的重要组成部分，压缩库存成本是物流管理的重要工作。

⑥ 进（出）货量：一个时刻进出某个物流环节的货物数量。

⑦ 延迟时间：包括决策延迟时间与运输延迟时间，运输环节抽象为时间和费用两个因素，因此延迟时间用运输延迟和运输成本来表示。

⑧ 运输价格：单位产品在某一个运输环节所需要的运输费用。

⑨ 运输成本：一个运输环节的运输对象在一个周期中发生的运输费用。

⑩ 总成本：物流系统运作发生的总成本，由库存成本和运输成本等物流成本组成。

当然，由于物流系统的研究目的与优化目标不同，对不同环节模拟的需求也不一样，其主要参数当然也不同，上述 10 个参数只针对运输与仓储等子系统的模拟而言。在具体的物流系统模型中，还有其他的一些参数，在具体应用时根据实际需求加以增减。

2. 物流系统模型的分类

（1）实物模型

实物模型是现实系统的放大或缩小，它表明系统的主要特性和各个组成部分之间的关系，如桥梁模型、电机模型、城市模型等。这种模型的优点是比较形象，便于共同研究问题；它的缺点是不易说明数量关系，特别是不能揭示各要素的内在联系，也不能用于优化。

（2）图示模型

图示模型是使用图形、图表、符号等把系统的实际状态加以抽象的表现形式，如网络图（层次与顺序、时间与进度等）、物流图（物流量、流向等）。图示模型是在满足约束条件下的目标值的比较中选取较好值的一种方法，它在优选时只起辅助作用。当维数大于 2 时，该种模型作图的范围受到限制。其优点是直观、简单；缺点是不易优化，受变量因素的数量的限制。

（3）模拟模型

模拟模型是指根据系统或过程的特性，按一定规律用计算机程序语言模拟系统原型的数学方程，探索系统结构与功能随时间变化规律的模型，即将一个实际情景的某些特征提取出来，通过计算机的手段模拟出类似的场景，达到模拟的效果。但从科研角度来说，模拟是为了试验的简化，基于相似准则，通过试验模拟实际环境的某些特征，从而简化大型试验的需要，以达到分析的效果。

（4）数学模型

数学模型是对系统行为的一种数量描述。当把系统及其要素的相互关系用数学表达式、图像、图表等形式抽象地表示出来时，就是数学模型。它一般分为确定型和随机型、连续型和离散型。

3. 建立物流系统模型的步骤

不同条件下的建模方法虽然不同，但是建模的全过程始终离不开了解实际系统、掌握真实情况、抓住主要因素、弄清变量关系、构造模型、反馈使用效果、不断改进以逐步向真实系统逼近这几个步骤。建立模型的过程可以归纳为以下六个基本步骤。

（1）弄清问题，掌握真实情况

要清晰、准确地了解系统的规模、目的、范围以及判定准则，确定输出、输入变量（即影响因素和决策变量）及其表达形式。

（2）搜集资料

搜集真实可靠的资料，全面掌握资料，对资料进行分类，概括出本质内涵，分清主次变量，把已研究过或成熟的经验知识或实例加以挑选作为基本资料，供新模型选择和借鉴。将本质因素的数量关系尽可能用数学语言来表达。

（3）确定因素之间的关系

确定各因素，尤其是关键因素之间的相互关系，列出必要的表格，绘制图形和曲线等。在存在因素很多的情况下就要根据物流系统研究的目的对其进行取舍，这往往需要建模人员具有丰富的经验。

（4）构造模型

在充分掌握资料的基础上，根据系统的特征和服务对象，构造一个能代表所研究系统的数量变换数学模型，这个模型可能是初步的、简单的，但必须能对观测结果加以合理的解释，如初等函数模型。

（5）求解模型

通过数学演算或逻辑推理，利用解析法或数值法求得模型最优解。对于较复杂的模型，有时需要用计算机程序来求解。

（6）检验模型的正确性

检验模型是否在一定精度的范围内正确地反映了所研究的问题。必要时进行修正和改进，如去除一些变量、合并一些变量、改变变量性质、改变变量间的关系、改变约束条件等，使模型进一步符合实际，满足在可信度范围内可解、易解的要求后投入使用。

4. 建立物流系统模型的原则

物流系统的复杂性决定了物流系统模型建立的复杂性。建立一个简明、实用的物流系统模型，将为物流系统的分析、评价和决策提供可靠的依据。

一般来说，建立物流系统模型要满足准确性、拟合良好性、简明性、实用性这四条最基本的原则。

（1）准确性

模型必须反映现实系统的本质规律。模型中包含各种变量和数据公式、图表，一旦模型确定，就要根据这些数据和公式、图表求解模型、研究模型，因此数据必须可靠，公式和图表必须正确，有科学依据，合乎科学规律和经济规律。

（2）拟合良好性

模型与现实问题的原型应保证必要的一致性。由于现实问题常对精度有所要求，建模和收集资料时要充分考虑拟合良好性。

（3）简明性

如果一个模型与原型一致到不能将二者分辨开，这个模型就意味着与原型一样复杂，也就失去了存在的意义。因此，模型应在允许的范围内尽可能地简化，能不采用高深的数学知识就尽量不采用，只要能解决问题，模型越简单越好。当然，有时实际问题非常复杂，该原则与前面的拟合良好性原则往往相互制约，这时需要权衡处理，以免顾此失彼。

（4）实用性

模型必须能方便用户，因此要努力使模型标准化、规范化，要尽量采用已有的模型。在建立一个实际系统的模型时，如果已经有人建立过类似的模型，甚至已经有了标准模型，那么不妨试试现有的模型，如果合适，尽量利用现成的模型，这样既可以节省时间和精力，又可以节约建模费用。

5. 物流系统的一般建模方法

（1）系统优化方法

系统优化是物流系统设计的重要内容之一。所谓最优化，就是在一定的约束条件下，求出使目标函数为最大（或最小）的解。求解最优化问题的方法称为最优化方法。一般来说，最优化技术所研究的问题，是对众多方案进行研究并从中选择最优的方案。系统最优化离不开系统模型化，先有模型化才有系统最优化。物流优化方法可以运用线性规划、整数规划、非线性规划等数学规划技术来描述物流系统的数量关系，以便求得最优决策。

由于物流系统庞大而复杂，建立整个系统的优化模型一般比较困难，而且用计算机求解大型优化问题的时间太长、费用太高，因此优化模型常用于物流系统的局部优化，并结合其他方法求得物流系统的次优解。

（2）模型仿真方法

模型仿真方法是利用数学公式、逻辑表达式、图表、坐标等抽象概念来表示实际物流系统的内部状态和输入输出关系，以便通过计算机对模型进行试验，通过试验取得改善物流系统或设计新的物流系统所需要的信息。虽然模型仿真方法在模拟构造、程序调试、数据整理等方面的工作量大，但由于物流系统结构复杂，不确定情形多，所以模型仿真方法仍以其描述和求解问题的能力优势，成为物流建模的主要方法。其中最重要的是如何使"物流费用最小"。在进行仿真时，首先要分析影响物流费用的各项参数，如销售点、流通中心及工厂的数量、规模和布局有关的运输费用等。由于大型管理系统中包含人的因素，用数学模型来表现他们的判断和行为是困难的，人们正在积极研究和探索包含人的因素在内的反映宏观模糊性的数学模型。

（3）启发式方法

启发式方法是针对系统优化方法的不足，运用一些经验法则来降低优化模型的数学精确程度，并通过模仿人的跟踪校正过程求取物流系统的满意解。启发式方法能同时满足详细描绘问题和求解的需要，比系统优化方法更为实用；其缺点是难以知道什么时候好的启发式解已经被求得。因此，只有当系统优化方法和模型仿真方法不必要或不实用时，才使用启发式方法。

（4）网络技术

网络技术是指用以工作之间的逻辑关系和所需的时间为基础的"网络图"来反映整个物流系统运作的全过程，并指出影响全局的关键所在，从而对整体系统做出比较切实可行的全面规划和安排。利用网络模型来模拟物流系统的全过程以实现其时间效用和空间效用是最理想的。通过网络分析可以清楚地知道物流系统各子系统之间以及与周围环境的关联，便于加强横向经济联系。采用网络技术设计物流系统，可研究物资由始发点通过多渠道送往顾客的运输网络优化，以及物料搬运最短路径的确定。

（5）预测技术方法

预测是指根据历史的、现状的及部分相关未来的信息，推算未来状况的过程。预测对物流系统的规划与设计、管理与经营来讲，是十分重要的。在规划与设计时，要预测需求的发展与变化规律，以决定设施、设备等供应的提供模式；在管理与经营时，要预测市场的变化规律，制定正确的经营管理方案。随着现代科学技术的发展，人们掌握未来的手段与技术越来越多，预测未来的方法也越来越多，特别是计算机技术的应用、现代数学的发展以及学科的交叉与渗透，使得预测技术更加准确、可靠。除以上技术外，调查分析、决策论等技术也较广泛地应用于物流系统的研究中，除了上面几种主要方法外，还有其他的预测建模方法，如用于评价的加权函数法、功能系统法及模糊数学方法。在定性分析方面，常见的方法有德尔菲法、模糊评判法、主观概率法、历史类比法等。在定量分析方面，常见的方法有时间序列分析、增长系数法、相关（影响）系数法、因果分析法、数学规划法等。

4.1.3 物流系统的仿真

系统仿真技术发展到今天，已经越来越多地集成到对重要运作的决策中。系统仿真技术在汽车、烟草、医药、化工、军事配送、机械、第三方物流、食品、电器、电子等各个行业取得了广泛的应用，且应用贯穿于产品设计、生产过程、销售配送，直到产品寿命结束以及回收阶段。其中，离散事件系统仿真在各行各业的物流管理技术与手段中已取得了不可替代的地位。

1. 物流系统仿真的含义

物流系统仿真是评估系统（配送中心、仓库存储系统、拣货系统、运输系统等）的整体能力的一种评价方法。

物流系统的复杂性决定了对其进行描述的复杂性和困难程度，即使建立了数学模型也难以求解，甚至无法求解。计算机仿真为解决这个问题提供了新的办法和途径，即通过找出适合物流系统特征的技术方法对其进行完整、科学的描述。

2. 物流系统仿真的特点

一般来讲，物流系统仿真具有以下几个特点。

（1）物流系统中流的仿真

物流系统中有多种流，如货流、车流、船流、商流、信息流、资金流等。由于流的流动，应采用动态仿真方法描述流的产生、流动、消失、积累和转换等。

（2）物流系统中排队的仿真

运筹学中将由一个或多个服务台和一些等待服务的顾客组成的离散系统称为排队系统。在物流系统中服务台可以是设施设备，顾客则是为接受这些设施设备后续工作提供服务的设施设备或物资，如船只与锚地靠泊码头泊位、车辆运营中的车辆与站台，这些系统的仿真都属于排队系统仿真。这类仿真大多采用离散型仿真方法来进行。

（3）物流系统组织中人的因素仿真

物流组织是通过人员的参与实现的，即使在同样的规划下，对于不同的人、组织，物流服务质量和运行效率仍有较大的差异。可通过计算机仿真描述人的思维过程，从而给出较优的物流系统组织方案。

3. 物流系统仿真的步骤

以一个货运系统为例来进行仿真过程的分析。

（1）问题描述

问题描述阶段需对货运车辆运营系统进行深入细致的了解，并与车队、车场调度人员反复交换认识。通过反馈使研究者对系统的认识不断深化，使描述的系统与实际相符合。

（2）设定目标与总体方案

仿真目标：从物流网络整体考虑，确定运营的改进方向及改进方案，进行多方案的比较，寻求物流网络上各指标间较合理的匹配关系，使物流网络能以较少的车辆和人员配置完成预定的物流量任务。根据这一目标，构造总体研究方案，包括研究人员的数目、分阶段参加人员的工作天数、投入的研究费用等。

（3）建立仿真模型

1）进行系统的实体及属性分析、活动分析、模型变量分析、系统特征分析、模型指标分析、模型的输入和输出分析以及仿真模型方法选定分析，通过上述分析确定各组成要素以及表征这些要素的状态变量与参数之间的数学逻辑关系，在此基础上构造仿真模型。

2）系统的实体有货物、车站、车辆。

3）系统的活动有始发站活动、中途站活动、终点站活动。

4）模型变量包括各路径车辆行驶里程、各路径正点率、各路径运量、各路径满载率、各路径无车等待时间、各路径等待发车总时间、各路径分类型发车数共七个指标。

5）根据系统现状，把系统中的车站看作服务台，把车辆看作顾客，把该系统作为一个顾客不消失的、以服务台为串联形式的多级排队服务系统。采用离散的、动态的、随机的仿真方法建立系统的仿真模型。

（4）收集和处理信息

信息的正确性直接影响仿真结果的正确性，正确地收集和整理信息成为系统仿真的重要组成部分。它包括估计输入参数和获得模型中采用随机变量的概率分布。

（5）确认

对仿真模型及输入参数的准确程度进行确认，它应贯穿于整个仿真研究过程中，但第（5）步和第（8）步的确认特别重要，需要进一步与货运车辆、车场调度人员交换信息，增强模型的有效性，并根据决策者的要求，对模型做相应修改，使之更符合实际。

（6）仿真模型的程序设计

通过这一步将仿真分析的思路转化成计算机语言编制的程序。

（7）仿真模型的试运行

通过试运行仿真程序来验证程序的正确性。可以构造一些易于让人知道结果的数据，进行模型的试运行，以确认仿真模型的正确性。

（8）确认模型

根据仿真模型试运行的结果，确认模型的正确性。通过对实际系统中行为和仿真过程两者间差异的比较，加深对系统的理解，从而改进模型。

（9）设计实验

如果适用于系统的方案不止一个，需要以较少的运行次数获得较优的仿真结果。因此要对仿真方案进行比较、选择，考虑合适的初始运行条件、运行时间及重复次数等。

（10）仿真运行

通过仿真运行，输出仿真指标，获得方案比选的信息。

（11）分析仿真结果

在经过多方案仿真后，把输出的指标按某种数学方法处理后进行方案的排序。推荐较优的运营组织方案，供决策者参考。

（12）向决策者提出建议

在分析模型结果的基础上，提出对决策者有价值的参考建议，并以文字形式向决策者提出建议。

（13）建立文件的数据库和知识库

这是物流系统仿真过程中的重要阶段，也是为进一步智能化仿真积累知识的有效途径。在物流网络计算机仿真的基础上，使系统更加完善，能够处理更加复杂的问题。

4. 物流系统仿真常用方法

由于物流系统的专业化和规模化，物流系统仿真已经逐步成为物流行业规划与建设的必备环节。

物流系统仿真使用的建模方法有连续型仿真法和离散型仿真法。

（1）连续型仿真法

连续系统指系统的状态在时间上是平滑变化的。为了反映连续系统的特征，仿真模型建立一组由状态变量组成的状态方程，可以是代数方程、微分方程、函数方程、差分方程等。这些方程描述了各状态变量与主要变量——仿真时间的关系。在此基础上，按一定的规则将仿真时间一步一步向前推移，对方程进行求解与评价，计算和记录各个状态变量在各个时间点的具体数值。通过连续系统的仿真模型，对系统状态在整个时间序列中的连续性变化进行动态的描述。

（2）离散型仿真法

离散系统是指系统状态在某些随机时间点上发生离散变化的系统。引起状态变化的行为称为"事件"，因而离散系统是由事件驱动的。事件发生是随机的，因而离散系统一般都具有随机特征。系统的状态变量往往是离散变化的。离散型仿真法主要分为以事件为基础、以活动为基础和以过程为基础的仿真方法。以事件为基础的仿真模型是通过定义系统在事件发生时的时间变化来实现的。以活动为基础的仿真模型是描述系统的实体所进行的活动，需要预先设置导致活动开始或结束的条件，这种仿真模型适用于活动延续时间不定，并且由满足一定条件的系统状态而决定的情况。以过程为基础的仿真模型综合了以事件为基础的仿真和以活动为基础的仿真两者的特点，描述了作为仿真对象的实体在仿真时间内经历的过程。

4.2 状态空间模型

研究动态系统的行为，有两种既有联系又有区别的方法：输入-输出法和状态变量法。输入-输出法又称端部法，它只研究系统的端部特性，而不研究系统的内部结构。系统的特性用传递函数来表示。状态变量法在 20 世纪 60 年代才得到推广使用。它仍然是处理系统输入和输出间的关系，但是在这些关系中，还附加另一组变量，即状态变量。在物理系统中，典型的变量有位置（与势能有关）、速度（与动能有关）、电容上的电压（与它们存储的电能有关）、电感上的电流（与它们存储的磁能有关）、温度（与热能有关）。状态变量法可用于线性的或非线性的、时变的或非时变的以及多输入或多输出的系统，并且更适合仿真和使用计算机，故得到广泛应用。

4.2.1 状态空间模型概述

状态空间模型能够估计不可观测的时间变量，包括理性预期、测量的误差、不可观测因素等，因此在统计学、工程学、经济计量学、金融学等方面得到广泛应用。许多传统的时间序列模型可以变形为状态空间形式，因此状态空间模型在实际实证分析中的应用更加广泛。

1. 系统的状态和状态变量

（1）状态

状态是指完全描述 $t \geq t_0$ 时系统行为所需变量的最小集合，该集合构成状态空间。完全描述的条件包括：

1）已知系统 $t \geq t_0$ 时的输入。

2）已知 t_0 时刻集合中所有变量的值（初始条件）。

（2）状态变量

上述最小变量集合中的每个变量称为状态变量。

2. 状态空间模型的定义

状态空间模型建立起了可观测变量和不可观测变量之间的关系，因其便利性，在多变量时间序列中的应用越来越多，相关理论也越来越丰富。状态空间模型的核心有三个：状态变量概念、描述状态变化方程以及观测方程。

1）状态变量 a_t：随时间进展描述系统状态的节点变量的集合，一般为随机的、不可观测的。

状态变量比较灵活，在不同领域可以表示不同变量，如物理学中的目标位置、目标速度可以作为状态变量，经济学中的居民消费也可以作为状态变量。

2）观测变量 y_t：是实际观测值的序列，通常用向量表示。由于是实际观测到的数据值，观测变量易受噪声干扰，一般是随机的，能够得到它的具体值。

3）状态空间变量可以表示为一阶马尔可夫过程，若

$$p(a_{t+1} \mid a_{0:t}) = p(a_{t+1} \mid a_t) \qquad (4\text{-}1)$$

则意味着状态在时间 t 的实现过程中涵盖了与过去相关的所有信息，状态将来的值只与现在的状态有关，并且独立于过去的状态。若系统的状态变量为一阶马尔可夫过程，则系统状态模型为

$$a_{t+1} \curvearrowright p_\theta(a_{t+1} \mid a_{0:t}) = p(a_{t+1} \mid a_t) \qquad (4\text{-}2)$$

式中，$p_\theta(\cdot)$——由 θ 参数化的一簇概率密度函数；

$p_\theta(a_{t+1} \mid a_t)$——$a_t$ 随时间的变化过程。

状态过程 $\{a_t\}$ 不可观测，因此需要从观测向量 $\{y_t\}$ 中获得其相关信息，它们的关系如下：

$$y_t \curvearrowright p_\theta(y_t \mid a_t) \qquad (4\text{-}3)$$

综上可得

$$a_t \curvearrowright p_\theta(a_t \mid a_{t-1}) \qquad (4\text{-}4)$$

$$y_t \curvearrowright p_\theta(y_t \mid a_t) \qquad (4\text{-}5)$$

式（4-1）～式（4-5）又可以称为隐马尔可夫模型。状态空间模型方程分为两种：一种是状态方程，如式（4-4）；一种是测量方程，如式（4-5）。状态方程刻画了不可观测的变量之间的转换过程，测量方程将可观测变量和不可观测变量联系到一起，而状态方程和测量方程的建立将可观测变量和不可观测变量在不同时刻下的状态进行结合，以此获得不可观测变量的估计值。

3. 状态空间模型的分类

1）按照所受影响因素，状态空间模型可分为确定性状态空间模型和随机性状态空间模型。

2）按照数值形式，状态空间模型可分为离散空间状态模型和连续空间状态模型。

3）按照所描述的动态系统，状态空间模型可分为线性与非线性的空间状态模型和时变的与非时变的状态空间模型。

4. 状态空间模型的一般形式

设 y_t 是包含 k 个经济变量的 $k \times 1$ 维可观测向量。这些变量与 $m \times 1$ 维向量 α_t 有关，α_t 被称为状态向量。定义测量方程为

$$y_t = Z_t \alpha_t + d_t + u_t, \quad t = 1, 2, \cdots, T \tag{4-6}$$

式中，T——样本长度；

$\quad Z_t$——$k \times m$ 矩阵；

$\quad d_t$——$k \times 1$ 向量；

$\quad u_t$——$k \times 1$ 向量，是均值为 0、协方差矩阵为 H_t 的连续的不相关扰动项，即

$$E(u_t) = 0, \operatorname{cov}(u_t) = H_t \tag{4-7}$$

定义状态方程为

$$a_t = T_t a_{t-1} + c_t + R_t \varepsilon_t, \quad t = 1, 2, \cdots, T \tag{4-8}$$

式中，T_t——$m \times m$ 矩阵；

$\quad c_t$——$m \times 1$ 向量；

$\quad R_t$——$m \times g$ 矩阵；

$\quad \varepsilon_t$——$g \times 1$ 向量，是均值为 0、协方差矩阵为 Q_t 的连续的不相关扰动项，即

$$E(\varepsilon_t) = 0, \operatorname{cov}(\varepsilon_t) = Q_t \tag{4-9}$$

并且若使上述模型成立，还需满足以下假定。

1）初始状态向量 a_0 的均值为 a_0，协方差矩阵为 H_0。

2）在所有的时间区间上，扰动项 u_t 和 ε_t 相互独立，而且它们与初始状态 a_0 也不相关。

5. 状态空间模型的特点

1）状态空间模型不仅能反映系统内部状态，而且能揭示系统内部状态与外部的输入和输出变量的联系。

2）状态空间模型将多个变量时间序列处理为向量时间序列，这种从变量到向量的转变更适合解决多输入输出变量情况下的建模问题。

3）状态空间模型能够用现在和过去的最小信息形式描述系统的状态，因此，它不需要大量的历史数据资料，既省时又省力。

6. 状态空间模型的建立和预测的步骤

为了避免由于状态空间模型的不可控性而导致的错误的分解形式，当对一个单整时间序列建立状态空间分解模型并进行预测时，应按下面的步骤执行。

1）对相关的时间序列进行季节调整，并将季节要素序列外推。

2）对季节调整后的时间序列进行单位根检验，确定单整阶数，然后在差分自回归移动平均（autoregressive integrated moving average，ARIMA）过程中选择最接近的模型。

3）求出 ARIMA 模型的系数。

4）用 ARIMA 模型的系数准确表示正规状态空间模型，检验状态空间模型的可控制性。

5）利用卡尔曼（Kalman）滤波公式估计状态向量，并对时间序列进行预测。

6）把外推的季节要素与相应的预测值合并，就得到经济时间序列的预测结果。

4.2.2 连续系统状态空间表达式

1. 由微分方程导出状态空间表达式

设 n 阶线性定常系统的微分方程为

$$y^{(n)} + a_1 y^{(n-1)} + \cdots + a_{n-1} y^{(1)} + a_n y = u$$

若取 $y(t), y^{(1)}(t), \cdots, y^{(n-1)}(t)$ 等 n 个状态变量作为变量集合，且已知其初始条件 $y(0)$，$y^{(1)}(0), \cdots, y^{(n-1)}(0)$ 和 $t \geqslant 0$ 时的输入 u，$x_1 = y, x_2 = y^{(1)}, \cdots, x_n = y^{(n-1)}$，则令

$$\left.\begin{aligned}
\dot{x}_1 &= x_2 \\
\dot{x}_2 &= x_3 \\
&\vdots \\
\dot{x}_{n-1} &= x_n \\
\dot{x}_n &= -a_n x_1 - \cdots - a_1 x_n + u
\end{aligned}\right\} \tag{4-10}$$

此时方程可写成

$$\dot{X} = AX + Bu$$

式中，

$$X = \begin{bmatrix} x_1 & x_2 & \cdots & x_n \end{bmatrix}^{\mathrm{T}}$$

$$A = \begin{bmatrix}
0 & 1 & 0 & \cdots & 0 \\
0 & 0 & 1 & \cdots & 0 \\
\vdots & \vdots & \vdots & & \vdots \\
0 & 0 & 0 & \cdots & 1 \\
-a_n & -a_{n-1} & -a_{n-2} & \cdots & -a_1
\end{bmatrix}$$

$$B = \begin{bmatrix} 0 & 0 & \cdots & 0 & 1 \end{bmatrix}^{\mathrm{T}}$$

输出方程为

$$Y = CX$$

式中，X——n 维状态向量；

Y——n 维输出向量；

C——$n \times n$ 维输出单位矩阵。

2. 由传递函数导出状态空间表达式

已知描述函数的微分方程式可以进行拉氏变换，可求其系统的传递函数。相反，若给出系统传递函数，也可以求出其系统的微分方程式，然后确定系统的状态变量，确定系统的状态空间表达式。

例如，某系统的方框图如图 4-2 所示，由图可以求系统的闭环传递函数为

$$\frac{Y(S)}{U(S)} = \frac{1}{S(S+1)(S+2)+1} = \frac{1}{S^3 + 3S^2 + 2S + 1}$$

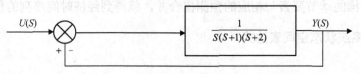

图 4-2 系统方框图

根据上述闭环传递函数求得系统的微分方程式为

$$y^{(3)} + 3y^{(2)} + 2y^{(1)} + y = u \qquad (4-11)$$

选取

$$\left.\begin{array}{l} x_1 = y \\ x_2 = \dot{x}_1 = \dot{y} \\ x_3 = \dot{x}_2 = \ddot{y} \\ x_4 = \dot{x}_3 = \dddot{y} \end{array}\right\} \qquad (4-12)$$

为系统的状态变量，则式（4-12）通过状态变量 X_1、X_2 及 X_3 改写成如下状态空间表达式：

$$\left.\begin{array}{l} \dot{X} = \begin{bmatrix} \dot{X}_1 \\ \dot{X}_2 \\ \dot{X}_3 \end{bmatrix} = AX + Bu = \begin{bmatrix} 0 & 1 & 0 \\ 0 & 0 & 1 \\ -1 & -2 & -3 \end{bmatrix} \begin{bmatrix} X_1 \\ X_2 \\ X_3 \end{bmatrix} + \begin{bmatrix} 0 \\ 0 \\ 1 \end{bmatrix} u \\[18pt] Y = CX = \begin{bmatrix} 1 & 0 & 0 \\ 0 & 1 & 0 \\ 0 & 0 & 1 \end{bmatrix} \begin{bmatrix} X_1 \\ X_2 \\ X_3 \end{bmatrix} \end{array}\right\} \qquad (4-13)$$

3. 状态变量的非唯一性

一般来说，传递函数法是确定系统的输入-输出特性的方法，而状态变量法是描述系统内在状态的方法。系统的状态变量可以根据不同的情况任意选取，即从给定的同一个传递函数，可以用不同的状态变量集合来表示，因此状态变量模型不是唯一的。下面将以同一传递函数用三种不同的求解方法，求取状态变量，说明同系统的状态变量，可以选择不同的集合。

设系统的传递函数 $G(S)$ 为

$$G(S) = \frac{2S+2}{S^3 + 9S^2 + 26S + 24}$$

1）采用直接程序法，即化为积分形式来处理：

$$\frac{Y(S)}{U(S)} = \frac{2S^{-2} + 2S^{-3}}{1 + 9S^{-1} + 26S^{-2} + 24S^{-3}}$$

$$Y(S) = \frac{2S^{-2} + 2S^{-3}}{1 + 9S^{-1} + 26S^{-2} + 24S^{-3}} \cdot U(S)$$

由此可以画出系统的状态变量图（图 4-3）。

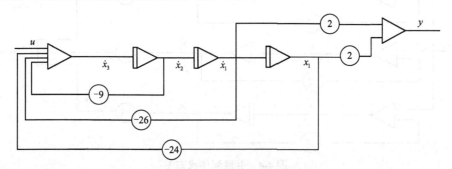

图 4-3 系统直接程序状态变量图

图中所选的状态变量为

$$x_3 = \int_0^t u\mathrm{d}t + x_3(0)$$

$$x_2 = \int_0^t x_3\mathrm{d}t + x_2(0)$$

$$x_1 = \int_0^t x_2\mathrm{d}t + x_1(0)$$

所以状态方程和输出方程为

$$\dot{x}_1 = x_2$$
$$\dot{x}_2 = x_3$$
$$\dot{x}_3 = u - 24x_1 - 26x_2 - 9x_3$$
$$Y = 2x_1 + 2x_2$$

$$\boldsymbol{X} = \begin{bmatrix} \dot{x}_1 \\ \dot{x}_2 \\ \dot{x}_3 \end{bmatrix} = \begin{bmatrix} 0 & 1 & 0 \\ 0 & 0 & 1 \\ -24 & -26 & -9 \end{bmatrix} \begin{bmatrix} x_1 \\ x_2 \\ x_3 \end{bmatrix} + \begin{bmatrix} 0 \\ 0 \\ 1 \end{bmatrix} u \qquad (4\text{-}14)$$

即

$$Y = \begin{bmatrix} 2 & 2 & 0 \end{bmatrix} \begin{bmatrix} x_1 \\ x_2 \\ x_3 \end{bmatrix}$$

2）采用并联程序法，即化成部分分式：

$$G(S) = \frac{Y(S)}{U(S)} = \frac{a_1}{S+P_1} + \frac{a_2}{S+P_2} + \cdots + \frac{a_n}{S+P_n}$$

$$G(S) = \frac{2S+2}{S^3 + 9S^2 + 26S + 24} = \frac{2S+2}{(S+2)(S+3)(S+4)}$$

$$= \frac{-1}{S+2} + \frac{4}{S+3} + \frac{-3}{S+4}$$

由此可得并联程序状态图（图 4-4）。

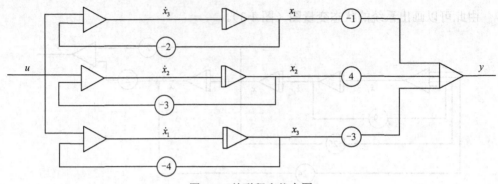

图 4-4　并联程序状态图

由图 4-4 可得状态方程和输出方程

$$\dot{x}_1 = u - 2x_1$$
$$\dot{x}_2 = u - 3x_2$$
$$\dot{x}_3 = u - 4x_3$$
$$y = -x_1 + 4x_2 - 3x_3$$

或

$$\boldsymbol{X} = \begin{bmatrix} \dot{x}_1 \\ \dot{x}_2 \\ \dot{x}_3 \end{bmatrix} = \begin{bmatrix} -2 & 0 & 0 \\ 0 & -3 & 0 \\ 0 & 0 & -4 \end{bmatrix} \begin{bmatrix} x_1 \\ x_2 \\ x_3 \end{bmatrix} + \begin{bmatrix} 1 \\ 1 \\ 1 \end{bmatrix} u \\ Y = \begin{bmatrix} -1 & 4 & -3 \end{bmatrix} \begin{bmatrix} x_1 \\ x_2 \\ x_3 \end{bmatrix} \Bigg\} \tag{4-15}$$

3）采用迭代程序法，即化成连乘形式：

$$\frac{Y(S)}{U(S)} = \frac{2S+2}{S^3 + 9S^2 + 26S + 24} = \frac{1}{S+2} + \frac{2}{S+3} + \frac{S+1}{S+4}$$

由上式得迭代方程的状态变量图（图 4-5）。

由图 4-5 可得状态方程和输出方程

$$\dot{x}_1 = u - 2x_3$$
$$\dot{x}_2 = -3x_2 + 2x_3$$
$$\dot{x}_3 = -4x_1 + x_2$$
$$y = 2x_1 + \dot{x}_1 = 2x_1 - 4x_1 + x_2 = -2x_1 + x_2$$

或

$$\boldsymbol{X} = \begin{bmatrix} \dot{x}_1 \\ \dot{x}_2 \\ \dot{x}_3 \end{bmatrix} = \begin{bmatrix} 0 & 0 & -2 \\ 0 & -3 & 2 \\ -4 & 1 & 0 \end{bmatrix} \begin{bmatrix} x_1 \\ x_2 \\ x_3 \end{bmatrix} + \begin{bmatrix} 1 \\ 0 \\ 0 \end{bmatrix} u \\ Y = \begin{bmatrix} -2 & 1 & 0 \end{bmatrix} \begin{bmatrix} x_1 \\ x_2 \\ x_3 \end{bmatrix} \Bigg\} \tag{4-16}$$

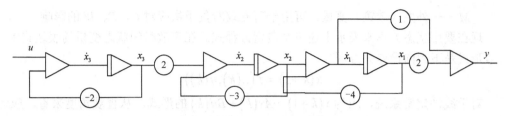

图 4-5　迭代程序状态变量图

上例说明，所选状态变量不同，所得的状态方程和输出方程也不同，这说明了状态变量模型的非唯一性。同时，从数学意义上看，这些方程都能满足输入-输出关系，都能正确反映系统的行为。从物理意义上看，这些方程都代表了不同的系统结构。当已知系统特性（如传递函数）后，用怎样的结构来实现特性，这就与选择的状态变量有关，一般采用利于测量和计算的参数作为状态变量。

4. 差分方程与离散变量的状态空间表达式

1）连续变量的离散化：

$$\dot{X}(t) \approx \frac{X(t+h)-X(t)}{h} = AX(t)+BU(t) \quad (U在区间[t,t+h]为定量)$$

$$X(t+h) = X(t)+hAX(t)+hBU(t) = (I+hA)X(t)+BhU(t) \quad (I为单位矩阵)$$

改写为

$$X(t+h) = A * X(t)+B * U(t)$$

对于线性定常离散系统（有 n 个状态变量，m 个输入和 r 个输出），可用下列矩阵方程来描述：

$$\begin{cases} x(k+1)=Ax(k)+BU(k) \\ y(k)=Cx(k)+DU(k) \end{cases} \quad (k=0,1,2,3,\cdots)$$

2）差分方程导出离散变量。很多离散系统的输入输出关系可用差分方程来描述。应指出，差分方程的描述可以变为状态方程的描述。

4.2.3　状态方程的应用

1. 宏观经济模型

考虑下列四个经济变量间的关系（所有单位均为：元）：C——消费支出；P——价格水平；W——工资水平；M——货币供应。

用来描述以上四个变量间的相互关系的典型方程组为

$$\begin{cases} C(k)=\alpha_1 C(k-1)+\alpha_2 P(k-1)+\alpha_3 W(k-1)+\alpha_4 P(k-2) \\ P(k)=\beta_1 P(k-1)+\beta_2 W(k-1)+\beta_3 W(k-2)+\beta_4 M(k-1) \\ W(k)=\gamma_1 P(k-3)+\gamma_2 C(k-1) \end{cases}$$

式中，α、β、γ——参数；

C、P、W——内生变量；

M ——外生（政策）变量，可用于研究政府货币供应对 C、P、W 的影响。

现在要用状态方程来表示上述三个典型方程式。在离散时间状态变量的表达式中，一般形式是下列向量差分方程

$$x(k+1) = f(x(k), u(k))$$

对于线性定常系统，应为 $x(k+1) = Ax(k) + Bu(k)$ 的形式。从直观角度来看，应选取 $C(k)$、$P(k)$、$W(k)$ 作为状态变量，但是上述三个方程式并不是这样的形式，如 $W(k-2)$ 出现在方程式的右端，$P(k-3)$ 出现在 $W(k)$ 式的右端。因为式 $x(k+1) = Ax(k) + Bu(k)$ 只允许有一个时间滞后的状态变量出现在方程的右端，所以必须予以变换。

下面导出其状态方程。

令

$$\begin{cases} u(k) = M(k) \\ x_1(k) = C(k) \\ x_2(k) = P(k) \\ x_3(k) = W(k) \\ x_4(k) = x_3(k-1) = W(k-1) \\ x_5(k) = x_2(k-1) = P(k-1) \\ x_6(k) = x_5(k-1) = P(k-2) \end{cases}$$

得

$$\begin{cases} x_1(k) = \alpha_1 x_1(k-1) + \alpha_2 x_2(k-1) + \alpha_3 x_3(k-1) + \alpha_4 x_4(k-1) \\ x_2(k) = \beta_1 x_2(k-1) + \beta_2 x_3(k-1) + \beta_3 x_4(k-2) + \beta_4 u(k-1) \\ x_3(k) = \gamma_1 x_1(k-1) + \gamma_2 x_6(k-1) \end{cases}$$

上述三个方程已具有状态变量表示式的正确结构，再加上

$$x_4(k) = x_3(k-1)$$
$$x_5(k) = x_2(k-1)$$
$$x_6(k) = x_5(k-1)$$

共六个状态变量，这样便可以得到状态变量的矩阵形式：

$$\begin{bmatrix} x_1(k) \\ x_2(k) \\ x_3(k) \\ x_4(k) \\ x_5(k) \\ x_6(k) \end{bmatrix} = \begin{bmatrix} \alpha_1 & \alpha_2 & \alpha_3 & \alpha_4 & 0 & 0 \\ 0 & \beta_1 & \beta_2 & \beta_3 & 0 & 0 \\ \gamma_1 & 0 & 0 & 0 & 0 & \gamma_2 \\ 0 & 0 & 1 & 0 & 0 & 0 \\ 0 & 1 & 0 & 0 & 0 & 0 \\ 0 & 0 & 0 & 0 & 1 & 0 \end{bmatrix} \begin{bmatrix} x_1(k-1) \\ x_2(k-1) \\ x_3(k-1) \\ x_4(k-1) \\ x_5(k-1) \\ x_6(k-1) \end{bmatrix} + \begin{bmatrix} 0 \\ \beta_4 \\ 0 \\ 0 \\ 0 \\ 0 \end{bmatrix} u(k-1)$$

2. 预测产品销售量

表 4-1 的预测系统是一个自由系统，因而可以确立如下状态方程：

$$x(1) = Ax(0)$$
$$x(2) = Ax(1) = A^2 x(0)$$
$$\vdots$$
$$x(n+1) = A^n x(0)$$

所以只要知道 $x(0)$ 和 A 就能预测任意一年的销售情况。

表 4-1 牙膏购买的产品类型转换概率

牙膏类型	生物型	药物型	普通型	购买数量/支
生物型	40%	60%	60%	100
药物型	30%	30%	10%	200
普通型	30%	10%	30%	200

由表 4-1 得到状态转移矩阵 A 及 $x(0)$ 如下：

$$A = \begin{bmatrix} 0.4 & 0.6 & 0.6 \\ 0.3 & 0.3 & 0.1 \\ 0.3 & 0.1 & 0.1 \end{bmatrix}, \quad x(0) = \begin{bmatrix} 100 \\ 200 \\ 200 \end{bmatrix}$$

如预测下一年的销售情况，则

$$x(1) = \begin{bmatrix} 280 \\ 110 \\ 110 \end{bmatrix}$$

当预测的时间较长时，A^n 计算起来很困难。但由 $T^{-1}AT = \Lambda$ 有 $A = T\Lambda T^{-1} (TAT^{-1})$，则 A^n 可采用如下方法求得

$$A^n = (T\Lambda T^{-1})(T\Lambda T^{-1})(T\Lambda T^{-1}) \cdots (T\Lambda T^{-1})$$
$$= T\Lambda (T^{-1}T) \Lambda (T^{-1}T) \Lambda T^{-1} \cdots \Lambda T^{-1}$$
$$= T\Lambda\Lambda \cdots \Lambda T^{-1}$$
$$= T\Lambda^n T^{-1}$$

这样可大大简化计算。

该模型可以用于平稳系统的预测，即总量基本不发生变化，只是结构发生变化。从短期看，毛巾、牙刷等消费品具有此类性质。

4.3 结构模型化技术

随着科学技术的进步、社会的发展，描述、分析、综合、决策的问题日益增多，解析复杂系统的难度与日俱增，系统结构模型化方法和技术显得越来越重要。系统模型化结构是从系统的概念模型过渡到定量分析的中介，是复杂大系统分解与连接的有力工具，在对社会、经济这类"软系统"进行分析时，其重要作用更是不言而喻。

4.3.1　结构模型化技术概述

1. 结构模型的定义和性质

（1）结构模型的定义

所谓结构模型，就是用有向连接图来描述系统各要素之间的关系，以表示一个作为要素集合体的系统模型。要根据系统构成要素间的关系，将要素间用箭头连接起来形成有向连接图，建立与此相应的结构矩阵。系统要素间的结构关系与结构矩阵之间一一对应。通过对矩阵的简单演算和变换，把不清楚、无条理、错综复杂的系统变成简单、易理解和直观的递阶结构模型。只有这样，才能进一步挖掘系统内在的信息，更好地开发和利用系统的信息。

下面列举国外有关专家、学者对结构模型法的描述。

1）沃菲尔德：结构模型法是"在仔细定义的模式中，使用图形和文字来描述一个复杂事件（系统或研究领域）结构的一种方法论"。

2）麦克莱恩（Mclean）和西菲德（Shephed）："'结构'这个词的定义是：'复杂整体的组成部分相互关联的方式……'从这个意义上讲，结构是任何数学模型的固有性质。所有这样的模型都是由相互间具有特定的相互作用部分组成的。所以，结构模型法的实质仅仅是一种强调而已。也就是说，一个结构模型着重于一个模型组成部分的选择和清楚地表示出各组成部分间的相互作用。"

3）丹尼斯·希尔劳客（Dennis Cearlock）：结构模型所强调的是"确定变量之间是否有联结以及其联结的相对重要性，而不是建立严格的数学关系以及精确地确定其系数。这样，在确定组成系统变量间的联结关系时，可使用预先选好的简单函数形式。所以，结构模型法关心的是趋势及平衡状态下的辨识，而不是量的精确性"。

（2）系统结构模型的性质

1）结构模型是一种几何模型。结构模型是用要素构成的节点和有向边构成的图或树图来描述一个系统的结构。图中的节点用来表示系统的要素，而有向边则表示要素间所存在的关系。这种关系随着系统的不同和分析问题的不同，可以理解为"影响"、"取决于"、"先于"、"需要"、"导致"或其他的含义。

2）结构模型是一种以定性分析为主的模型。通过结构模型，可以分析系统的要素选择是否合理，还可以分析系统要素及其相互关系的变化对系统总体的影响等。

3）结构模型除了可用有向连接图描述外，还可以用矩阵形式来描述。矩阵可以通过逻辑演算用数学方法进行处理。因此，要进一步研究要素之间的关系，需要通过矩阵形式的演算，使定性分析和定量分析相结合。可进一步研究系统要素间的相互关系，使系统结构分析中定性与定量相结合，从而使系统的评价、决策、规划、目标确定等过去只凭决策者的经验、直觉或灵感进行的定性分析，能够依靠结构模型来进行定量分析。

4）结构模型作为对系统进行描述的一种形式，正好处在自然科学领域所用的数学模型形式和社会科学领域所用的以定性表现的逻辑分析形式之间。因此，它适合用来处理处于以社会科学为对象的复杂系统中和比较简单的以自然科学为对象的系统中存在的问题，即可以处理无论是宏观的还是微观的、定性的还是定量的、抽象的还是具体的有关问题。

2. 结构分析的概念和意义

任何系统都是由两个及以上有机联系、相互作用的要素组成的，是具有特定功能与结构的整体。结构即组成系统诸要素之间相互关联的方式，对于包括现代企业在内的大规模复杂系统而言，结构具有要素及其层次众多、复杂和社会性突出等特点。在研究和解决这类系统问题时，往往要通过建立系统的结构模型，进行系统的结构分析，以求得对问题全面和本质的认识。

结构模型是定性表示系统构成要素以及它们之间存在的本质上相互依赖、相互制约和关联情况的模型。结构模型化即建立系统结构模型的过程。该过程注重表现系统要素之间相互作用的性质，是系统认识、准确把握复杂问题并对问题建立数学模型、进行定量分析的基础。阶层性是大规模复杂系统的基本特性，在结构模型化的过程中，对递阶结构的研究是一项重要工作。

结构分析是一个实现系统结构模型化并加以解释的过程，其具体内容包括对系统目的-功能的认识，系统构成要素的选取，对要素间的联系及其层次关系的分析，系统整体结构的确定及其解释。系统结构模型化是结构分析的基本内容。

结构分析是系统分析的重要内容，是系统优化分析、设计与管理的基础。尤其是在分析与解决社会经济系统问题时，对系统结构的正确认识与描述更具有数学模型和定量分析所无法替代的作用。

3. 常用的系统结构模型化技术

系统结构模型化技术是以各种创造性技术为基础的系统整体结构的决定技术。它们通过探寻系统构成要素、定义要素间关联的意义、给出要素间以二元关系为基础的具体关系，并且将其整理成图、矩阵等较为直观、易于理解和便于处理的形式，逐步建立起复杂系统的结构模型。常用的系统结构模型化技术有关联树法、解释结构模型（interpretative structural modeling，ISM）技术、系统动力学结构模型化技术等，其中解释结构模型技术是最基本和最具特色的系统结构模型化技术。

解释结构模型技术是美国沃菲尔德教授于 1973 年作为分析复杂的社会经济系统结构问题的一种方法而开发的，其基本思想是：通过有关创新分析方法，提取问题的构成要素，利用有向图、矩阵等工具和计算机技术，对要素及其相互关系等信息进行处理，最后用文字加以解释说明，明确问题的层次和整体结构，提高对问题的认识和理解程度。该技术由于具有不需高深的数学知识、模型直观且有启发性、可吸收各种有关人员参加等特点，广泛适用于认识和处理各类社会经济系统的问题。解释结构模型技术的基本工作原理如图 4-6 所示。

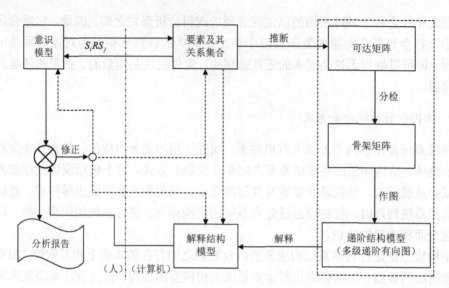

图 4-6　解释结构模型技术的基本工作原理

由图 4-6 可知，实施解释结构模型技术，首先是提出问题，组建解释结构模型实施小组。接着采用集体创新分析方法，搜集和初步整理问题的构成要素，并设定某种必须考虑的二元关系（如因果关系），经小组成员及与其他有关人员的讨论，形成对问题初步认识的意识（构思）模型。在此基础上，实现意识模型的具体化、规范化、系统化和结构模型化，即进一步明确定义各要素，通过人-机对话，判断各要素之间的二元关系情况（即 S_iRS_j），形成某种形式的"信息库"。根据要素之间关系的传递性，通过对邻接矩阵的计算或逻辑推断，得到可达矩阵。将可达矩阵进行分解、缩约和简化处理，得到反映系统递阶结构的骨架矩阵，据此绘制要素间的多级递阶有向图，形成递阶结构模型。通过对要素的解释说明，建立反映系统问题某种二元关系的解释结构模型。最后，将解释结构模型与人们已有的意识模型进行比较，如不符合，可对有关要素及其二元关系和解释结构模型的建立进行修正；更重要的是，人们通过对解释结构模型的研究和学习，可对原有的意识模型有所启发并进行修正。经过反馈、比较、修正、学习，最终得到一个令人满意、具有启发性和指导意义的结构分析结果。

通过对可达矩阵的处理，建立系统问题的递阶结构模型，这是解释结构模型技术的核心内容。根据问题规模和分析条件，可在掌握基本原理及其规范方法的基础上，采用多种手段，选择不同的方法来完成此项工作。

4.3.2　基本结构的基本表达方式

系统的要素及其关系形成系统的特定结构。在通常情况下，可采用集合、有向图和矩阵三种相互对应的方式来表达系统的某种结构。

1. 系统结构的集合表达

设系统由 n（$n \geqslant 2$）个要素 $(S_1, S_2, \cdots, S_n)$ 所组成，其集合为 S，则有

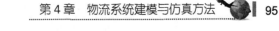

$$S = \{S_1, S_2, \cdots, S_n\}$$

系统的诸多要素有机地联系在一起，并且一般都是以两个要素之间的二元关系为基础的。所谓二元关系，是根据系统的性质和研究目的所约定的一种需要讨论的、存在于系统中的两个要素 (S_i, S_j) 之间的关系 R_{ij}（简记为 R），通常有影响关系、因果关系、包含关系、隶属关系以及各种可以比较的关系（如大小、先后、轻重、优劣等）。二元关系是结构分析中所要讨论的系统构成要素间的基本关系，一般有以下三种情形：① S_i 与 S_j 间有某种二元关系 R，即 $S_i R S_j$；② S_i 与 S_j 间无某种二元关系 R，即 $S_i \bar{R} S_j$；③ S_i 与 S_j 间既有又有某种二元关系 R，即 $S_i \tilde{R} S_j$。

在通常情况下，二元关系具有传递性，即若 $S_i R S_j$、$S_j R S_k$，则有 $S_i R S_k$（S_i, S_j, S_k 为系统的任意构成要素）。传递性二元关系反映两个要素的间接联系，可记作 R^t（t 为传递次数），如将 $S_i R S_k$ 记作 $S_i R^2 S_k$。

有时，对系统的任意构成要素 S_i 和 S_j 来说，既有 $S_i R S_j$ 又有 $S_j R S_i$，这种相互关联的二元关系叫强连接关系。具有强连接关系的各要素之间存在替换性。

以系统要素集合 S 及二元关系的概念为基础，为便于表达所有要素间的关联方式，把系统构成要素中满足某种二元关系 R 的要素 S_i、S_j 的要素对 (S_i, S_j) 的集合，称为 S 上的二元关系集合，记作 R_b，即有

$$R_b = \{(S_i, S_j) | S_i, S_j \in S_i R S_j, i, j = 1, 2, \cdots, n\}$$

且在一般情况下，(S_i, S_j) 和 (S_j, S_i) 表示不同的要素对。

这样，"要素 S_i 和 S_j 之间是否具有某种二元关系 R"，也就等价于"要素对 (S_i, S_j) 是否属于 S 上的二元关系集合 R_b"。

至此，就可以用系统的构成要素集合 S 和在 S 上确定的某种二元关系集合 R_b 来共同表示系统的某种基本结构。

【例 4-1】某系统由七个要素 $(S_1, S_2, \cdots, S_7)$ 组成。经过两两判断认为：S_2 影响 S_1，S_3 影响 S_4，S_4 影响 S_5，S_7 影响 S_2，S_4 和 S_6 相互影响。这样，该系统的基本结构可用要素集合 S 和二元关系集合 R_b 来表达，其中：

$$S = \{S_1, S_2, S_3, S_4, S_5, S_6, S_7\}$$
$$R_b = \{(S_2, S_1), (S_3, S_4), (S_4, S_5), (S_7, S_2), (S_4, S_6), (S_6, S_4)\}$$

2. 系统结构有向图表达

有向图（D）是由节点和连接节点的有向弧（箭线）组成的，可用来表示系统的结构。具体方法是：用节点表示系统的各构成要素，用有向弧表示要素之间的二元关系。从节点 $i(S_i)$ 到 $j(S_j)$ 的最小（少）的有向弧数称为 D 中节点间的通路长度（路长），即要素节点间二元关系的传递次数。

例 4-1 给出的系统要素及其二元关系的有向图如图 4-7 所示。其中，S_3 到 S_5、S_3 到 S_6 和 S_7 到 S_1 的路长均为 2。另外，S_4 和 S_6 间具有强连接关系，S_4 和 S_6 相互到达，在其间形成双向回路。

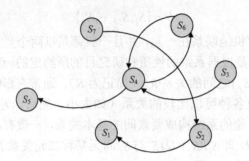

图 4-7　例 4-1 的有向图

3. 系统结构的矩阵表达

（1）邻接矩阵

邻接矩阵（A）是表示系统要素间基本二元关系或直接联系情况的方阵。若 $A = \left(a_{ij} \right)_{n \times n}$，则其定义式为

$$a_{ij} = \begin{cases} 1, S_i R S_j \text{或} \left(S_i, S_j \right) \in R_b \left(S_i \text{对} S_j \text{有某种二元关系} \right) \\ 0, S_i \overline{R} S_j \text{或} \left(S_i, S_j \right) \notin R_b \left(S_i \text{对} S_j \text{无某种二元关系} \right) \end{cases}$$

有了表达系统结构的集合 (S, R_b) 或有向图（D），就可以很容易地将 A 写出。与例 4-1 和图 4-7 对应的邻接矩阵为

$$A = \begin{array}{c} \\ S_1 \\ S_2 \\ S_3 \\ S_4 \\ S_5 \\ S_6 \\ S_7 \end{array} \begin{array}{c} S_1\,S_2\,S_3\,S_4\,S_5\,S_6\,S_7 \\ \begin{bmatrix} 0 & 0 & 0 & 0 & 0 & 0 & 0 \\ 1 & 0 & 0 & 0 & 0 & 0 & 0 \\ 0 & 0 & 0 & 1 & 0 & 0 & 0 \\ 0 & 0 & 0 & 0 & 1 & 1 & 0 \\ 0 & 0 & 0 & 0 & 0 & 0 & 0 \\ 0 & 0 & 0 & 1 & 0 & 0 & 0 \\ 0 & 1 & 0 & 0 & 0 & 0 & 0 \end{bmatrix} \end{array}$$

很明显，A 中"1"的个数与例 4-1 中 R_b 所包含的要素对数目和图 4-7 中有向弧的条数相等，均为 6。

在邻接矩阵中，若有一列（如第 j 列）元素全为 0，则 S_j 是系统的输入元素，如上述矩阵中的 S_3 和 S_7；若有一行（如第 i 行）元素全为 0，则 S_i 是系统的输出元素，如上述矩阵中的 S_1 和 S_5。

（2）可达矩阵

若在要素 S_i 和 S_j 间存在某种传递性二元关系，或在有向图上存在有节点 i 到 j 的有向通路时，则称 S_i 是可以到达 S_j 的，或者说 S_j 是 S_i 可以到达的。所谓可达矩阵（M），就是表示系统要素之间任意次传递性二元关系或有向图上两个节点之间通过任意长的路径可以到达情况的方阵。若 $M = \left(m_{ij} \right)_{n \times n}$，且在无回路条件下的最大路长或传递次数为 r，即有 $M = \left(m_{ij} \right)_{n \times n}$，则可达矩阵的定义为

$$m_{ij} = \begin{cases} 1, S_i R^t S_j \text{（存在}i\text{至}j\text{的路长最大为}r\text{的通路）} \\ 0, S_i \bar{R}^t S_j \text{（不存在}i\text{至}j\text{的通路）} \end{cases}$$

当 $t=1$ 时，表示基本的二元关系，M 即为 A；当 $t=0$ 时，表示 S_i 和自身到达，或 $S_i R S_i$，也称反射性二元关系；当 $t \geq 2$ 时，表示传递性二元关系。

矩阵 A 和 M 的元素均为"1"或"0"，是 $n \times n$ 阶 0-1 矩阵，且符合布尔代数的运算规则，即：0+0=0，0+1=1，1+0=1，1+1=1，0×0=0，0×1=0，1×0=0，1×1=1。通过对邻接矩阵 A 的运算，可求出系统要素的可达矩阵 M。计算公式为

$$M = (A + I)^r \tag{4-17}$$

其中，I 为与 A 同阶次的单位矩阵（即其主对角线元素全为"1"，其余元素全为"0"），反映要素自身到达；最大传递次数（路长）r 根据下式确定：

$$(A+I) \neq (A+I)^2 \neq (A+I)^3 \neq \cdots \neq (A+I)^{r-1} \neq (A+I)^r$$
$$= (A+I)^{r+1} = \cdots = (A+I)^n \tag{4-18}$$

以与例 4-1 和图 4-7 对应的邻接矩阵为例，有

$$A + I = \begin{array}{c} \\ S_1 \\ S_2 \\ S_3 \\ S_4 \\ S_5 \\ S_6 \\ S_7 \end{array} \begin{array}{c} \begin{matrix} S_1 & S_2 & S_3 & S_4 & S_5 & S_6 & S_7 \end{matrix} \\ \begin{bmatrix} 1 & 0 & 0 & 0 & 0 & 0 & 0 \\ 1 & 1 & 0 & 0 & 0 & 0 & 0 \\ 0 & 0 & 1 & 1 & 0 & 0 & 0 \\ 0 & 0 & 0 & 1 & 1 & 1 & 0 \\ 0 & 0 & 0 & 0 & 1 & 0 & 0 \\ 0 & 0 & 0 & 1 & 0 & 1 & 0 \\ 0 & 1 & 0 & 0 & 0 & 0 & 1 \end{bmatrix} \end{array}$$

其中，主对角线上的"1"表示诸要素通过零步（自身）到达的情况（单位矩阵 I），其余的"1"表示要素间通过一步（直接）到达的情况（邻接矩阵 A）。

$$(A+I)^2 = A^2 + A + I = \begin{array}{c} \\ S_1 \\ S_2 \\ S_3 \\ S_4 \\ S_5 \\ S_6 \\ S_7 \end{array} \begin{array}{c} \begin{matrix} S_1 & S_2 & S_3 & S_4 & S_5 & S_6 & S_7 \end{matrix} \\ \begin{bmatrix} 1 & 0 & 0 & 0 & 0 & 0 & 0 \\ 1 & 1 & 0 & 0 & 0 & 0 & 0 \\ 0 & 0 & 1 & 1 & ① & ① & 0 \\ 0 & 0 & 0 & 1 & 1 & 1 & 0 \\ 0 & 0 & 0 & 0 & 1 & 0 & 0 \\ 0 & 0 & 0 & 1 & ① & 1 & 0 \\ ① & 1 & 0 & 0 & 0 & 0 & 1 \end{bmatrix} \end{array}$$

其中带圆圈的"1"表示诸要素通过两步（间接）到达的情况（矩阵 A^2）。按照前述布尔代数的运算规则，在原式 $(A+I)^2$ 的展开中利用了 $A+A=A$ 的关系。

进一步计算发现：$(A+I)^3 = (A+I)^2$。

这样，根据式（4-17），与例 4-1 和图 4-7 对应的可达矩阵为

$$M = (A+I)^2 = \begin{array}{c} \\ S_1 \\ S_2 \\ S_3 \\ S_4 \\ S_5 \\ S_6 \\ S_7 \end{array} \begin{array}{c} \begin{matrix} S_1 & S_2 & S_3 & S_4 & S_5 & S_6 & S_7 \end{matrix} \\ \begin{bmatrix} 1 & 0 & 0 & 0 & 0 & 0 & 0 \\ 1 & 1 & 1 & 0 & 0 & 0 & 0 \\ 0 & 0 & 1 & 1 & 1 & 1 & 0 \\ 0 & 0 & 0 & 1 & 1 & 1 & 0 \\ 0 & 0 & 0 & 0 & 1 & 0 & 0 \\ 0 & 0 & 0 & 1 & 1 & 1 & 0 \\ 1 & 1 & 0 & 0 & 0 & 0 & 1 \end{bmatrix} \end{array}$$

（3）其他矩阵

在邻接矩阵和可达矩阵的基础上，还有其他表达系统结构并有助于实现系统结构模型化的矩阵形式，如缩减矩阵、骨架矩阵等。

1）缩减矩阵。根据强连接要素的可替换性，在已有的可达矩阵 M 中，将具有强连接关系的一组要素看作一个要素，保留其中的某个代表要素，删除其余要素及其在 M 中的行和列，即得到该可达矩阵 M 的缩减矩阵 M'。例 4-1 的可达矩阵的缩减矩阵为

$$M' = \begin{array}{c} \\ S_1 \\ S_2 \\ S_3 \\ S_4 \\ S_5 \\ S_7 \end{array} \begin{array}{c} \begin{matrix} S_1 & S_2 & S_3 & S_4 & S_5 & S_7 \end{matrix} \\ \begin{bmatrix} 1 & 0 & 0 & 0 & 0 & 0 \\ 1 & 1 & 0 & 0 & 0 & 0 \\ 0 & 0 & 1 & 1 & 1 & 0 \\ 0 & 0 & 0 & 1 & 1 & 0 \\ 0 & 0 & 0 & 0 & 1 & 0 \\ 1 & 1 & 0 & 0 & 0 & 1 \end{bmatrix} \end{array}$$

2）骨架矩阵。对于给定系统，A 的可达矩阵 M 是唯一的，但实现某一可达矩阵 M 的邻接矩阵 A 可以有多个。把实现某一矩阵 M、具有最小二元关系个数（"1" 元素最少）的邻接矩阵叫作 M 的最小实现二元关系矩阵，或称为骨架矩阵，记作 A'。

系统结构的三种基本表达方式相互对应，各有特色：用集合来表达系统结构概念清楚，在各种表达方式中处于基础地位；用有向图表达较为直观，易于理解；用矩阵表达便于通过逻辑运算，用数学方法对系统结构进行分析处理。以它们为基础和工具，通过采用各种技术，可实现复杂系统结构的模型化。

4.3.3　解释结构模型法

解释结构模型法的一大特点是把复杂的系统分解为若干子系统（要素），利用人们的实践经验和知识，以及电子计算机的帮助，最终将系统构成一个多级递阶的结构模型。

解释结构模型属于概念模型，它可以把模糊不清的思想、看法转化为直观的具有良好结构关系的模型。它的应用十分广泛，从能源等国际性问题到地区经济开发、企事业甚至个人范围的问题等，都可以应用解释结构模型法来建立结构模型，并据此进行系统分析。它特别适用于变量众多、关系复杂而结构不清晰的系统分析中，也可用于方案的排序等。

1. 解释结构模型法的工作程序

一般地，实施解释结构模型法的工作程序如下。

1）组织实施解释结构模型法的小组。小组成员一般以 10 人左右为宜，要求小组成员对要解决的问题都能持关心的态度。同时，还要保证持有各种不同观点的人员进入小组，如果有能及时做出决策的负责人加入小组，则更能进行认真的且富有成效的讨论。

2）设定问题。小组成员有可能站在各自不同的立场来看待问题，这样，在掌握情况和分析目的等方面也较为分散，如果不事先设定问题，就不能充分发挥小组的功能。因此，在解释结构模型法实施阶段，对问题的设定必须取得一致的意见，并以文字的形式做出规定。

3）选择构成系统的要素。合理选择系统要素，既要凭借小组成员的经验，又要充分发扬民主精神，要求小组成员把各自想到的有关问题都写在纸上，然后由专人负责汇总整理成文。小组成员据此边讨论边研究，并提出构成系统要素的方案。经过若干次反复讨论，最终求得一个较为合理的系统要素方案，并据此制定要素明细表备用。

4）根据要素明细表做构思模型，并建立反映要素关系的可达矩阵。

5）对可达矩阵进行分解后建立结构模型。

6）根据结构模型建立解释结构模型。

由上述工作程序可以看出，建立可达矩阵并将可达矩阵转化为结构模型是解释结构模型法的核心内容。对于可达矩阵的建立前面已经做了介绍，下面通过实例说明如何利用已知的可达矩阵求结构模型。

2. 结构模型的建立

（1）相关定义

在介绍建立结构模型的步骤前，先介绍几个有关的定义。

1）可达集 $R(S_i)$。将要素 S_i 可以到达的要素集合定义为要素 S_i 的可达集，用 $R(S_i)$ 表示：

$$R(S_i) = \left\{ S_j \in N \mid m_{ij} = 1 \right\}$$

式中，$R(S_i)$——由可达矩阵中的第 S_i 行中所有矩阵元素为 1 的列对应的要素集合而成；

N——所有节点的集合；

$m_{ij} = 1$——i 关联 j。

从定义中还可以看出，$R(S_i)$ 表示的集合即为要素 S_i 的上位集合。

2）前因集 $A(S_i)$。将与要素 S_i 有关的要素集中起来，定义为要素 S_i 的前因集，也称先行集，用 $A(S_i)$ 表示。

$$A(S_i) = \left\{ S_j \in N \mid m_{ij} = 1 \right\}$$

$A(S_i)$ 由矩阵中第 S_j 列中的所有元素为 1 的行对应的要素组成，其表示的集合即为元素 S_i 的下位集。

3）共同集。将所有要素 S_i 的可达集 $R(S_i)$ 与前因集 $A(S_i)$ 的要素集合定义为共同集，用 T 表示。

$$T = \left\{ S_j \in N | R(S_i) \cap A(S_i) = A(S_i) \right\}$$

从定义可以看出 $R(S_i) \geqslant A(S_i)$，即要素 S_i 可达的要素一定多于或等于前因要素，且前因集中的要素一定为可达集中的要素。这样得到的共同集一定是入度为零或者入度与出度的差小于等于零的元素，即那些源的集合。

4）最高级要素集合。一个多级递阶结构的最高级要素集合，是指没有比它更高级别的要素可以到达，其可达集 $R(S_i)$ 中只包括它本身的要素集，而在前因集中，除包含要素 S_i 本身外，还包括可以到达它的下一级要素。

$$H = \left\{ S_j \in N | R(S_i) \cap A(S_i) = R(S_i) \right\}$$

（2）建立结构模型的步骤

在得到可达矩阵的情况下，建立结构模型的一般步骤如下。

1）区域划分。区域划分是把要素之间的关系分为可达与不可达，并且判断哪些要素是连通的，即把系统分为有关系的几个部分或子部分。

例如，有下列可达矩阵

$$R = \begin{bmatrix} 1 & 1 & 1 & 0 & 1 & 0 & 0 & 1 \\ 0 & 1 & 1 & 0 & 0 & 0 & 0 & 0 \\ 0 & 0 & 1 & 0 & 0 & 0 & 0 & 0 \\ 0 & 1 & 1 & 1 & 0 & 0 & 0 & 0 \\ 0 & 1 & 1 & 0 & 1 & 0 & 0 & 1 \\ 0 & 1 & 1 & 1 & 0 & 1 & 0 & 0 \\ 0 & 1 & 1 & 1 & 0 & 0 & 1 & 0 \\ 0 & 1 & 1 & 0 & 1 & 0 & 0 & 1 \end{bmatrix}$$

首先，根据可达矩阵得到各个要素的 $R(S_i)$ 与 $A(S_i)$，并计算 $R(S_i) \cap A(S_i)$，如表 4-2 所示。其次，求出共同集 T，$T = \{1,6,7\}$，即求出底层要素的集合。对于共同集中的要素，如果两个要素 S_i 和 S_j 在同一部分内，则它们的可达集有共同的单元，即 $R(S_i) \cap A(S_i) \neq \varnothing$，否则，它们分别属于两个连通区域。由表 4-2 可知，$R(1) \cap R(6) \cap R(7) \neq \varnothing$，因此系统只有一个连通区域。

表 4-2 数据表（1）

要素	$R(S_i)$	$A(S_i)$	$R(S_i) \cap A(S_i)$
1	1,2,3,5,8	1	1
2	2,3	1,2,4,5,6,7,8	2
3	3	1,2,3,4,5,6,7,8	3
4	2,3,4	4,6,7	4
5	2,3,5,8	1,5,8	5,8
6	2,3,4,6	6	6
7	2,3,4,7	7	7
8	2,3,5,8	1,5,8	5,8

如表 4-3 所示的共同集为 $T=\{3,7\}$，但 $R(3)\cap R(7)=\varnothing$，因此系统可分为两个连通域：$\{1,2,7\}$和$\{3,4,5,6\}$。

表 4-3　数据表（2）

要素	$R(n_i)$	$A(n_i)$	$R(n_i)\cap A(n_i)$
1	1	1,2,7	1
2	1,2	2,7	2
3	3,4,5,6	3	3
4	4,5,6	3,4,5	4,6
5	5	3,4,5,6	5
6	4,5,6	3,4,6	4,6
7	1,2,7	7	7

需要说明的是，在实际系统分析中，如果存在两个以上的区域，则需重新研究所判断的关系是否正确。因为对无关的区域共同进行研究是没有意义的，只能够对各个相关的区域进行系统分析。

2）级间划分。级间划分是将系统中的所有要素，以可达矩阵为准则，划分成不同级（层）次。

可以先利用最高级要素集合的定义这一条件，确定出多级结构的最高级要素。找出最高级要素后，即可将其从可达矩阵中划去相应的行和列，再从剩下的可达矩阵中寻找新的最高级要素。以此类推，就可以找出各级包含的最高级要素集合，若用 $L_1,L_2,\cdots,L_k$ 表示从上到下的级次，则有 k 个级次的系统，级间划分 $L(n)$ 可以用下式来表示：

$$L(n)=\{L_1,L_2,\cdots,L_k\}$$

若定义第 0 级为空集，即 $L_0=\varnothing$，则可以列出求 $L(k)$ 的迭代算法：

$$L_k=\left\{S_i\in N-L_0-L_1-\cdots-L_{k-1}\,\middle|\,R_{k-1}(S_i)=R_{k-1}(S_i)\cap A_{k-1}(S_i)\right\}$$

式中，$R_{k-1}(S_i)$——由 $N-L_0-L_1-\cdots-L_{k-1}$ 要素组成的子图求得的可达集；
　　　$A_{k-1}(S_i)$——由 $N-L_0-L_1-\cdots-L_{k-1}$ 要素组成的子图求得的先行集。
即

$$R_{j-1}(S_i)=\left\{S_i\in N-L_0-L_1-\cdots-L_{j-1}\,\middle|\,m_{ij}=1\right\}$$

$$A_{j-1}(S_i)=\left\{S_i\in N-L_0-L_1-\cdots-L_{j-1}\,\middle|\,m_{ij}=1\right\}$$

由表 4-3 可知，该连通域中最高级要素为 $L_1=\{3\}$。在可达矩阵 $\boldsymbol{R}$ 中去掉要素 S_3 后，进行第 2 级划分，如表 4-4 所示。

表 4-4　数据表（3）

要素	$R(n_i)$	$A(n_i)$	$R(n_i)\cap A(n_i)$
1	1,2,5,8	1	1
2	2	1,2,4,5,6,7,8	2
4	2,4	4,6,7	4
5	2,5,8	1,5,8	5,8

续表

要素	$R(n_i)$	$A(n_i)$	$R(n_i)\cap A(n_i)$
6	2,4,6	6	6
7	2,4,7	7	7
8	2,5,8	1,5,8	5,8

由表 4-4 可知，该表中的最高级要素，也是可达矩阵中的第 2 级要素，即 $L_2=\{2\}$。同理，进行第 3 级划分，得到的结果如表 4-5 所示。

表 4-5 数据表（4）

要素	$R(n_i)$	$A(n_i)$	$R(n_i)\cap A(n_i)$
1	1,5,8	1	1
4	4	4,6,7	4
5	5,8	1,5,8	5,8
6	4,6	6	6
7	4,7	7	7
8	5,8	1,5,8	5,8

由表 4-5 可知，$L_3=\{4,5,8\}$。同理，进行第 4 级划分，得到的结果如表 4-6 所示。

表 4-6 数据表（5）

要素	$R(n_i)$	$A(n_i)$	$R(n_i)\cap A(n_i)$
1	1	1	1
6	6	6	6
7	7	7	7

由表 4-6 可知，$L_4=\{1,6,7\}$。

这样，经过 4 级划分，可将系统中的 8 个要素划分在 4 级内：$L=[L_1,L_2,L_3,L_4]$。通过级间划分，可以得出按级间顺序排列的可达矩阵 R_1：

$$R_1=\begin{array}{c}S_3\\S_2\\S_4\\S_5\\S_8\\S_1\\S_6\\S_7\end{array}\begin{bmatrix}1&0&0&0&0&0&0&0\\1&1&0&0&0&0&0&0\\1&1&1&0&0&0&0&0\\1&1&0&1&1&0&0&0\\1&1&0&1&1&0&0&0\\1&1&0&1&1&1&0&0\\1&1&1&0&0&0&1&0\\1&1&1&0&0&0&0&1\end{bmatrix}$$

3）强连通块划分。在进行级间划分后，每级要素中可能有强连接要素。在同一区域内同级要素相互可达的要素称为强连通块。例如，$\{5,8\}$就属于强连通块。

4）求缩减可达矩阵 R_2。由于在要素中存在强连通块，而且在构成它的要素集中相互可达且互为先行，它们就构成一个回路。从可达矩阵 R_1 中可以看出，第 3 级要素 S_5

和 S_8 行与列的相应元素完全相同。所以，只要选择其中一个为代表要素即可。现选 S_5 作为代表要素，得到经过排序的缩减可达矩阵 $\boldsymbol{R}'$：

$$\boldsymbol{R}' = \begin{array}{c} S_3 \\ S_2 \\ S_4 \\ S_5 \\ S_1 \\ S_6 \\ S_7 \end{array} \begin{bmatrix} 1 & 0 & 0 & 0 & 0 & 0 & 0 \\ 1 & 1 & 0 & 0 & 0 & 0 & 0 \\ 1 & 1 & 1 & 0 & 0 & 0 & 0 \\ 1 & 1 & 0 & 1 & 0 & 0 & 0 \\ 1 & 1 & 0 & 1 & 1 & 0 & 0 \\ 1 & 1 & 1 & 0 & 0 & 1 & 0 \\ 1 & 1 & 1 & 0 & 0 & 0 & 1 \end{bmatrix}$$

5）做结构模型。经过排序的缩减可达矩阵 $\boldsymbol{R}'$ 应为下三角矩阵，因为上一级的要素不能到达下一级的要素，左下角的子矩阵表明级间的关系，即下级至上级的。由矩阵 $\boldsymbol{R}'$，依次处理 $L'_{i+1,i}, L'_{i+2,i}, \cdots, L'_{i+l-1,i}$（其中，$i=1,2,\cdots,l$）。$L'_{i+1,i}$ 表明下一级至上一级的可达情况。在 $L'_{i+1,i}$ 中，凡是有 1 的元素，需在下一级的要素至对应的上一级的要素画一有方向的线段。其中，有 1 的元素表明了跨级间的联系，但已有邻级间的有向线段可以替代，就不必画出该有向线段。

例如，对上述可达矩阵 $\boldsymbol{R}'$，依次处理 $L'_{2,1}, L'_{3,2}, L'_{4,3}, L'_{3,1}, L'_{4,2}, L'_{4,1}$，对于跨级间的联系，如果已有邻级间的有向线段可以替代，就不必画出该有向线段。这样，可得可达矩阵对应的结构模型，如图 4-8 所示。

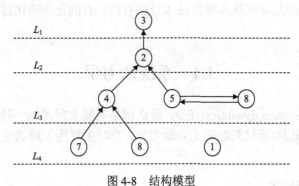

图 4-8　结构模型

4.3.4　解释结构模型法的缺陷

同任何其他技术与方法一样，解释结构模型法也有不足之处。由于解释结构模型法处于客观的数值方法与用文章描述的分析方法之间，所以它的应用范围很广，这也就隐含着许多问题。

1）从理论角度看，应用解释结构模型法时，最大的问题是推移律的假定。假定推移律，意味着各级要素只是一种递阶结构关系，即级与级间不存在反馈回路。但是在实际问题中，各级要素之间往往是存在反馈回路的。从解释结构模型法的使用角度来看，此方法的重点是将系统各要素划分成若干个级次后进行分析，故推移律假定无论如何也是需要的。所以，当出现级与级之间的反馈回路时，总是把与多数要素相悖的关系略去，使反馈回路变成递阶关系。这样，虽然便于分析，但也影响了分析的正确性。

2）通过邻接矩阵建立可达矩阵或直接建立可达矩阵来确定系统各要素间的逻辑关系，在一定程度上还要依赖人们的经验。同时，"关系"这个词也较为含糊，判断有无关系又较为主观。尤其当小组成员的认识有很大差别时，虽然可经过小组集体讨论来决定有无关系，但是在讨论中，也往往有屈服于权威人士意见或迎合多数人意见的倾向，这样就会明显降低小组决定意见的质量。所有这些都会影响解释结构模型法的有效应用。

3）实施解释结构模型法，需要三种角色的人员参加，即方法技术专家、参与者、协调人。方法技术专家需要对使用的解释结构模型法有深入的本质的理解，除了要掌握其基本原则和使用时应具备什么条件等方面的知识外，还要熟悉在使用过程中如何才能顺利进行，当出现问题时如何去正确处理它们，并能用较为通俗的语言和方式向参与者等进行介绍，使参与者等能够主动配合工作。参与者是能够从解释结构模型法的应用中受益的人，掌握着与问题有关的信息和知识，这些信息和知识构成整个应用的基础。协调人需要具备个人和群体创造过程以及激励机制等方面的知识，对于参与者可能会提出的问题有足够的知识给予解答，从而能成功地引导他们进行理解、调查和交流。同时，还要对解释结构模型法有足够的认识，能促使参与者与方法技术专家成功地进行联系。因此，协调人不仅是一个信息的传递者，而且要起到"结合器"和"催化剂"的作用。在这三种角色中，尤以协调人的角色最为重要。目前能够胜任这种角色的人员尚不多见。同样，也缺乏方法技术专家等人员。这影响了解释结构模型法的正常应用。

上述不足，有的是解释结构模型法本身固有的，有的是在应用过程中暴露的，但都可以设法加以弥补。

4.4　系统动力学

系统动力学（system dynamics，SD）是认识某类复杂问题的一种方法学。它的发展可以追溯到 20 世纪 50 年代兴起的工业动力学，当时主要用于解决企业中出现的一些有关经营管理的问题。

4.4.1　系统动力学概述

1. 系统动力学的含义

系统动力学是一门综合了反馈控制理论、信息论、系统论、决策论、计算机仿真和系统分析的试验方法而发展起来的，定性与定量相结合，研究复杂系统动态行为的应用学科，属于系统科学与管理科学的一个分支。它以系统思考的观点、方法来界定系统的组织边界、运作及信息传递流程，以因果反馈关系环路定性描述系统的动态复杂性，在此基础上构建系统动力学流图模型而形成"策略试验空间"，管理决策者可在其中尝试各种不同的情境、构想及策略，并通过计算机仿真来定量模拟不同策略下现实系统的行为模式，以了解系统动态行为的结构性原因，最后通过改变系统模型结构或相关变量参数，分析并设计出良好的系统结构及解决动态复杂问题和改善系统绩效的解决方案。

2. 系统动力学的基本观点

系统动力学从系统微观结构入手，构造系统的基本结构，以"白箱"方式模拟与分析复杂系统的动态行为，因此有着不同于"黑箱"模拟的基本观点。

（1）研究对象的前提

系统动力学所研究的系统必须是远离平衡的有序的耗散结构。

（2）复杂系统及特性

社会、政治、经济、生态、军事等系统是具有自组织耗散结构性质的开放系统。复杂系统是具有多变量、多回路的高阶非线性反馈系统。一切社会经济、生态、生物系统都是复杂系统。复杂系统具有复杂性、动态性、延迟性、突现性、反直观性、对变动参数的不敏感性、对变更策略的抵制性等动力学特性。

（3）系统结构与功能

系统动力学认为，系统是结构与功能的统一体，分别表示系统的构成与行为的特征。一阶反馈结构（或环路）是构成系统的基本结构，一个复杂系统则是由相互作用的反馈环路组成的。一个反馈环路就是由上述的状态、速率、信息三个基本部分组成的基本结构，其中主要的是状态变量、变化率量（目标、偏差、行动）。一个复杂系统的系统结构由若干相互作用的反馈环路组成。反馈环路的交叉、相互作用形成系统的总功能（行为）。

（4）内生的观点

系统行为的性质主要（但非全部）取决于系统内部的结构，即内部的反馈结构与机制。

（5）主导动态结构/变量作用原理

主回路的性质及其相互作用主要决定系统行为的性质及其变化与发展。系统中有一部分相对重要的变量，对系统结构与行为的影响较大，且一般包含于主回路中，即灵敏变量。灵敏变量（往往非线性）若处于主回路中或两种极性回路的联结处，即使其发生微小变化，也可能使主回路转移，或改变其极性，甚至导致整个系统的结构与行为产生巨大变化。

（6）系统的历史性与进化规律

系统的结构、参数与功能、行为一般随时间的推移而变化。

3. 对系统动力学的描述

1）系统动力学利用状态变量来描述多变量系统，以揭示系统的内在规律与反馈机制。

2）为方便起见，将系统动力学描述系统的高阶非线性随机偏微分方程简化为确定性的非线性微分方程。

3）系统动力学利用专用噪声函数（测试函数）来研究系统中存在的某些随机的不确定因素的影响。

4）在涉及人类活动的社会经济等复杂系统中，难以用明显的数学描述的结构称为"不良结构"。不良结构只能用半定量、半定性或定性的方法来处理，对于无法定量化或半定量化的部分则用定性方法处理。

5）系统动力学一般是把部分不良结构相对地"良化"，或者用近似的良结构来代替，或定性与定量结合把一部分定性问题定量化。系统动力学模型一般均包含对良结构和不良结构的描述两部分。

6）系统动力学以定量描述为主，辅以半定量、半定性或定性描述，是定量模型与概念模型的结合与统一。

4. 系统动力学的特点及作用

系统动力学具有处理高阶次（high level of order）、多环路（loop multiplicity）、非线性（non-linear）及时间延迟（time delay）的动态问题的优势。

1）系统思考：闭环、动态、结构性思考。

2）行为内生：行为来自结构，注重背后的反馈结构。

3）动态发展：注重系统行为模式的动态变化。

4）因果关联：注重内部、内外因素之间的相互关系。

5）政策试验：通过仿真进行策略试验，类似物理化学试验。

6）善于处理周期性/长期性问题。

7）强调预测的条件。

8）可处理数据不充分或难量化的情况。

系统动力学具有动态、易于描述非线性、易于定量、建模过程简单、定性与定量相结合等特点和优势，可用于以下任务。

1）现行政策报警。

2）新政策试验。

3）计划制订。

4）管理、社会经济系统实验室。

5）预测。

5. 系统动力学的应用对象

（1）系统动力学主要研究复杂问题的反馈过程

系统动力学家们认为，反馈结构是导致事物随时间变化的根源。作为反馈观点的原因和结果的系统动力学研究方法，具有在系统内部寻找问题行为根源的特性。系统外的作用力并非导致问题的根源。

库存不会因为消费者周期性地改变订单而波动，球不会仅仅因为被扔下而反弹，单摆不会因为被置于垂直位置而不摆动。从系统动力学的观点来看，这些系统行为的根源在系统内部。球的反弹、单摆的摆动是因为其内部结构中的某一因素使它们具有反弹或摆动的趋向。

实际上，内部观点就是把外部的作用力包括在系统内部的反馈系统模型之中。因此，消费者的订单就成了生产系统的内生因素，成了系统反馈结构的一部分。订单影响产量，产量影响订单。反馈概念的重点部分就在于内生观点有助于说明系统的动力学研究法。

（2）系统动力学适用于研究复杂的大系统

对于复杂的大系统来说，利用系统动力学的观点和思想进行研究往往非常有效。系统动力学适用研究的系统，一般具备如下特点。

　　1）系统是一个复杂的社会系统。

　　2）系统是一个大跨度系统。

　　3）系统是一个多目标函数系统。

　　4）系统是一个动态系统。

　　5）系统是一个可分系统。

　　6）系统是一个非线性系统。

　　7）系统中具有多重反馈和长时滞性。

　　8）系统所涉及的问题不是完全独立的，而是相互联系的，甚至是相互融合的。

　　因此，系统动力学往往根据社会系统的因果关系构造出反映非线性、多重反馈和长时滞性的动态模型，并利用计算机仿真的方法实现动态系统的变化过程，进而分析社会因素（即决策因素）对系统变化的影响。特别是在系统结构复杂、历史数据少的情况下，可以了解系统内部结构和动态行为特征，深化对系统本质的认识，并可以利用它作为政策模拟分析思路的理论依据，具有其他方法难以替代的作用。

　　（3）系统动力学模型的支持系统是构造而不是数据

　　基于因果关系和结构决定行为，是系统动力学建模的特有之处，也是其他方法（如计量经济学、运筹学等）在分析社会经济系统时所无法比拟的。采用系统动力学的定性分析和定量分析相结合的原理与方法建立系统模型，并以计算机为工具，进行仿真实验和计算，所获信息被用来分析和研究系统的结构和行为，为正确决策提供科学的依据。

　　系统动力学方法从系统总体出发，充分估计和研究影响因素，注重研究系统内部的非线性相互作用以及延迟效应等。同时，它是一种结构化、动态的、连续型的系统建模仿真方法，虽精度不够高，但能满足许多社会经济等管理问题的要求，也有一定的预测功能。

4.4.2　系统动力学的表示方法

1. 系统动力学的研究对象

　　系统动力学的研究对象主要是社会系统。社会系统范围十分广泛，概括地说，凡涉及人类的社会和经济活动的系统都属于社会系统。企业、事业、宗教团体属于社会系统，环境系统、人口系统、教育系统、资源系统、能源系统、交通系统和经营管理系统等也都属于社会系统。社会系统的核心是由个人或集团形成的组织，而组织的基本特征是具有明确的目的，人们通常可借助物理系统来弥补和增强其能力。例如，借助显微镜观察生物，乘坐火车、轮船或飞机等进行长途旅行，用电子计算机求解复杂的数学方程等。因此，在社会系统中总是包含有物理系统。

　　社会系统和物理系统的另一个根本区别是，社会系统中存在着决策环节。社会系统总是在经过采集信息，并按照事先规定的某一规则（准则或政策等）对信息进行加工处理，最终在做出决策之后才出现系统的行为。决策是人类活动的基本特征，在处理日常生活中的一些问题时，人们往往会很容易地做出相应决策，但对系统边界远比个人要大的企业、城市、国家乃至世界来说，其决策环节所需采集的信息量是十分庞大的，而且其中既有看得见、摸得着的实体，又有看不见、摸不着的价值观念、伦理观念和道德观念，以及个人和集团偏见等因素。因此，认识和掌握决策环节的决策机构是十分重要的。

2. 系统动力学的研究过程

从系统动力学的观点来研究问题，大致可分为以下七个阶段：问题的识别与定义、系统的概念化、模型格式化、模型行为的分析、模型评价、策略分析、模型的使用或执行。

根据系统动力学的研究阶段，也可以得出系统动力学研究问题的基本过程，分为六个阶段：问题定义、模型概念化、模型数学表达、仿真、评价及政策分析。其中，问题定义和模型概念化是系统动力学研究中两个技术性较弱的阶段。在模型概念化阶段，要求阐明问题的内容和特征，勾勒出系统参考模型，明确建模的目的，确定系统边界，按照行为和信息反馈环确定系统结构；而模型数学表达、仿真和政策分析三个阶段，完成按照反馈结构用特定语言表达的模型，观察模型行为及依据相关统计数据评价行为的拟合度。政策分析阶段则是通过效果检验得出其社会经济发展的适用程度。

在利用模型方法的研究中，不仅要准确地描述现实领域，也要合理地描述控制领域。

1）现实领域包括经济水平、人口水平、消费水平、系统需求和供给等。

2）控制领域一般包括国民收入分配政策、人口控制政策、经济发展政策等。

上述系统要素基本上能够界定系统的研究范围，而系统的行为变化则取决于上述系统要素的构成及其相互关系。经过上述系统要素分析，在深入剖析系统要素的基础上，可以得到系统的因果关系图。

3. 系统动力学模型的表示方法

（1）因果关系

因果关系是系统内部各要素之间及系统与环境之间存在的固有关系，是对社会系统内部关系的一种真实写照，构成了系统动力学模型的基础，是进行系统分析的重点。在进行社会经济系统仿真时，因果关系分析是建立正确模型的必由之路。因果关系的意义有如下几点。

1）通过因果关系的确定来说明社会系统中的问题，既符合逻辑，又直观明了。因此，因果关系分析为研究社会经济系统提供了科学的思路。

2）因果关系的确定能将复杂的社会经济系统进行必要的简化，从而使人们的思路更清楚，为人们研究社会经济系统提供了沟通信息的渠道。

3）借助因果关系图，可以说明社会经济系统的边界和内部要素，为模型的建立提供基础。

如图4-9所示，系统中的要素用封闭轮廓线表示，中间标注其名称或符号。从变量（要素）A向变量（要素）B的箭头线表示A是原因，B是结果。这个箭头线被称为因果关系键。如果变量A增加，变量B也随之增加，即A、B的变化方向一致，则称为A、B间具有正的因果关系，用"＋"号标于因果关系键旁，这种键被称为正因果关系键。如果变量A增加，变量B反而减少，即A、B两变量变化的方向相反，则A、B间具有负因果关系，其键用"－"号标记，并称之为负因果关系键。

图4-9　因果关系键

正因果关系键与负因果关系键分别简称为正键、负键。

因果关系是逻辑关系，没有计量和时间上的意义。也就是说，变量 A、B 间数量的大小和延迟关系都不影响因果关系键的存在。在系统中任意具有因果关系的两个变量，它们之间的关系不是正关系，就是负关系，没有其他第三种关系。通过因果关系键可以把复杂的社会经济系统描述成易于理解的构架，以这个构架为基础，深入理解系统的本质并进一步构建系统动力学模型。因果关系示例如图 4-10 所示。

图 4-10　因果关系示例

（2）反馈环

反馈环也称为因果反馈环，是按业务流程顺序连接系统策略、状态和信息，最后回到决策并对其产生反作用的封闭环路，也就是两个以上的因果关系键首尾串联而成的封闭环路。在反馈环中，无法确定何处是环的起点或终点，即无法判断哪个变量是因，哪个变量是果。

如图 4-11 所示，由于因果关系键有正键与负键之分，因此，由这种键串联而成的反馈环也可以分为正反馈环和负反馈环。如图 4-11（a）所示，变量 A 增加 ΔA，变量 B 增加 ΔB 之后，而变量 C 则减少 ΔC；变量 C 减少 ΔC 之后，又使变量 A 再增加 $\Delta A'$。也就是说，当变量 A 增加 ΔA 之后，通过整个反馈环的影响，最后使变量 A 的增加量为 $\Delta A + \Delta A'$；如果变量 A 减少 ΔA，

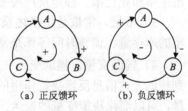

（a）正反馈环　　（b）负反馈环

图 4-11　反馈环关系图

结果会使变量 A 再减少 $\Delta A'$，从而使总的减少量为 $\Delta A + \Delta A'$。总的来说，如果在反馈环中任一变量的变动最终会使该变量同方向变动的趋势加强，这种具有自我强化效果的因果反馈环称为正反馈环（简称正环），也称为增强型反馈环（reinforcing loop）。同理，如果当环中某一个变量发生变化后，通过环中变量依次的作用，最终使该要素减少其变化，这种反馈环称为负反馈环（简称负环），也称为平衡型反馈环（balancing loop）。显然，图 4-11（a）为正反馈环，图 4-11（b）为负反馈环。负反馈环的行为是使变化趋于稳定，是一种自我调节的行为。因此，社会经济系统主要是通过负反馈环的作用而达到稳定状态的。

对于一个复杂的反馈环，可以通过以下规律来判断其极性：①若反馈环中各键均为正键，则该环为正反馈环；②若反馈环中有偶数个负键，则该环也为正反馈环；③若反馈环中有奇数个负键，则该环为负反馈环。

总之，反馈环只有正反馈环、负反馈环两种，正反馈环会产生自我强化的变动效果，负反馈环则产生自我调节的变动效果。

（3）流图

流图确定反馈回路中变量状态发生变化的机制，明确表示系统各要素间的数量关系，反映物质链与信息链的区别，能够反映物质的积累值及积累效应变化快慢的区别。

1）物质链与信息链。

① 物质链：表示系统中流动的实体，连接状态变量和决策变量，是不使状态值变化的守恒流。物质链用符号"→"表示，即要素A→要素B，其中，要素A和要素B都是系统中流动的实体。例如，材料、产品、劳动力、人口、资产、住宅、国土、资源、能源、订货、需求、货币等都是系统中流动的实体。

② 信息链：连接状态和变化率的信息通道，是与因果关系相连的信息传输线路。信息链用符号"O┅→"表示，即 A O┅→ B。其中要素A是变化率，要素B是系统状态。例如，出生率 BRTH O┅→ 人口总数 POP，订货率 OR O┅→ 库存量I。

2）状态变量与决策变量。

① 状态变量（又称流位）（x）：描述系统物质流动或信息流动积累效应的变量，表征系统的某种属性，有积累或积分过程的量。状态变量用符号 ☐ 表示。例如，人口数量、库存量、固定资产、污染量等都是系统的状态变量。

② 决策变量（又称流率）（r）：描述系统物质流动或信息流动积累效应变化快慢的变量，其具有瞬时性的特征，用于反映单位时间内物质流动或信息流量的增加或减少的大小，如相对量、速度、微积分中的变化率等。决策变量用符号 ⋈ 表示。例如，人口出生率和死亡率、固定资产投资率和折旧率、库存系统的订货率等都是决策变量。

3）常量。常量是指描述系统中不随时间而变化的量，用符号 ─○─ 表示。例如，期望的库存量、调整时间等都是常量。

4）辅助变量。辅助变量（起桥梁式辅助作用）是指从信息源到决策变量之间，起到辅助表达信息反馈决策作用的变量。辅助变量类似决策变量，但无直接相关的状态变量，可以简化决策变量的表达。它在数量上具有时变性，在概念上具有无积累性、无速率性，在状态变量与变化率间或在环境与内部反馈回路间的信息通道上起辅助作用。辅助变量用符号 ⌀ 表示。例如，库存量I为状态变量，订货率 OR 为决策变量，则订货率 OR＝（期望库存量 DI － 库存量I）/调整时间，I为辅助变量。

5）源与汇。来自系统之外的流的起源称为源，用符号 ⬭ 表示。离开系统的流的归宿称为汇。

6）其他。例如外生变量，即不在回路中的变量或只影响其他变量，或只受其他变量影响的量。外生变量用符号◎表示。

（4）方程式

系统动力学利用方程代表计算机语言描述系统的动态行为，是对流图中量的关系的补充说明，为求解模型或编程模拟、仿真分析做准备。系统动力学方程有状态变量方程和决策变量方程两种。

1）状态变量方程。

设 $R = \{r_1, r_2, \cdots r_n\}$ 代表决策变量，$X = \{x_1, x_2, \cdots x_n\}$ 代表状态变量。考察一阶系统 $R = R(t)$，$X = X(t)$，则

$$\frac{\mathrm{d}X(t)}{\mathrm{d}t} = R(t) \quad \text{或} \quad \frac{\Delta X(t)}{\Delta t} = R(t)$$

对于离散系统，由欧拉法可得差分方程：

$$X(t+\Delta t) = X(t) + \Delta t \cdot R(t)$$

其中，Δt 足够小。

记 $\Delta t = \mathrm{DT}$（时间间隔），则

决策变量(变化率)=流入率-流出率=增加率-减少率

即

$$R(t) = R_{\mathrm{int}} - R_{\mathrm{out}} = R_1 - R_2 \tag{4-19}$$

当前时刻状态变量 = 前一时刻状态变量 + 时间间隔

$$\times (\text{前一时刻增加率} - \text{前一时刻减少率})$$

则

$$X(T+\mathrm{DT}) = X(T) + \mathrm{DT} \cdot [R_1(T) - R_2(T)] \tag{4-20}$$

状态变量(当前时刻)=状态变量(前一时刻)+$\mathrm{DT} \cdot [R_1(\text{前一时刻}) - R_2(\text{前一时刻})]$

则式（4-20）又可表示为

$$X_{T+\mathrm{DT}} = X_T + \mathrm{DT} \cdot (R_{1T} + R_{2T}) \tag{4-21}$$

例如，一阶库存系统的状态变量方程为

库存量(当前时刻)=库存量(前一时刻)+DT×[订货率(前一时刻) − 0]

或

$$I_{T+\mathrm{DT}} = I_T + \mathrm{DT} \cdot \mathrm{OR}_T \tag{4-22}$$

二阶库存系统的状态变量方程为

库存量(当前时刻)=库存量(前一时刻)+$\mathrm{DT} \cdot$[进货率(前一时刻) − 0]

或

$$I_{T+\mathrm{DT}} = I_T + \mathrm{DT} \cdot \mathrm{RR}_T \tag{4-23}$$

已订待进量(当前时刻)=已订待进量(前一时刻)+DT

$$\times [\text{订货率(前一时刻)} - \text{进货率(前一时刻)}]$$

或

$$\mathrm{GO}_{T+\mathrm{DT}} = \mathrm{GO}_T + \mathrm{DT} \cdot (\mathrm{OR}_T - \mathrm{RR}_T) \tag{4-24}$$

2）决策变量方程。

当前阶段决策变量=f(状态变量,常量)

每一决策变量必配一决策变量方程，其中的函数关系根据学科原理、数量关系等确定。

例如，一阶库存系统的决策变量方程为

$$\text{订货率} = \frac{\text{期望的库存量} - \text{库存量}}{\text{调整时间}}$$

即

$$\mathrm{OR}_{T+\mathrm{DT}} = \frac{\mathrm{DI} - I_T}{\mathrm{AT}} \tag{4-25}$$

二阶库存系统的决策变量方程为

$$进货率 = \frac{已订待进量}{延迟时间}$$

即

$$RR_{T+DT} = \frac{GO_{T+DT}}{DO} \tag{4-26}$$

4.4.3 系统动力学建模与仿真

系统动力学建模的目的是对社会、经济、政治、军事、生态等系统进行政策或策略研究，主要包括策略分析、策略改进以及制定新的策略，即进行政策或策略设计，并将研究得出的政策/策略付诸实践。

1. 系统动力学建模步骤

系统动力学建模与仿真能为研究各种社会、经济、政治、军事生态等系统提供"策略试验空间"，管理决策者可在其中尝试各种不同的情境、构想及策略。基本步骤如下。

（1）问题的系统动力学模型

1）弄清系统的目标。对某个系统采取什么样的策略，总是与系统的目标紧密相连的。因此，在应用系统动力学进行仿真时，应该首先弄清系统的目标，也就是仿真的目的。

2）对被研究对象进行系统动力学分析。在这个阶段要做好如下工作。

① 充分了解与问题有关的经验、知识，收集一切有价值的情报。

② 确定构成系统的元素及描述系统行为变量与参数。

③ 根据元素的性质和变量间的关系确定变量。

④ 明确系统反馈环的关系，进一步确定系统的控制量、操作量和目标值。

⑤ 确定进行决策的策略。

（2）系统动力学实验设计

1）数学模型的建立。根据对系统的文字说明和流图，把变量、情报源、决策策略等的相互关系用数学方程式表示出来，即建立数学模型。

2）数据准备。数据来源有两种情况：一种是直接从有关部门获取；另一种是通过对被研究对象内部的历史和现状进行调查而得到各变量的动态特性，推断出必需的参数值。

（3）仿真的实施

根据已经设计好的各种策略在计算机上对假想的模型进行试验，所获得的信息供进行新的决策时参考。

1）DYNAMO方程式的建立与计算。在这个步骤中，应当做好如下工作。

① 将数学模型按DYNAMO语言规则写成方程式。

② 确定适当的仿真步长。

③ 确定积累变量、流速变量、辅助变量、增补变量的初始值。

④ 确定模型输入内容及输出的形式。

⑤ 确定仿真的时间。

2）仿真的实行。将编好的程序上机运行，并对输出结果进行验证，发现问题，查找原因，补充或删除变量，再进行仿真。

（4）仿真结果分析

通过模型在计算机上实验的结果，分析改善系统的途径，或提出几种策略的比较方案，供决策者参考。

2. 系统动力学建模方法

系统动力学建模与仿真需要确认系统内反馈结构及环路，即各组成结构以及各变量之间的关系与量化，用到的方法有框图法、因果关系环路法、流图法等。

（1）框图法

框图即系统结构框图，一般用方块、圆圈等符号简明表示系统主要子块，并描述它们之间物质与信息的交互关系。框图法比较简单，但在建模初期的系统分析与系统结构分析中作用非常明显。框图的简便有助于确定系统界限，分析各子模块间的反馈关系以及系统内可能的主要回路。

（2）因果关系环路法

因果关系环路法是利用因果关系来表示系统结构中各变量之间的关系以及反馈环路的方法，是一种非技术性、直观描述模型结构的方法，多用于构思模型的初期阶段，有助于与不熟悉系统动力学的人员交流讨论系统问题。

因果关系环路建模方法是系统动力学定性分析和研究社会、经济、政治、军事等开放复杂巨系统的内在因果关系及其反馈机制的常用有效方法。

（3）流图法

流图法是根据因果反馈环路，利用系统动力学特有的描述各种变量及其相互关系的符号绘制而成的流程图（模型），来描述系统的方法。

3. 系统动力学参数及其估计方法

建模和策略设计是系统动力学处理问题的两个主要步骤，也是一个从定性到定量的过程。无论系统模型大小如何，都涉及不同的结构单元，包括积量、流率量及各种系数、指数等辅助变量。在定量模拟过程中需要确定这些变量参数的数值并量化变量之间的关系，这就涉及参数估计的问题。

（1）单个参数的估计

对模型结构或某数学/逻辑关系中某一单个参数进行估计。单个参数值的估计方法有六种，如房屋要毁坏率=现有房屋数量/房屋平均寿命，房屋平均寿命是要估计的参数。

1）历史调查。由一批已拆毁房屋，取其拆毁时间的平均。

2）现状调查。收集一大批现有房屋年龄，注意屋龄上限。

3）专家咨询。利用德尔菲法。

4）资料搜寻。寻找相关的统计报告及数据。

5）经验估计。依据具体相关知识、经验（专家）来估计。

6）合理猜测。先假设合理极限值，再在其中假设一合理值。

（2）表函数的估计

表函数主要用于表示两个变量间的关系，尤其是非线性关系。表函数估计的步骤如下。

1）估计一个函数极值及其向另一方向变动时的斜率。

2）估计另一极值及其往相反方向变动时的斜率。

3）估计其他的极值、中间值。

4）将各点连接成平滑曲线。

（3）间接计算估计法

间接计算估计法是指在缺乏直接可用的非积累层数据时，利用其他非积累层数据进行参数估计的方法，也就是利用其他非直接的参数进行推测。

（4）转换因子的估计

转换因子表示不同量纲的变量之间的转换关系。一般通过其他单个方程式来估计，相对更能反映实际。

（5）率量百分因子的估计

系统动力学模型率量方程的一般表达方式为

$$率量=积量×正常情形下的百分因子×乘数$$

（6）多方程式估计

与单个方程式估计法类似，多方程式估计也是针对积累层参数而进行的估计，主要通过多变量多函数关系组成的多方程式之间的关联推导进行估计。

4. 系统动力学模型的应用

（1）一阶库存管理系统的系统动力学模型

第一步，建立一阶库存管理系统的因果关系图。

第二步，建立一阶库存管理系统的流图。

第三步，建立一阶库存管理系统的状态变量方程与决策变量方程。

$$I_{T+DT} = I_T + DT \cdot OR_T$$

$$OR_{T+DT} = \frac{DI - I_T}{AT}$$

第四步，设：期初库存量 $I_0 = 1000$ 件，期望库存量 DI = 6000 件，调整时间 AT = 5 周。取时间间隔 DT = 2 周，则有如下计算：

初始期：

$$I_0 = 1000 \text{（件）}$$

$$OR_0 = \frac{1}{5} \times (6000 - 1000) = 1000 \text{（件/周）}$$

第二周：

$$I_2 = I_0 + DT \times OR_0 = 1000 + 2 \times 1000 = 3000 \text{（件）}$$

$$OR_2 = \frac{1}{5} \times (6000 - 3000) = 600 \text{（件/周）}$$

第四周：

$$I_4 = 3000 + 2 \times 600 = 4200 \text{（件）}$$

$$OR_4 = \frac{1}{5} \times (6000 - 4200) = 360 \text{（件/周）}$$

第六周：

$$I_6 = 4200 + 2 \times 360 = 4920 \text{（件）}$$

$$OR_6 = \frac{1}{5} \times (6000 - 4920) = 216 \text{（件/周）}$$

依次类推，反复运算结果见表 4-7。

表 4-7　一阶库存管理系统的库存量动态变化表

DT/周	库存的变化量 $I_{t+1} - I_t = DT \cdot OR_t$ /件	库存量 I/件	库存偏差 DI−I/件	订货率 OR/（件/周）
0	0	1000	6000−1000=5000	5000/5=1000
2	2×1000=2000	1000+2000=3000	6000−3000=3000	3000/5=600
4	2×600=1200	3000+1200=4200	6000−4200=1800	1800/5=360
6	2×360=720	4200+720=4920	6000−4920=1080	1080/5=216
8	432	5352	648	129.6
10	259	5611	389	78
12	156	5767	233	47
14	93	5860	140	28
16	56	5916	84	17
18	34	5950	50	10
20	20	5970	30	6
22	12	5982	18	3.6
24	7.2	5989.2	10.8	2.1

第五步，由表 4-7 中数据画出一阶库存管理系统的动态变化趋势图（图 4-12）。

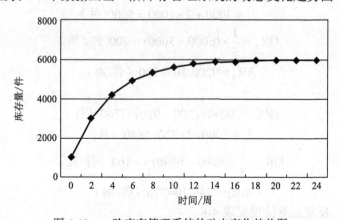

图 4-12　一阶库存管理系统的动态变化趋势图

第六步，由图 4-12 可见，库存量以指数增长态势趋向期望的库存量，所需时间大约 24 周。

（2）二阶库存管理系统的系统动力学模型

第一步，建立二阶库存管理系统的因果关系图。

第二步，建立二阶库存管理系统的流图。

第三步，建立二阶库存管理系统的状态变量方程与决策变量方程。

$$GO_{T+DT} = GO_T + DT \cdot (OR_T - RR_T)$$

$$I_{T+DT} = I_T + DT \cdot RR_T$$

$$OR_{T+DT} = \frac{DI - I_T}{AT}$$

$$RR_{T+DT} = \frac{GO_{T+DT}}{DO}$$

第四步，假定期初库存量 1000 件，期望库存量 DI = 6000 件，调整时间 AT = 5 周。已订待进量初值 GO（前一时刻）=10 000 件，进货延迟时间 DO = 10 周。取时间间隔 DT=2 周，则有如下计算：

初始期：

$$OR_0 = \frac{1}{5} \times (6000 - 1000) = 1000 \ （件/周）$$

$$RR_0 = 10\ 000/10 = 1000 \ （件/周）$$

第二周：

$$GO_2 = 10\ 000 + 2 \times (1000 - 1000) = 10\ 000 \ （件）$$

$$I_2 = 1000 + 2 \times 1000 = 3000 \ （件）$$

$$OR_2 = \frac{1}{5} \times (6000 - 3000) = 600 \ （件/周）$$

$$RR_2 = 10\ 000/10 = 1000 \ （件/周）$$

第四周：

$$GO_4 = 10\ 000 + 2 \times (600 - 1000) = 9200 \ （件）$$

$$I_4 = 3000 + 2 \times 1000 = 5000 （件）$$

$$OR_4 = \frac{1}{5} \times (6000 - 5000) = 200 （件 / 周）$$

$$RR_4 = 9200/10 = 920 \ （件/周）$$

第六周：

$$GO_6 = 9200 + 2 \times (200 - 920) = 7760 \ （件）$$

$$I_6 = 5000 + 2 \times 920 = 6840 \ （件）$$

$$OR_6 = \frac{1}{5} \times (6000 - 6840) = -168 \ （件/周）$$

$$RR_2 = 7760/10 = 776 \ （件/周）$$

依此类推，反复运算结果见表 4-8。

表 4-8　二阶库存管理系统的库存量动态变化表

DT/周	库存量变化值/件	库存量 I/件	订货量变化值/件	订货量 GO/件	库存量偏差 DI - I/件	订货率 OR/（件/周）	进货率 RR/（件/周）
0	0	1 000	0	10 000	5 000	1 000	1 000
2	2×1 000=2 000	3 000	0	10 000	3 000	3 000/5=600	1 000

续表

DT/周	库存量变化值/件	库存量I/件	订货量变化值/件	订货量GO/件	库存量偏差DI－I/件	订货率OR/（件/周）	进货率RR/（件/周）
4	2×1 000=2 000	5 000	-800	9 200	1 000	200	920
6	2×920=1 840	6 840	-1 140	7 760	-840	-168	776
8	2×776=1 552	8 392	-1 888	5 872	-2 392	-478	587
10	1 174	9 566	-2 131	3 741	-3 566	-713	374
12	748	10 315	-2 175	1 566	-4 315	-863	157
14	313	10 628	-2 039	-473	-4 628	-926	-47
16	-95	10 533	-1 757	-2 229	-4 533	-907	-223
18	-446	10 087	-1 376	-3 597	-4 087	-817	-360
20	-719	9 368	-916	-4 521	-3 368	-674	-451
22	-902	8 465	-445	-4 957	-2 465	-493	-496
24	-991	7 474	5	-4 952	-1 474	-295	-495
…	…	…	…	…	…	…	…
62		7 000					

第五步，由表 4-8 中数据画出二阶库存管理系统的动态变化趋势图（图 4-13）。

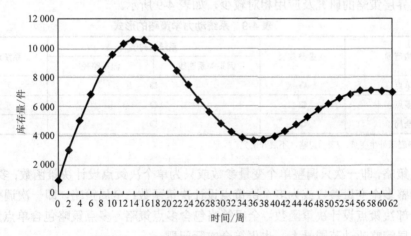

图 4-13　二阶库存管理系统的动态变化趋势图

第六步，由图 4-13 可见，库存量 I 以波动偏差形态趋近期望的库存量。

4.4.4　系统动力学策略的形式及设计方法

运用系统动力学认识和解决问题，最终必须设计出科学、有效的策略。策略设计是系统动力学认识和解决问题的一个重要步骤。问题界定与基本系统动力学模型的构建都是为策略设计服务的。策略设计是一个从定性到定量的过程，同时也是一个可能需要循环多次的精练过程。

1. 系统动力学策略的形式

根据系统动力学模型系统结构单元的不同层次，系统动力学所要设计的策略可分为变量参数层、系统结构层和系统边界层三种形式。

变量参数层策略主要通过寻找关键敏感变量，并确定其合适的参数值来改善系统绩效，关键敏感变量及其合适或较优的参数值即是系统要寻找和设计的策略。相对来讲，这是种由系统外对系统内的单方面的刺激得到的变量参数层策略，也称开环解。变量参数层策略及行为一般不与系统结构产生互动，也就是对结构基本没有影响。

系统结构层策略则是通过改变模型结构中相关变量之间的关系（流径、连线等）来改善系统绩效，能显著改善系统绩效的新的结构（流径、连线等）即是要探寻的结构层策略，它是一种来自系统内部流程的改进，得到的策略称闭环解。系统结构层策略及行为一般会与系统结构之间产生互动，连线对应于决策信息，相对较易调整，而流径则对应实体的流程，即组织中的业务流程，相对较难随意调整。

系统边界层策略即在系统基本结构单元增删导致系统边界变化情况下的策略设计，具体主要涉及系统状态变量（积量）的增加或减少。

另外，根据策略所涉及的基本结构单元的范围，系统动力学策略又可分为单点、多点及全局三种情况，由此可知，系统动力学所要设计的策略共有九种。但是，系统边界层策略设计因原有系统范围改变而可重新归为新的变量参数层或系统结构层策略设计，故系统边界层策略的研究及应用相对较少，如表4-9所示。

表4-9　系统动力学策略的形式

结构范围	变量参数层	系统结构层		系统边界层
		因果关系连线	流率路径	
单点	◎	◎		/
多点	◎	◎		/
全局	◎	◎		/

注：◎表示外生变量；/表示忽略，不展开研究。

单点策略，即一次只调整单个变量参数或只为单个决策点设计决策函数；多点策略，即一次调整多个变量参数或为多个决策点设计决策函数；全局策略，即一次调整全部参数或为全部决策点设计决策函数。全局策略包含多点策略，多点策略包含单点策略。原则上，全局策略改动范围最大，也更符合实际问题。

2. 系统动力学策略设计方法

无论是变量参数层或系统结构层，还是单点或全局设计，都涉及建模过程变量及相互关系的确定和策略设计中目标函数的选取及数值的确定，即系统动力学策略设计的过程，其方法有两类：①以上过程若是依靠研究者的经验通过不断试误（try error）实现，则属非规范化策略设计方法（informal approach）；②按固定标准程序设计，一般利用优化算法选取和确定目标函数及参数值，有一定章法可循，即规范化策略设计方法（formal approach）。

（1）单点变量参数层策略设计

一般采用敏感度分析（sensitivity analysis）的方法寻找单个变量参数的改变对系统模型绩效的影响，其步骤如下。

1）列出所有可能敏感外生参数（exogenous parameter）、模型方程式中的系数、指数等，统称为参数。

2）定义各参数的取值范围。

3）选取一个参数，在其范围内改变该参数值，并固定其他参数值，检验该参数对模型行为的敏感程度。

4）重复上述步骤，直至测试完第 1）步中列出的所有参数。

这种方法每次只能检验一个变量参数，效率相对较低；单点变量参数层的策略设计方法还无法鉴定变量参数间的相互作用对模型行为的影响。例如，假设一个模型包含 10 个可能敏感参数，而每个参数有 3 个可能值，那么一共需要 3^{10} 次才能完成所有可能敏感参数的检验。

（2）多点变量参数层策略设计

采用特定方法[如田口方法（Taguchi method）]一次检验多个参数来探寻较优的参数组合，以减少试验次数。田口方法由正交矩阵中求得最佳的参数组合以减少实验的次数。

例如，某废水处理厂有 3 个主净水槽，负责不同物理/化学处理，净水顺序原则上有先后，但每个水槽中的污水有部分会被送回前一水槽，各净水槽互相连接，故整个处理过程很复杂。废水处理系统绩效则以 3 个净水槽中所拦截到的固体杂质的深度来衡量。研究发现，各水槽有 2 个参数（用 a、b 表示）需考虑，故一共有 6 个参数，每个参数需测 2 个值，传统方法需进行 64 次；使用田口方法只需进行 16 次。

（3）全局变量参数层策略设计

全局参数层策略设计是将决定系统绩效的函数看成优化问题的目标函数（影响系统绩效的关键/敏感参数或其组合），将各参数的范围及相互之间的线性关系作为限制条件，采用优化算法求解参数优化值。优化原则上包含所有参数，可认为是全局层面的设计。这里有两种情况：一是探寻参数较优的固定值，二是确定参数随时间变化的函数轨迹。常用的优化算法包括响应面（response surface methodology，RSM）算法、Powell 算法、steepest descent（梯度下降）算法、模糊理论、中心组合设计（central composite design，CCD）算法、遗传算法等。

（4）结构层策略设计

结构层策略设计主要包括因果关系连线与流率路径两方面，其中主要是单一因果关系连线，即单点结构层策略设计。

全局结构层策略设计即在模型全局范围内通过优化方法寻找敏感结构。与参数层相比，全局结构层策略的规范化设计相对较难。

案例分析

案例背景

随着移动互联网和社交软件的迅速发展，传统电商平台进入了稳定增长阶段，社交电商和内容电商等新兴商业模式则呈现出快速增长态势。2022 年社交电商市场规模达到

27 648 亿元，同比增长 9.17%。

案例解析

系统动力学模型是研究系统行为与内在反馈机制的一种方法，注重系统的影响因素、因果关系和动态仿真。社群电商生态系统理论模型包括平台单元、用户单元、价值体现单元和技术服务单元。通过对各个单元进行分析，构建社群电商生态系统理论模型。

（1）提出假设

为更好地构建模型和界定社群电商生态系统边界，提出以下基本假设。

H_1：假设社群电商生态系统价值创造的影响因素来自系统内部，线下销售等其他模式的相互影响暂不考虑。

H_2：假设社群电商生态系统内的所有主体（消费者、社群主、平台）均为理性经济人，遵循理性行为理论。

H_3：假设政策法规制度、科学技术发展水平等宏观环境因素对社群电商生态系统价值创造的影响为长期作用效果，在模型仿真过程中的作用忽略不计。

（2）理论模型构建

社群电商可以通过平台协同品牌方与服务方，激励社群主服务于消费者，进而实现生态系统的价值创造，其二阶库存管理系统的动态变化趋势图如图 4-14 所示。

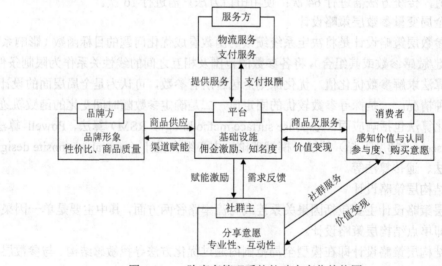

图 4-14　二阶库存管理系统的动态变化趋势图

（资料来源：乔晗，徐君如，张硕，2023. 基于系统动力学的社群电商价值创造影响效应研究[J]. 系统工程理论与实践，43(9):2615-2631.）

问题：

1. 构建系统动力学模型的要点有哪些？

2. 结合案例，探讨利用系统动力学构建社群电商生态系统理论模型的好处。

本 章 小 结

　　物流系统的建模与仿真是物流系统决策与物流系统管理人员必须掌握的重要工具。物流系统在时域和地域的广泛性决定了系统要素和特性的多样性，因此需要借助物流系统的抽象模型来进行系统特性的研究。系统仿真作为研究、分析和设计系统的一种有效技术被广泛应用。由于物流系统的复杂性，利用计算机进行各种复杂物流过程的模拟和控制越来越普遍，系统建模与仿真已成为物流系统研究的一种日益重要的方法和技术。在规划、分析、设计系统时，常常需要定性和定量地了解系统的功能和结构，并对系统的行为进行充分的探讨。但是，这种方法并非总能实现。因此，针对这类问题，就产生了用数学模型或仿真模型来准确表达系统特征，并用计算机进行模拟试验的抽象的模型方法。

课 后 习 题

一、名词解释

1. 系统模型
2. 结构模型

二、单项选择题

1. （　　）不是物流系统建模的原则。
   A. 准确性　　　　B. 确定性　　　　C. 经济性　　　　D. 实用性
2. （　　）不是仿真的必要性问题。
   A. 问题类型　　　　　　　　　　B. 费用
   C. 数据的可获得性　　　　　　　D. 仿真架构
3. 系统动力学的一个基本思想是（　　）。
   A. 定性分析　　　　B. 定量分析　　　　C. 反馈控制　　　　D. 循环控制

三、多项选择题

1. 系统模型按用途可分为（　　）。
   A. 工程用模型　　　B. 科研用模型　　　C. 管理用模型　　　D. 数学模型
2. 常用的系统结构模型化技术有（　　）。
   A. 关联树法　　　　　　　　　　B. 解释结构模型化技术
   C. 拟合法模型化技术　　　　　　D. 系统动力学结构模型化技术
3. 系统动力学模型的表示方法有（　　）。
   A. 因果关系　　　B. 反馈环　　　C. 流图　　　D. 方程式

四、简答题

1. 建立物流系统模型的步骤有哪些？
2. 物流系统仿真常用的方法有哪些？
3. 状态空间模型的核心是什么？
4. 解释结构模型法的工作程序有哪些？
5. 系统动力学仿真模型的主要组成部分有哪些？

五、论述题

1. 结合实例说明解释结构模型法的工作程序。
2. 系统动力学的研究对象主要是社会系统，试分析社会的基本特性。

六、应用题

1. 设某系统的可达矩阵为

$$
R = \begin{array}{c} \\ S_1 \\ S_2 \\ S_3 \\ S_4 \\ S_5 \\ S_6 \\ S_7 \\ S_8 \end{array}
\begin{array}{cccccccc}
S_1 & S_2 & S_3 & S_4 & S_5 & S_6 & S_7 & S_8 \\
\left[\begin{array}{cccccccc}
1 & 0 & 0 & 0 & 0 & 0 & 0 & 0 \\
1 & 1 & 0 & 0 & 0 & 0 & 0 & 0 \\
0 & 0 & 1 & 1 & 1 & 1 & 0 & 0 \\
0 & 0 & 0 & 1 & 1 & 1 & 0 & 0 \\
0 & 0 & 0 & 0 & 1 & 0 & 0 & 0 \\
0 & 0 & 0 & 1 & 1 & 1 & 0 & 0 \\
0 & 0 & 0 & 0 & 1 & 0 & 1 & 0 \\
0 & 0 & 0 & 0 & 1 & 0 & 1 & 1
\end{array}\right]
\end{array}
$$

利用可达集 $R(S_i)$ 和先行集 $A(S_i)$ 的关系进行系统的区域划分和级别划分。

2. 试用系统动力学方法分析现实生活中的问题。

第5章　物流系统计划评审方法

学习目标☞

知识目标

1. 了解系统管理的网络计划技术。
2. 熟悉网络优化技术。
3. 掌握关键路线法时间参数的计算。
4. 掌握网络图的绘制。

技能目标

1. 掌握系统计划评审的基础理论。
2. 学会比较分析甘特图、关键路线法的适用条件。

素质目标

1. 形成优化事项流程的思维。
2. 具备运用关键路线优化流程的能力。

古人带有系统工程思想的建筑工程

丁谓是北宋人，书上记载的他长得干瘦而精干，一双眼睛有点斜视，可目光炯炯。他是一个有争议的人物，他的思维深邃，文采超然，做过许多有益的事情，但也善于弄权，谋取私利，排挤同僚，所以落得"亦忠亦奸"的名声。他的办事能力深得皇上的赏识。比如有一年，皇宫失火，整个皇宫变成废墟，主持修复皇宫的工程被交给了丁谓。这在当时绝对是一个大工程，可以说非常具有挑战性。结果丁谓不仅按时完工，而且完成得非常漂亮。工程建设的过程同现代系统管理思想极其吻合。丁谓主持的皇宫修复工程体现了中国古人高超智慧的管理实践。

简单归纳起来，就是这样一个过程：挖沟（取土烧砖）→引水入沟（水道运输）→填沟（处理垃圾）。首先，把皇宫前的大街开挖成一条大沟，取土烧砖、烧瓦。其次，把汴河水引进大沟内，使运送建筑材料的船只直抵宫前。最后，把废弃的砖瓦和废土填入沟内，然后修复原来的大街，这一统筹施工安排，可谓"举一役而三得"。

丁谓修复皇宫的时候，充分调动了人力、物力，尽可能地优化工程项目之间的衔接，这与系统工程中图论的思想相吻合，可以说是有异曲同工之处。他充分考虑各种工程间的相互关系，对建筑垃圾进行最大化利用，由此一来，原本预计15年完工的浩大工程，在丁谓的主持之下只用了7年就完工了。丁谓这个超常规的设想，不仅大大节省了人力、物力和财力，而且提高了劳动效率，更好地保证了施工质量。

生活中，我们有没有遇到过这样一些人，做事情的时候，分不清轻重缓急，主次颠倒，浪费时间不说，效率又低。人在生活中，总会遇到一些事，这些事总结起来，可以分为四类：既重要又紧急的，重要但不紧急的，不重要也不紧急的，紧急但不重要的。把事情分为四类之后，遇到事情就会有一个轻重缓急的处理办法，这样会得到不一样的效果。在生活中，最重要的就是处理好紧急的和重要的事情。

思考：

1. 丁谓修复皇宫与图论有哪些相似之处？

2. 这种统筹规划的方法在生活中还有哪些体现？

5.1 网络计划常用方法

管理的对象都可作为一个系统来研究。任一系统就其内容来说，各有特点，却都具有共性，那就是必须按系统单元内在的时间和空间联系，把物质、能量和信息有机地组织起来，在最短的时间内，以最少的消耗实现系统的目标，取得最大的效益。为了更有效地管理系统运行，目前广泛使用的统筹方法有甘特图法、关键路线法、计划评审技术、决策关键路线法（decision critical path method，DCPM）、图解评审技术（graphical evaluation and review technique，GERT）。

5.1.1 甘特图法

甘特图法是科学管理运动的先驱者之一甘特于 20 世纪 40 年代开发的一种计划与管理技术。它以时间为横坐标，以工序为纵坐标，以线条的长短来表示一项工作或作业的开始和完成时刻以及工作的进展情况。由于它以条形图进行系统计划与管理，故又称横道图、条形图等。甘特图的最大特点是简单明了、容易绘制、使用方便。最大的缺点是：不能反映各项工作之间错综复杂的联系和制约的分工协作关系；不能反映系统中哪些工作是主要的、关键性的生产联系和工序，反映不出全局的关键所在，不利于最合理地管理整个系统，可能造成在不重要的工作上投入过多的资源，却忽视了影响大局的关键性工作，虽然忙得团团转，却徒劳无功，致使系统目标难以实现。甘特图法的这些缺点造成了其使用上的局限性。随着科学和技术的发展，系统的规模越来越大，应用甘特图法已无法满足需要，这就需要探讨一种新的计划管理方法。20 世纪 50 年代以来，各国科学家都在进行这方面的探索，关键路线法和计划评审技术出现以后，在计算机广泛应用的基础上使系统的计划与管理进入一个新的阶段。甘特图法虽有缺点，但目前仍有很大的实用价值，它与关键路线法等配合使用会收到更好的效果。

5.1.2 关键路线法

关键路线法（CPM）是美国杜邦公司为建造新工厂从事计划与管理的研究而提出的，并在后来的建厂工作中发挥了很大作用，使工程工期提前两个月，初步显示出其优越性。而后，杜邦公司不仅把 CPM 应用于大型工程，而且应用于小型工程和维修工程，都同样收到了良好的效果。CPM 以网络图的形式表示各工序之间在时间和空间上的相互关系以及各工序的工期，通过时间参数的计算，确定关键路线和总工期，从而制订出系统计划并指示系统管理的关键所在。该方法问世后，立刻引起世界各国的重视，很多国家引入该方法收到了良好的效果。20 世纪 60 年代，华罗庚教授将该方法引入我国并推广到各行各业，派生出一些新的方法，如时间-费用网络等，使其内容更加丰富。

5.1.3　计划评审技术

1. 计划评审技术来源

计划评审技术（PERT）最早是由美国海军在计划和控制北极星导弹的研制时发展起来的。PERT 使原先估计的、研制北极星潜艇的时间缩短了两年。简单地说，PERT 是利用网络分析制订计划以及对计划予以评价的技术。它能协调整个计划的各道工序，合理安排人力、物力、时间、资金，加速计划的完成。在现代计划的编制和分析手段上，PERT 被广泛地使用，是现代化管理的重要手段和方法。PERT 网络是一种类似流程图的箭线图，它描绘出项目包含的各种活动的先后次序，标明每项活动的时间或相关的成本。对于 PERT 网络，项目管理者必须考虑要做哪些工作，确定时间之间的依赖关系，辨认出潜在的可能出问题的环节。借助 PERT 还可以方便地比较不同行动方案在进度和成本方面的效果。

2. 计划评审技术与关键路线法的联系与区别

PERT 与 CPM 既有联系又有区别，其联系是二者的网络图形和计算方法基本相同，区别是研究对象和研究目的不同。

从研究对象看，PERT 主要侧重研究新开发系统，CPM 主要应用于已开发过的有一定经验的系统。

从研究目的看，PERT 主要用于研究系统各项工作安排情况的评价和审查，而 CPM 主要研究完成任务的工期和关键工作。这主要体现在使用 CPM 时，各工序的执行时间可根据定额等确定，为确定值，而对开发性工程因无工作经验，各工序的执行时间受各种因素影响，很难估计出准确值，故带有随机性。

从计算方法看，一般情况下可将 PERT 网络中各工序的具有随机性的工期化成确定型的工期，从而使 PERT 网络变为 CPM 网络，从该点看，如果认为确定型问题是随机问题的特例的话，CPM 网络是 PERT 网络在工期不受随机因素干扰时的特例。

5.1.4　决策关键路线法

任何一项工作都可用多种方案进行计划和管理，因此需要在多种方案的比较中进行决策。CPM 和 PERT 两种方法虽然先进，但只能考虑完成任务的一种方案，对不同方案必须画出不同的网络图，这不仅增大了绘制网络图的工作量，而且在比较和分析时也不能一目了然。为了克服这种局限性，又开发了决策关键路线法（DCPM）。

DCPM 的特点在于把 CPM 网络和决策理论结合起来，在同一张网络图上表示完成同一任务的各种不同方案，通过特定的计算方法，可得出完成该项任务所对应的最小费用方案及其关键路线等，为管理者的决策提供了方便。

5.1.5　图解评审技术

上述各种方法中的各工序均属确定型工序，但实践中存在随机工序，如检验工序后的返修工序，这类工序应用上述各种方法很难解决，图解评审技术（GERT），也称图解协调技术，是解决这类问题的一种方法。

GERT 的特点是在网络图中同时考虑工序和工序执行时间的随机性，因此它可用于各种系统。它除可将 CPM、PERT 网络作为特例之外，还可用于系统的模拟，因此该方法有广阔的应用前景。

5.2　关键路线法的应用

5.2.1　关于网络图的基本知识

网络图是工程实施计划的一种模型，是网络分析的基础，所以首先介绍网络图的概念及其绘制方法。

1. 图

图是指由若干个节点和边（图 5-1）连接起来的图形，或者说图是由节点和边组成的集合，记为 G。设 N 为节点集合，E 为边的集合，则有

$$G = \{N, E\} \tag{5-1}$$
$$N = \{n_i \mid i = 1, \cdots, 5\} \tag{5-2}$$
$$E = \{(n_1 n_2), (n_1 n_4), (n_2 n_5), (n_3 n_4), (n_3 n_5), (n_4 n_5)\} \tag{5-3}$$

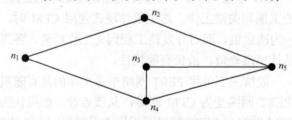

图 5-1　节点与边

根据图的每一条边是否有箭头，可将图分为有向图（图 5-2）和无向图（图 5-3）。在有向图中，边上的箭头代表物质、能量信息的流动方向，称为弧，它是不可逆的；在无向图中，边只反映节点之间有无联系，没有联系则没有边，如交通地图就是无向图。

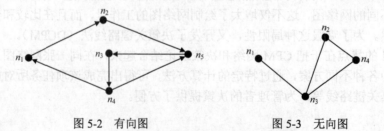

图 5-2　有向图　　　　　　　　图 5-3　无向图

2. 道路与回路

在有向图中，从某一节点出发，沿着箭头所指的方向前进，可到达另一节点，则说两点之间有一条道路。

如图 5-2 所示，如果从某个节点出发，沿着箭头的方向经过一系列点又回到该节点，则这条通路叫回路。

3. 链与圈

在无向图中，从某节点出发，依次经历过一些边到达另一节点，此通路称作链。例如，图 5-3 中，n_1 至 n_3 为一条链（含一条边）；n_1 至 n_2 也为一条链（含两条边）；如果从某节点出发，依次经过一些边又回到该节点，则把这条通路叫作圈。

4. 连通图和网络图

如果任意两节点之间至少存在一条链，则该图叫连通图（图 5-4），否则叫非连通图（图 5-5）。图 5-5 中的 n_4 为孤立点，没有回路的有向连通图叫网络图。

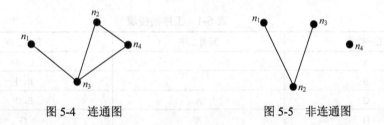

图 5-4　连通图　　　　　　　　图 5-5　非连通图

5. 强连接图

对有向图来讲，如果任意两个节点间至少存在一条路，则该图叫强连接图。

5.2.2　网络图三要素

任何一项工程，都是由一些相对独立的作业单元（工序）组成的，这些作业单元（工序）之间存在先后顺序关系。例如，拖拉机进厂大修的过程可用图 5-6 来描述。图 5-6 就是一张简单的网络图。下面对照图 5-6 介绍网络图三要素。

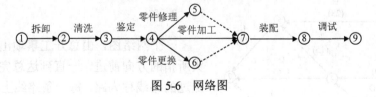

图 5-6　网络图

1. 工序

工序是指一项需要花费一定人力、物力，并需要一定时间才能完成的活动，如拆卸工序、清洗工序等。工序的一般表示方法如图 5-7 所示，用（i, j）表示，i 表示工序的开始点，j 为工序的结束点。箭头表示时间流动方向；$t(i, j)$ 表示工序的时间耗费。在划分工序时有以下两种工序必须注意。

1）有的工序并不耗费人力、物力，但消耗时间，如建筑施工中的水泥地硬化，零件热处理后的失效和冷却过程，小麦割后的晾干等。

2）有一种工序既不耗费人力、物力，也不消耗时间，这种工序称为虚工序，如图 5-6 中（5,7）和（6,7）两个工序就是虚工序。

为了绘制网络图，需根据工序的先后顺序把工序分为紧前工序和紧后工序。图 5-8 所示网络图中的工序衔接见表 5-1。

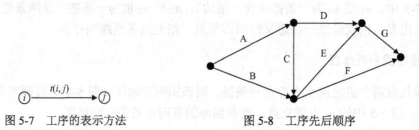

图 5-7　工序的表示方法　　　　　　　　　图 5-8　工序先后顺序

表 5-1　工序衔接表

工序代号	紧前工序	紧后工序
A		C、D
B		E、F
C	A	E、F
D	A	G
E	B、C	G
F	B、C	
G	D、E	

2. 事项

工序开工和完工的瞬时称为事项。在图 5-7 中，i 叫工序的开工事项，j 叫工序的完工事项。在网络图中，只有一个总开工事项和一个总完工事项，其余中间事项都具有双重含义，即它既是紧前工序的完工事项，又是紧后工序的开工事项。

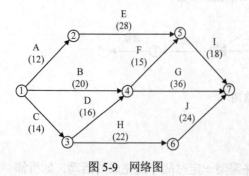

图 5-9　网络图

3. 路

一个网络图，由总开工事项出发，沿着箭头所指的方向前进，一直到达总完工事项，所走过的路线称为路。每一条路线上所有工序延续时间之和称为路长。在图 5-9 中，①代表总开工事项，⑦代表总完工事项，A、B、C、D、E、F、G、H、I、J 代表工序，工序下方括号内的数字代表工序延续时间。通常，由总开工事项到达总完工事项有很多条路，图 5-9 中有六条路，见表 5-2。其中最长的路称为关键路线，关键路线上的事项和工序分别称为关键事项和关键工序。为鲜明起见，关键路线一般用双箭杆表示。

表 5-2　路线和路长统计表

序号	路线	路长
1	A—E—I	12+28+18=58
2	B—F—I	20+15+18=53
3	B—G	20+36=56
4	C—D—F—I	14+16+15+18=63
5	C—D—G	14+16+36=66
6	C—H—J	14+22+24=60

　　网络分析的首要任务是找出关键路线，因为关键路线的路长代表工程项目的总工期，所以工程负责人应该把主要精力放在抓好关键工序的工作上，只有这样才能保证工程按期或提前完工。另外，通过网络分析，还可清楚地知道每道工序在全局中所处的地位，工程负责人便可根据总目标的要求，科学地调动和分配人力、财力、物力，以确保整个工程项目按事先确定的最佳方案协调有序地进行。

5.2.3　绘制网络图的步骤及注意事项

1. 绘制网络图的步骤

绘制网络图一般分为三个步骤。

（1）任务的分解和分析

　　任务的分解是指把一项具体的工程任务分解成一些具有独立活动内容的工序，如一个建筑物设计与施工项目，可以分解成绘制蓝图（A）、挖地基（B）、打地基（C）、主体工程（D）、上顶（E）、电工活（F）、安装管道（G）和室内装修（H）等八道工序。在任务分解的基础上，分析各道工序之间的衔接关系，明确每道工序的紧前工序和紧后工序，进而编制施工工序表（表 5-3）。这是绘制工程施工网络图的基础。

表 5-3　某建筑物施工工序表

工序代号	工序内容	紧前工序	紧后工序
A	绘制蓝图		B
B	挖地基	A	C
C	打地基	B	D
D	主体工程	C	E、F、G
E	上顶	D	H
F	电工活	D	H
G	安装管道	D	H
H	室内装修	E、F、G	

（2）绘制网络图

根据施工工序表，由左至右依次画出各道工序，如图 5-10 所示。在绘制网络图时，要注意合理使用虚工序。图中工序 E、F、G 有公共的紧前工序 D 和公共的紧后工序 H，这三个工序称为平行作业工序。所以要引入两个虚工序 I、J，既保持各工序的前后衔接关系，又使 E、F、G 三道工序分别用(5,6)、(5,8)和(5,7)表示而不致发生混淆。

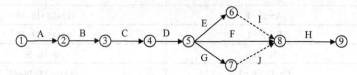

图 5-10　建筑施工网络图

（3）事项编号

事项编号是指给每个事项一个数码代号，一般用 $1, 2, \cdots, n$ 代表。1 用于总开工事项，n 用于总完工事项。就某一道工序(i, j)来讲，最好满足 $i < j$，这样时序关系看得清楚。但在复杂的网络图中，也不一定非满足此条件不可，因为它不影响网络的计算和分析。

2. 绘制网络图的注意事项

绘制网络图应注意以下七个方面。

1）网络图不能有回路，因为回路打乱了工序之间的时间序列关系。例如，粮食晒场时要经过多次晾晒后才能入库，若画成图 5-11（a）的形式，在晾晒和集堆两个工序之间形成了回路，此时，集堆工序后面出现了入库和晾晒两个相互矛盾的工序，因为入库就不能再晾晒，相反也一样，因此是错误的，在这种情况下应改成图 5-11（b）的形式。

（a）错误的画法　　　　　　　　　　（a）正确的画法

图 5-11　回路错误及纠正方法

2）两个事项之间不能有两支以上箭杆，如图 5-12（a）的画法就是错误的。因为(i, j)只代表一个工序，在事项 i 和事项 j 之间有两支以上箭杆时就很难说是哪个工序了。因此凡遇这种情况都要通过引入虚工序加以修正，如图 5-12（b）所示。

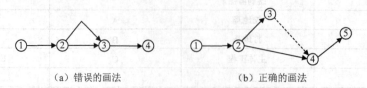

（a）错误的画法　　　　　　　　　　（b）正确的画法

图 5-12　平行作业的处理方法

3）交叉作业的处理方法。例如，拖拉机进厂大修，第一道工序就是拆卸，然后进行鉴定等，以提高工作效率、缩短工期，一般不是等零件全部拆卸完了之后再转入鉴定工序，而是采取边拆卸边鉴定的交叉作业方法。在这种情况下，若把网络图画成图 5-13（a）的形式，就是不对的。正确的画法应将工序分成几个作业阶段，如图 5-13（b）所示。

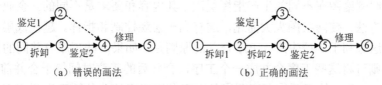

（a）错误的画法　　　　　　　　　　（b）正确的画法

图 5-13　交叉作业处理方法

4）外协工序的处理方法。需要外单位帮助完成的工序叫外协工序，记成$(0,i)$。如果外协工序的紧后工序有多个，就不能随意引入，图 5-14（a）的画法就是错误的，因为外协工序的帮助对象不明确。在这种情况下，还要通过引入虚工序加以说明，改成图 5-14（b）所示的画法便可清楚看出外协工序是支援麦播 2 的。

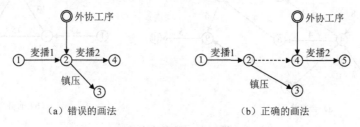

（a）错误的画法　　　　　　　　　　（b）正确的画法

图 5-14　外协工序处理方法

5）引入虚工序要注意箭头方向。从图 5-15 可以看出，虚工序的箭头指向不同，关键路线就不同。

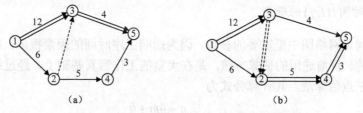

（a）　　　　　　　　　　　　　（b）

图 5-15　虚工序箭头方向不同关键路线不同

6）在网络图中，应尽量避免箭杆交叉。若出现交叉应设法调整，如图 5-16 所示。

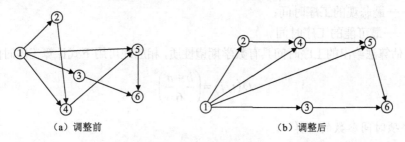

（a）调整前　　　　　　　　　　　　（b）调整后

图 5-16　交叉情况的调整

7）工序的合并。一个复杂的工程项目可能包括上万道工序，在这种情况下，如果画成一个网络图不仅是困难的，而且实际意义并不大。因为企业分成工段、车间、班组等不同生产层次，工程总指挥的主要精力应是抓好各工段、车间、班组生产任务的完成情况。这说明网络图在不同的生产指挥层次，其内容和要求是不同的。企业一级可采用工序合并的方法，使网络图大大简化，这有利于宏观控制和指挥。越往低层次，网络图应越详细，这有利于协调生产。工序合并的原则是：如果一些工序有共同的开工事项和完工事项，则可将这些工序合并成一个工序，合并后的工序时间等于合并前的最长路。如图 5-17 （a）所示的事项①和事项④是中间几道工序的公共开工事项和完工事项，则可合并成一道工序(1,4)，其工序时间取①至④的最长路 23，其余依次类推，合并后的结果如图 5-17 （b）所示。

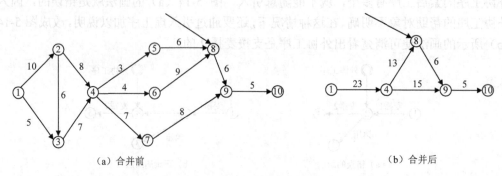

（a）合并前　　　　　　　　　　　　　　　　　（b）合并后

图 5-17　工序的合并

5.2.4　网络图有关参数的计算与分析

1. 工序时间 $t(i, j)$ 的确定

工序时间是网络图中最重要的参数。因为影响工序时间的因素很多，准确给出工序时间是困难的。目前通用的估算方法，是在大量的工作写真基础上，经过统计加权处理进行估算的三点估算法，其计算公式为

$$t(i, j) = \frac{a + 4m + b}{6} \tag{5-4}$$

式中，a——最乐观的工序时间；

b——最悲观的工序时间；

m——最可能的工序时间。

三点估算法给出的工序时间具有数学期望性质，相应地可用下式计算工序时间的方差：

$$D(i, j) = \left(\frac{b - a}{6}\right)^2 \tag{5-5}$$

2. 事项时间参数的计算

事项并不占用时间，仅说明工序开工或完工的瞬时，其时间参数共有三个。

（1）事项最早可能开始时间 $t_E(n)$

一般把总开工事项的最早开始时间记为 0，其余事项最早可能开始时间等于到达该事项的最长路，一般计算公式如下：

$$t_E(1) = 0 \tag{5-6}$$

$$t_E(j) = \max\{t_E(i) + t(i,j), t_E(k) + t(k,j)\} \tag{5-7}$$

事项最早可能开始时间由总开工事项开始，由左向右推算，一直算到总完工事项 n。显然 $t_E(n)$ 就是工程总工期。下面以图 5-18 为例并根据式（5-7）来说明事项最早开工时间的计算方法。

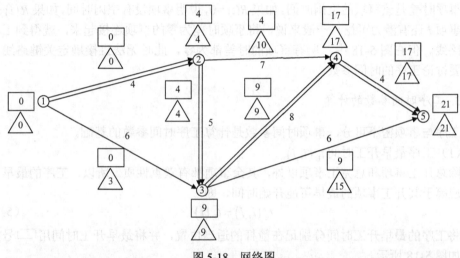

图 5-18　网络图

在各事项旁边标记矩形符号□，符号中的数字记录事项最早可能开始时间，具体计算结果如下：

$$t_E(1) = 0$$
$$t_E(2) = t_E(1) + t_E(1,2) = 0 + 4 = 4$$
$$t_E(3) = \max\{t_E(1) + t_E(1,3), t_E(2) + t_E(2,3)\} = \{0+6, 4+5\} = 9$$
$$t_E(4) = \max\{t_E(2) + t_E(2,4), t_E(3) + t_E(3,4)\} = \max\{4+7, 9+8\} = 17$$
$$t_E(5) = \max\{t_E(4) + t_E(4,5), t_E(3) + t_E(3,5)\} = \max\{17+4, 9+6\} = 21$$

（2）事项最迟必须开工时间 $t_L(n)$

事项最迟必须开工时间，是指不影响工程按期完工的允许时间。为保证工程按期完工，事项最迟开工时间应从总完工事项开始由右向左推算。

设 n 为总完工事项，为保证工程按期完工，总完工事项的最迟必须开工时间 $t_L(n)$ 应等于总工期，所以 $t_L(n) = t_E(n)$；其余事项的最迟必须开工时间计算公式如下：

$$\begin{cases} t_L(n) = t_E(n) \\ t_L(i) = \min\{t_L(j) - t(i,j), t(k) - t(i,k), \cdots\} \end{cases} \tag{5-8}$$

仍以图 5-18 为例来说明 $t_L(i)$ 的计算方法。通常标记三角形符号△来记录 $t_L(i)$，具体计算结果如下：

$$t_L(5) = t_E(5) = 21$$

$$t_L(4) = \min\{t_L(5) - t(4,5)\} = 21 - 4 = 17$$

$$t_L(3) = \min\{t_L(4) - t(3,4), t_L(5) - t(3,5)\} = \min\{17 - 8, 21 - 6\} = 9$$

$$t_L(2) = \min\{t_L(4) - t(2,4), t_L(3) - t(2,3)\} = \min\{17 - 7, 9 - 5\} = 4$$

$$t_L(1) = \min\{t_L(3) - t(1,3), t_L(2) - t(1,2)\} = \min\{9 - 6, 4 - 4\} = 0$$

（3）事项时差 $R(i)$

事项最迟必须开工时间与最早可能开始时间之差即为事项时差，即

$$R(i) = t_L(i) - t_E(i) \tag{5-9}$$

事项时差是该事项的空闲时间。如果 $R(i) = 0$，说明事项没有空闲时间，如果 $R(i) \neq 0$，说明事项 i 还有潜力可挖。一般来说，将事项时差为零的事项连接起来，就得到工程的关键路线。但在图 5-18 中，所有事项的时差都为零，此时无法直接确定关键路线，为此还要讨论工序的时间参数。

3. 工序时间参数的计算

工序与事项密不可分，事项时间参数是计算工序时间参数的基础。

（1）工序最早开工时间 $t_E(i, j)$

除总开工事项和总完工事项以外，其余事项都有双重性质。所以，工序的最早开工时间应等于其开工事项的最早可能开始时间，即

$$t_E(i, j) = t_E(i) \tag{5-10}$$

将工序的最早开工时间分别记在箭杆的适当位置，并将最早开工时间用 □ 号括起来，如图 5-18 所示。

（2）工序最迟开工时间 $t_L(i, j)$

事项的最迟必须开始时间是以该事项为完工事项的工序最迟必须完工的时间，也就是以该事项为开工事项的工序最迟开工时间，其计算公式为

$$t_L(i, j) = t_L(j) - t(i, j) \tag{5-11}$$

将工序的最迟开工时间也标记在箭杆的适当位置，并将最迟开工时间用 △ 号括起来，如图 5-18 所示。

（3）工序时差 $R(i, j)$

工序最迟开工时间与工序最早开工时间之差称为工序时差，即

$$R(i, j) = t_L(i, j) - t_E(i, j) \tag{5-12}$$

工序时差代表每道工序的实际空闲时间。$R(i, j) = 0$ 说明该工序没有空闲时间，必须按指定时间完工，否则将影响整个工程按期完工。工序时差为零的工序连接起来就得到工程的关键路线。关键路线上的工序称为关键工序。关键工序的工序时间之和就是工程的总工期。$R(i, j) \neq 0$ 说明该工序有空闲时间。工序(1,2)、(2,3)、(3,4)、(4,5)的时差为0，这些就是关键工序，组成关键路线①→②→③→④→⑤，工序(1,3)、(2,4)、(3,5)都存在时差，其中最大时差为 $R(2,4) = 6$，表明这三道工序还有潜力可挖。网络分析的重要内容之一就是要充分利用时差，做到合理调整和分配人力、物力、财力，确保工程以最少的资源消耗按期完工。

5.2.5　关键路线法网络计划优化

网络计划的优化，是指编制完初始网络计划之后，进一步选择优化方案的过程。最优化目标（缩短工期、降低成本、合理利用资源等）不同，优化的具体方法也不相同。

1. 缩短工期

在现有资源允许的条件下，尽量缩短工期往往成为主要的优化目标，网络计划不仅清晰地展示出关键路线和关键工序，而且标明了非关键工序的最早开工时间和工序的总时差，从而为网络计划的优化提供了依据。缩短工期的主要途径有以下几个。

1）采取技术措施，压缩关键工序的时间，如通过引进新的技术装备、新的生产工艺和内部技术改造等方法压缩关键工序的时间。

2）利用时差，抽调非关键工序上的部分人力、物力，集中用于关键工序，使关键工序的时间缩短。

3）采取组织措施，在工艺流程允许的条件下，对关键路线上的关键工序组织平行或交叉作业。

【例 5-1】已知某项工程的计划网络图（图 5-19），每道工序的持续时间及所需劳力资源均已标记在图中箭杆上，现有人力资源 20 人，问：如何调整各工序的开工日期才能确保在 20 人条件下按时完工？

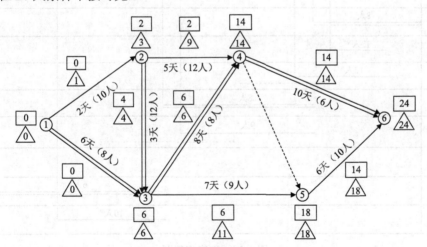

图 5-19　某工程的计划网络图

解：1）求工序时差和关键路线。根据前面介绍的方法，先计算事项的最早可能开始时间和最迟必须开工时间，然后求工序的最早开工时间和最迟开工时间，并分别标记在网络图的适当位置，如图 5-19 所示。由图 5-19 可知，关键路线为①→③→④→⑥。各工序时差如表 5-4 所示。

表 5-4 各工序时差

工序	最迟开工时间	最早开工时间	工序时差
(1,2)	1	0	1
(1,3)	0	0	0
(2,3)	3	2	1
(2,4)	9	2	7
(3,4)	6	6	0
(3,5)	11	6	5
(4,5)	虚工序	虚工序	虚工序
(4,6)	14	14	0
(5,6)	18	14	4

2）画工序流程图（也称横道图），如图 5-20 所示。图的第一行为时间坐标，即从 1 至 24 天，第一列为各个工序，工序的开始均为最早开始时间，其后的*号代表工序的最迟完工时间，关键工序用双线表示，如关键工序(1,3)由第 1 天开始到第 6 天完成，每天需用 8 人。

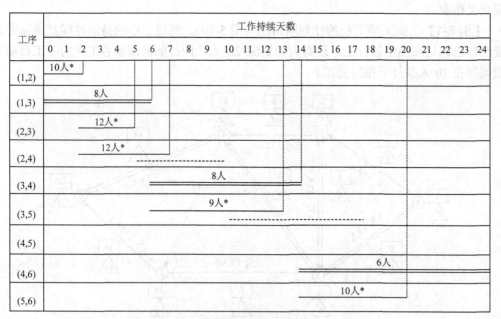

图 5-20 工序流程图

3）调整的核心是合理利用工序时差。由工序流程图可知，工序(1,2)和(2,3)的时差各为 1 天，且处在劳力需要高峰期内，所以没有利用价值。工序(2,4)的时差为 7 天，如果把此工序推迟 3 天开工是可能的（注意：推迟时间以满足资源限制为标准，否则影响后面工序的调整），于是将该工序推迟到第 6 天开工，并用虚线注明。由于工序(2,4)的推迟，造成第 7 天到第 10 天劳力需求达到 29 人，因此必须相应调整工序(3,5)的开工时间。由图 5-20 可知(2,4)、(3,5)两工序重叠 4 天，而工序(3,5)的空闲时间为 5 天，所以调整是允许的。于是将工序(3,5)推迟到第 11 天开始。同理，将工序(5,6)调整到第 18 天开始，全部调整就此结束。

虽然调整前和调整后的工期相同，但调整前每天劳力最高需要量为 32 人，调整后每天劳力最高需要量为 20 人，这是根据网络图进行科学管理带来的直接效益。另外，在调整后的施工期内，劳力需要量变化比较平稳，95%以上的时间，劳力需求在 15～20 人，这也是衡量管理水平好坏的重要标志之一。当然，也不能排除在调整过程中，遇到空闲时间排不开的情况，此时，可选择某些工序，增加投入（设备、劳力等），这就是下面要讨论的问题。

2. 最低成本日程

在编制网络计划时，需要计算工程的不同完工时间所对应的工程费用，其中使工程费用最低的完工时间称为最低成本日程。无论是以降低成本为主要目标还是以缩短工期为主要目标，都要计算最低成本日程。如图 5-21 和图 5-22 所示，完成一项工程任务，所需要的费用可分为两大类：一类是直接费用，如人工、材料、燃料等直接用来完成工程任务的费用；另一类是间接费用，如管理人员的工资、办公、采购等费用。直接费用直接分摊到每一道工序。当要求缩短工序时间时，需要采取一定的技术组织措施，相应地就要增加一部分直接费用。间接费用一般按工程时间平均分摊。所以工程周期越短，工程的间接费用越少。

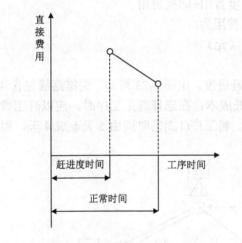

图 5-21　直接费用工序示意图

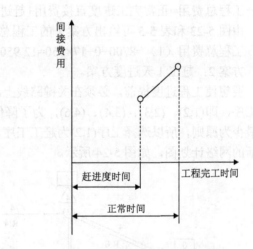

图 5-22　间接费用工序示意图

假设工序的直接费用与工序时间之间是线性关系（如图 5-21），工程的间接费用与工程周期之间的关系也为线性关系（如图 5-22）。下面结合例题来说明确定最低成本日程的方法。

【例 5-2】某项工程的初始网络计划图如图 5-23 所示。每道工序正常完工进度的直接费用和赶工 1 天所需费用见表 5-5，间接费用为每天 250 元，试求最低成本日程。

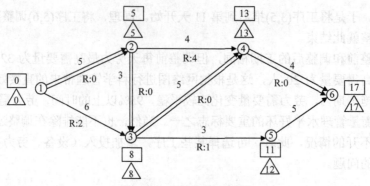

图 5-23　初始网络计划图

表 5-5　工程费用表

工序	正常费用/元	赶工 1 天费用/元	工序	正常费用/元	赶工 1 天费用/元
(1,2)	800	100	(3,4)	1200	120
(1,3)	1000	150	(3,5)	700	100
(2,3)	1500	200	(4,6)	1000	180
(2,4)	500	80	(5,6)	2000	250
间接费用		每天 250 元			

解： 方案 1：正常完工进度方案。

工程总费用=正常完工进度直接费用+赶进度费用+间接费用

由图 5-23 和表 5-5 可给出方案 1 的工程总费用为：

工程总费用（1）=8700+0+17×250=12 950（元）

方案 2：赶工 1 天进度方案。

要想使工程进度提前，必须在关键路线上赶进度。由图 5-23 可知，关键路线包含 4 道工序，即(1,2)、(2,3)、(3,4)、(4,6)，为了降低成本，在选择赶工工序时，应以赶工费用最少为原则，所以选择工序(1,2)为赶工工序。将工序(1,2)的时间由 5 天改成 4 天，得到新的网络计划图，如图 5-24 所示。

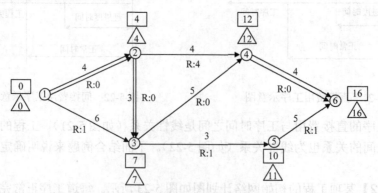

图 5-24　赶工 1 天网络计划图

工程总费用（2）= 8700+1×100+16×250= 12 800（元）

结果表明，方案 2 与方案 1 相比，工程完工时间缩短 1 天，工程总费用减少 150 元。

方案 3：在方案 2 基础上再赶工 1 天。

由于关键路线没变，仍然选择工序(1,2)为赶工工序，即将工序(1,2)的时间由 4 天改为 3 天，得到赶工 2 天的网络计划图，如图 5-25 所示。

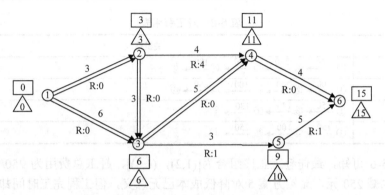

图 5-25　赶工 2 天网络计划图

工程总费用（3）=8700+2×100+15×250=12 650（元）

结果表明，方案 3 与方案 2 相比，工程完工时间又缩短 1 天，工程总费用又减少 150 元。

方案 4：在方案 3 基础上再赶工 1 天。

由于此时已有两条关键路线，即①→②→③→④→⑥和①→③→④→⑥。在有多条关键路线的情况下，为确保工程完工时间不变，每条关键路线的赶工时间必须相同。本例中两条关键路线相比较，有公共关键工序(3,4)、(4,6)。显然，在公共关键工序赶工可以保证工程完工时间不变，但还须满足成本最低条件，所以要做比较。由表 5-5 可知，在公共关键工序中，工序(3,4)赶工 1 天的费用为 120 元，工序(4,6)赶工 1 天的费用为 180 元，而独立关键工序赶工 1 天的费用分别为：(1,2)和(1,3)的组合 250 元，(1,3)和(2,3)的组合 350 元。

这说明方案 4 的赶工工序应为(3,4)。将工序(3,4)的工序时间改为 4 天，得到赶工 3 天的网络计划图，如图 5-26 所示。

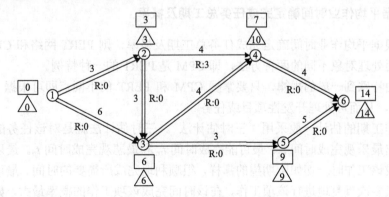

图 5-26　赶工 3 天网络计划图

工程总费用(4)=12 650+1×120−250=12 520（元）

结果表明，方案 4 与方案 3 相比，工程完工时间又缩短 1 天，工程总费用又减少 130

元。是否还有成本更低的方案？有必要继续搜寻。

方案 5：在方案 4 的基础上再赶工 1 天。

因为方案 4（图 5-26）出现四条关键路线，其赶工费用详见表 5-6。

表 5-6　赶工费用表

序号	关键路线
1	① $\xrightarrow{100}$ ② $\xrightarrow{200}$ ③ $\xrightarrow{120}$ ④ $\xrightarrow{180}$ ⑥
2	① $\xrightarrow{100}$ ② $\xrightarrow{200}$ ③ $\xrightarrow{100}$ ⑤ $\xrightarrow{250}$ ⑥
3	① $\xrightarrow{150}$ ③ $\xrightarrow{120}$ ④ $\xrightarrow{180}$ ⑥
4	① $\xrightarrow{150}$ ③ $\xrightarrow{100}$ ⑤ $\xrightarrow{250}$ ⑥

由表 5-6 可知，最佳赶工工序组合为[(1,2)，(1,3)]，赶工总费用为 250/天，而此时间接费用也减 250 元，显然方案 5 对降低成本已无意义，但工程完工时间却减少 1 天。由表 5-6 又知道，工序(1,2)至少必须有 3 天，表明通过工序(1,2)赶工已不可能，可行的最佳赶工工序组合只能是[(3,4)，(3,5)，(1,3)]，赶工总费用为 370 元，已超过赶工 1 天所减少的间接费用，如按此方案赶进度，总成本将在方案 4 的基础上增加 120 元。所以最低成本日程应是方案 4，即工程完工时间为 14 天，工程总费用为 12 520 元。

需要说明一点，例 5-2 中每天的间接费用普遍（或部分）高于工序的赶进度费用，在这种情况下才有进一步优化的可能。如果全部工序的赶进度费用都高于间接费用，则初始网络计划的日程即为最低成本日程。

5.3　计划评审技术的应用

CPM 只适用于有经验的任务或项目，对于开发性项目或任务，各工作的持续时间只能由估计得出，把估计的工作持续时间作为 CPM 网络的持续时间，即构成 PERT 网络，用其制订计划的方法叫计划评审技术。PERT 网络常用的处理方法如下。

5.3.1　根据平均作业时间确定完成任务总工期及概率

如果根据平均作业时间确定完成任务总工期及概率，则 PERT 网络和 CPM 网络是本质相同而处理对象不同的两种方法，即 CPM 是 PERT 的一种特例。

根据由特殊到一般的规律，只要掌握 CPM 和 PERT 的不同点即可根据 CPM 处理 PERT 网络，从而可处理开发性项目或任务。

对工作工期的估计一般采用"三时估计法"。三时估计法就是对该任务的每项工作事先估计出最乐观完成时间 t_o、最可能完成时间 t_m 和最悲观完成时间 t_p。最乐观完成时间是指完成该工作时一切如所期望的那样，很顺利地完成所需要的时间。最可能完成时间是指如果多次重复地进行该项工作，在该时间完成该项工作的概率最大，如果采用单一时间估计法，该时间就是"工作的持续时间"。最悲观完成时间是指在一切不顺利的情况下完成该工作所需要的时间。一般情况下，一项工作都可估计出这三种时间，因此这是一种工作持续时间具有随机性的问题。将这类工作持续时间具有随机性的问题转化成确定性问题之后，即可采用类似 CPM 网络问题处理方法解决 PERT 网络问题。

设 $t_o = a, t_m = m, t_p = b$，则该工作的平均持续时间为

$$t_E = \frac{a + 4m + b}{6} \tag{5-13}$$

方差 V 和均方差 σ 为

$$V = \frac{(b-a)^2}{36} \tag{5-14}$$

$$\sigma = \frac{(b-a)}{6} \tag{5-15}$$

工作平均持续时间 t_E 实质是一加权平均数，是假设工作的可能完成时间的权数为 4，乐观时间和悲观时间的权数均为 1。方差或均方差表示工作时间与平均值的离散程度。

以 t_{Ei} 作为 CPM 网络 i 工作的持续时间，则可采用 CPM 法确定出关键路线和总工期。总工期的计算公式为

$$T_{cp} = \sum_{i=1}^{k} \frac{(b-a)}{6} \tag{5-16}$$

式中，k——关键路线的工作数。

该总工期的总均方差为

$$\sigma = \frac{1}{6}\sqrt{\sum_{i=1}^{k}(b_i - a_i)^2} \tag{5-17}$$

如果完成任务时间服从参数为 (T_{cp}, σ) 的正态分布；并令 $\frac{T_k - T_{cp}}{\sigma} = \lambda$，则其分布函数为

$$F(T_k) = \frac{1}{\sqrt{2\pi}} \int_{-\infty}^{T_k} e^{-\frac{(T_k - T_{cp})^2}{2\sigma^2}} dt = \Phi\left(\frac{T_k - T_{cp}}{\sigma}\right) = \Phi(\lambda) \tag{5-18}$$

式中，T_k——任务规定完工工期。

当 $T_k = T_{cp}$ 时，$F(T_k) = 0.5$，如图 5-27 所示。查正态分布表中 $\Phi(\lambda)$，可确定在 T_k 完成任务的概率 $F(T_k)$。λ 称计划难易程度系数。当 $\lambda \leqslant -3$ 时，表明任务在规定的日期内很难完成；当 λ 在区间 $(-3, -0.5)$ 时，表示需尽很大努力才能完成任务；当 λ 在区间 $(-0.5, 0.5)$ 时，表示任务在规定期限内完成任务的可能性很大；当 λ 在区间 $(0.5, 3)$ 时，表示容易按期完成计划；当 $\lambda \geqslant 3$ 时，表示任务在指定日期内很容易完成，计划留的余地太大，比较保守。

λ 为负值的计划比较先进，是较紧的计划；λ 为正值的计划是留有余地的计划。该方法是以工作的平均工期为基础，先按 CPM 确定关键路线和总工期，再按 $\frac{T_k - T_{cp}}{\sigma}$ 确定指定工期 T_k 的概率。缺点是在确定关键路线时并未考虑工作持续时间的随机性，故用它计算的在指定日期完成任务的概率是不可靠、不合理的，只能作为编制计划的参考。

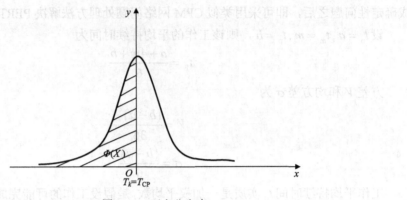

图 5-27　正态分布表

5.3.2　根据作业的标准差确定关键路线

由于工作的持续时间采用"三时估计法"确定，所以由开始节点到结束节点的所有路线完成时间都在该路线平均完成时间的上下波动，这种波动可由标准差评价，标准差（均方差）越大，该路线完成时间的波动就越大，该路线就越关键。

任一路线在概率为 1 的条件下完成任务的时间 T 可由下式确定：

$$T_{\mathrm{L}} = T_{\mathrm{E}} + k\sigma \qquad (5\text{-}19)$$

式中，σ——均方差；

$k=3.9$。

对该项任务而言，关键路线应取决于 $\max\{T_{\mathrm{L}}\}$。以该关键路线为中心安排其他各项工作并随时进行调整，可得一较完善的计划。

5.3.3　根据各路线在指定日期内完成任务的概率确定关键路线

根据规定的任务完成时间可按 $\lambda = \dfrac{T_k - T_{\mathrm{CP}}}{\sigma}$ 确定各条路线的完工概率，概率越小，路线越关键。该方法综合了上述两种方法的优点，是一种比较好的方法，但对大型网络有计算复杂的缺点。

下面举例说明上述三种方法的区别：根据图 5-28 所示的网络图及参数计算的结果如表 5-7 所示。

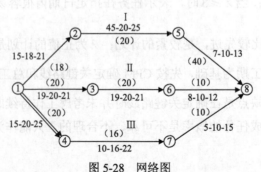

图 5-28　网络图

表 5-7　路线和路长统计表

路线	t_E	按 t_k=52 天计算	P=1 时总工期
Ⅰ	48	0.966	57
Ⅱ	50	0.992	48
Ⅲ	46	0.977	58
关键路线	Ⅱ	Ⅰ	Ⅲ

可见，三种方法的计算结果是不同的，这也正说明 PERT 的主要目的是评价和审查工作的执行情况，而非完成任务的最终时间和关键路线。因此，用 PERT 网络解决问题时，要根据任务执行情况随时分析和研究各项工作，评价与审查计划执行状况。

案例分析

案例背景

张某是 M 公司的项目经理，有着丰富的项目管理经验，最近负责某电子商务系统开发的项目管理工作。该项目经过工作分解后，范围已经明确。为了更好地对项目的开发过程进行监控，保证项目顺利完成，张某拟采用计划评审技术对项目进度进行管理。经过分析，张某得到了一张工作计划表，如表 5-8 所示。指出项目的关键路径和工期。

表 5-8　工作计划表

工作代号	A	B	C	D	E	F	G	H
紧前工作		A	A	B、C	C	D	D、E	F、G
计划工作历时/天	5	2	8	10	5	10	11	10
最短工作历时/天	4	2	7	9	4	8	8	9
每缩短 1 天所需增加的费用/万元	5	4	3	2	1	2	5	8

注：每天的间接费用为 1 万元。

案例解析

按下述步骤分别计算各节点的时间参数：识别关键路径；计算关键节点其他时间参数；识别并行结构（看该自由节点与哪个关键节点具有相同的前置关键节点和后置关键节点），计算自由节点浮时；计算自由节点其他时间参数。最后计算出关键路径为 A→C→D→G→H，工期为 44 天。

问题：如果项目建设方（甲方）希望项目工期能够提前 2 天，并可额外支付 8 万元的项目款，请简要分析张某应如何调整工作计划，才能既满足建设方的工期要求，又尽量节省费用。

本 章 小 结

CPM 和 PERT 是 20 世纪 50 年代后期几乎同时出现的两种计划方法。随着科学技术和生产的迅速发展，出现了许多庞大而复杂的科研和工程项目，它们工序繁多，协作面广，常常需要动用大量人力、物力、财力。因此，如何合理而有效地把它们组织起来，使之相互协调，在有限的资源下，以最短的时间和最低的费用，最好地完成整个项目就成为一个突出的问题。这两种计划方法是分别独立发展起来的，但其基本原理是一致的，即用网络图来表达项目中各项活动的进度和它们之间的相互关系，并在此基础上，进行网络分析，计算网络中各项时间参数，确定关键活动与关键路线，利用时差不断地调整与优化网络，以求得最短周期。另外，还可将成本与资源问题考虑进去，以求得综合优化的项目计划方案。因这两种方法都是通过网络图和相应的计算来反映整个项目的全貌，所以又叫作网络计划技术。

课 后 习 题

一、名词解释

1. 网络计划技术

2. PERT

3. 强连接图

二、简答题

1. 网络优化包括哪些内容？

2. 举例说明网络图的三要素。

3. 如何确定关键路线？

三、应用题

1. 找出图 5-29 和图 5-30 中的错误并修改。

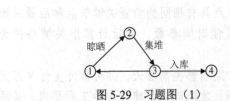

图 5-29 习题图（1）

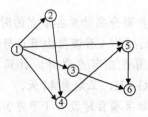

图 5-30 习题图（2）

2. 某工厂现有五种产品，分别依次在 A、B 两台设备上加工，已知它们的加工时间如表 5-9 所示，要求对该任务进行优化安排，使总时间最少。

表 5-9 五种产品的加工时间 （单位：时）

设备	产品 a	产品 b	产品 c	产品 d	产品 e
A	2	4	1	3	6
B	3	6	4	5	2

第6章　物流系统预测方法

学习目标

知识目标
1. 理解物流系统预测的基本原理和步骤。
2. 掌握时间序列预测方法。
3. 掌握回归分析预测方法。
4. 熟悉马尔可夫预测方法。

技能目标
1. 学会比较几种预测方法的适用条件、特点。
2. 学会运用适当的预测方法解决实际问题。

素质目标
1. 树立预测立、不预则废的系统预测思维。
2. 培养将预测方法应用于实践创新的能力。

导 入 案 例

古代先人的预测思想

我国古代预测思想的启示

古代预测既含有神秘和宗教的色彩，又含有一定成分的哲学和科学内容。我国古代政治、军事、经济和科学的成功预测实践也包含了朴素的唯物主义和发展的思想，其中一些基本原理和思想对我们仍有一定的启示，可供我们在预测中加以借鉴。事物的发展变化是有规律的，正是这些规律性决定了事物未来的发展。我国古代成功的预测都是因为预测者相信预测对象的可知性才去进行预测。荀子的"天行有常"，计然的行情追踪，孔明的草船借箭，单襄公的预言陈亡，以及沈括的石油预测等都是根据预测对象的过去和现在及其发展趋势和规律推测未来，根据系统内相互联系的诸多因素条件，由已知因素和条件推测未知事物的发展变化，达到预定的目的。他们的预测实践证明，他们不是未卜先知，而是鉴往知来。

预测者在估计预测对象发展的各种可能性时，要估计到预测对象各种可能性的发生，才能有备无患，处于主动地位。蹇叔预见到秦军劳师远征，偷袭郑国，不仁不义，必然失败，充分考虑到了事情发展变化的结果；而秦穆公自恃强大，藐视弱国，不听劝阻，一意孤行，只考虑问题好的一方面，结果却是惨败。

定量预测的方法

大多数关于预测的论著认为定量预测方法源于西方国家。其实不然。我国古代既有定量预测的实践，也有定量预测的理论。《孙子·计》记载："夫未战而庙算胜者，得算多也。未战而庙算不胜者，得算少也。"这里的"算多""算少"即古代战前的以筹计量，分析敌我双方条件优劣之比，有利条件筹（胜算）多，可预期打赢，否则输。这可以说是世界上最早的定量预测方法和理论。宋朝的《棋经十三篇》仿《孙子兵法》，既是有关围棋的专著，又涉及定量预测方法。他指出，下围棋必须懂得计算，否则就不能判断形势，不能判断形势就不能预测胜负。计算得周密、准确，对胜棋就有把握，有信心；计算得不周密、不准确，就不会胜利；棋已经下完而不知道胜负的，则是因为没有计算。张靖还具体提出了如何通过计算来预测胜负的理论。当然，我国古代定量预测法只是一种早期的定量分析方法，无法与随着数学理论的发展而产生的近代定量预测方法相比。但是，这种萌芽状态的方法依然表明我国古代预测方法及理论的重要地位和影响。

"长期预测"的方法

从时间角度上，预测可分为短期预测和长期预测。草船借箭是我国古代短期预测的成功范例，诸葛亮凭借上知天文、下晓地理的博学多才，运筹帷幄，大胆预言三天能够"打造"出十万支箭。这是经典的短期预测。早在商周时，就有了"长期预测"的活动，如"大事则卜，小事则筮"（汉·郑玄《表记》），就是事关重大，宜从长计议。古代长期预测中最典型、得出最准确结论的当属诸葛亮未出茅庐就已将天下定于三分的预测。北宋著名的科学家沈括则凭借丰富的科学知识，根据调查分析和判断，对今陕西延安一带的石油进行了成功的长期预测。他大胆推测"石油至多，生于地中无穷"，并对石油制品及其利用做了"后必大行于世"的预言《梦溪笔谈·杂志》）。不愧为极其高明、准确的长期预测，同时也是对科学技术进行预测的最早的范例。

思考：

1. 古人圣贤成功的预测案例还有哪些？

2. 古人的定量预测和系统工程的预测方法有哪些不同？

6.1　物流系统预测概述

预测是对尚未发生或目前还不明确的事物进行预先的估计和推测，是在现时对事物将要发生的结果进行探讨和研究。预测的方法和手段总称为预测技术。

预测（或预测工作）实际是这样一个过程：从过去和现在已知的情况出发，利用一定的方法或技术去探索或模拟不可知的、未出现的或复杂的中间过程，推断出未来的结果。这个过程大体可以用图 6-1 来表示。

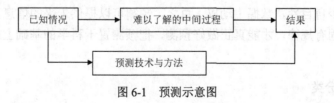

图 6-1　预测示意图

6.1.1　预测的目的和意义

从古至今，预测一直是人类所重视的一项工作。远在原始的氏族公社时期，就有专门从事预测的人。他们利用龟甲或兽骨去占卜（预测）战争的胜负、年成的好坏，并据此决定本氏族或本部落的行动。历代的占卜士、星相家、预言家、能人、智士们都力图对未来做出预测。他们想出各种方法去探讨和说明未来，因而他们的工作常常被罩上迷信和神秘的色彩。他们成功的预言使人惊叹并被广为流传。例如，诸葛亮在"隆中对"中对东汉末年政治形势所做的"三分天下"的预测就是如此。人们也常常把"先知"的桂冠赋予他们心目中的圣人。

随着人类社会和科学技术的发展，预测的技术也得到了不断发展，预测工作逐渐褪去了神秘的色彩，并从迷信和唯心主义走上了科学化的道路。

预测研究的是事物的未来，而未来之所以使人们感兴趣，是因为其与人们目前的行动有密切的联系。这主要表现在两个方面。一是了解事物发展的未来状况后，人们可以在目前就为它的到来做好准备。如果事物未来的发展状况是对人们有利的，则可以通过目前的决策去利用或扩大这个有利的未来。例如，工厂预测出生产的某种产品在半年之后会供不应求，那么，从现在起就应努力加大生产量，为市场的扩大做准备，以争取更好的经济效果。反之，如果预测出事物发展的未来对人们是不利的，则可以通过目前的决策，尽量减少这个不利带来的不良影响，以避免或减少损失。例如，当工厂预测出生产的某种产品在半年之后将会滞销，就应该从现在起减少或停止这种产品的生产，并以受用户欢迎的新产品去替换这种产品。二是通过预测可以了解目前的决策可能带来的后果，并通过对后果的分析来确定目前的决策，力争使目前的决策获得最佳的未来结果。例如，企业为了达到扩大生产能力的目的，可以采取对现有设备进行更新改造的办法，也可以采用添置新生产设备的办法，两者在投资、见效时间、经济效果等方面都是有差异的，只有通过预测去了解两种方法可能得到的未来结果，并对它们加以比较之后，才可能选择其中经济效果最好的一个作为执行方案。

近几十年来，科学技术在各个领域都得到了飞跃发展，人类社会的实践经验告诉人们，只有及时地了解社会发展动向，掌握未来科学技术发展趋势，才能促进国家的经济发展和技术进步。科学预测带来的经济效果是明显的，据国外统计，利用预测方法获得的收益比用于预测的开支高 50 倍以上；相反，缺乏必要的预测，会导致严重的经济后果和社会后果，并直接影响科学技术的发展。例如，一个大型企业，从设计、施工到投产，一般都需要好几年，如果设计时不能预见到未来的发展趋势和市场需求，那么，当这个企业竣工投产时就可能已经落后过时。可见，科学的预测有着十分重要的意义，它可以使人们在科学技术飞速发展、社会生产活动竞争激烈、人类社会各方面不断发生变化的环境中减少盲目性，掌握主动权。总之，预测可以提供未来的信息，唯有发现和掌握事物发展的固有规律，才能真正做好预测，把预测置于科学的基础上，为科学决策提供依据。

6.1.2 预测的分类

根据分类标准的不同，预测有不同的分类。

1. 按性质分类

（1）定性预测

定性预测是指依靠人的直观判断能力，对预测对象未来的趋势和性质进行直观判断的方法。这种方法主要是对预测对象未来状况的性质做预测。进行定性预测时，主要是通过对历史资料的分析和对未来条件的研究，凭借预测者的主观经验和逻辑推理能力，对事物未来表现的性质进行推测和判断。常用于定性预测的方法有历史分析法、德尔菲法、类推法、主观概率法、集思广益法等。

（2）定量预测

定量预测主要用于对预测对象未来状况做出定量的描述，如预测某年粮食的总产量、森林覆盖面积等。预测者利用历史和当前的数据，运用数学方法或其他分析技术，建立可以表现数量关系的模型，并利用它来计算预测对象在未来可能表现的数量。常用的定量预测方法有时间序列法、回归法、马尔可夫转移概率矩阵法、投入产出法和经济计量学方法等。

（3）定时预测

定时预测主要是对未来新技术出现的时间进行预测，如农作物新品种的出现时间、新禽种的育成和生物技术可能的重大突破等。常用的定时预测方法有专家调查法、类比法和生长曲线法等。

2. 按预测期限分类

（1）短期预测

短期预测是指预测的目标距现在的时间较近且经历的时间较短的预测活动，如预测当年的农作物产量、农业生产资料的需求量等。这种预测涉及当年工作安排，要求有较高的准确度，大多属于定量预测。

（2）中期预测

中期预测主要是为中期决策服务的。它的准确度可比短期预测要求低一些，一般属于定量预测，但有时应附加一些定性预测。

（3）长期预测

长期预测主要是为制定长远发展规划或战略发展规划服务的，如对某一地区未来5～10 年社会经济发展前景进行预测等。这类预测要求采用定性与定量相结合的方法。

3. 按限制条件分类

（1）条件预测

条件预测是在某些限制条件下预测对象的发展状况。这类预测实际上是在为决策者提供的多种选择方案中附加了某些限制条件。预测按各种不同方案实施时各自产生的历年效益也是条件预测。

（2）无条件预测

无条件预测是与条件预测相对而言的，它是不考虑决策条件或决策方案对预测对象发展的影响时所进行的预测。例如，农业上对某种农作物品种推广种植的"生命周期"的预测，即对该品种从试种、推广一直到被淘汰所经历时间长短的预测，而农作物品种生命周期的长短基本上不受具体种植单位决策的影响。

4. 按目标限制分类

（1）规范性预测

规范性预测预先确定某一事物的发展目标，并作为事物的规范。例如，到 2025 年我国粮食产量和农村经济社会总产值达到某一水平等，这些目标能否实现，实现这些目标应采取哪些措施，做出哪些决策，对上述各问题进行预测即为规范性预测。目前各地、县进行的"2025 年经济、社会和科技发展规划"中的预测多属于规范性预测。

（2）探索性预测

探索性预测是对未来发展的可能前景进行探索。规范性预测和探索性预测的主要区别为前者是从需求出发预测实现的可能性，而后者则是根据客观实际发展的规律预测未来的前景。

6.1.3　预测方法的选择

预测对象不同，选用的预测方法也不同。迄今为止，已出现的预测方法有数百种。在选择使用哪种预测方法时，应从预测对象和预测技术本身的特点出发，并权衡所需花费的费用和结果的应用价值。在面对具体对象时，还应该注意以下问题。

1）要考虑所要预测的对象是处于其自身历史情况的继续还是基本情况发生变化的转折点。

2）预测精度与所需费用相关。在达到相同精度的情况下，要尽可能选择简便、费用较低的方法。

3）要考虑历史资料的多少和收集资料所需的费用。通常采用所需资料不多的方法。

4）必须考虑预测允许的时间。在选择预测方法时，一定要注意事情的紧急性和收集资料的规定时间。

6.1.4　预测的基本原理

预测的原理就是关于人们为什么能够运用各种方法来对事物进行预测的道理。它是各种预测方法的基础，是科学预测的认识基础。有关预测的原理可以表述为以下几条。

1. 可测性原理

从理论上说，世界上一切事物的运动、变化都是有规律的，因而是可测的。人类不但可以认识预测对象的过去和现在，而且可以通过它的过去和现在推知其未来。这里的关键是要掌握事物发展的客观规律，注意事物发展全过程的统一，即过去、现在和未来的统一。可测性是一条最根本的原理。

2. 连续性原理

预测对象的发展总是呈现出随时间的推移而变化的趋势，这就是预测的连续性原理，它是我们利用时间序列方法进行预测的理论基础。但必须指出，连续性原理不适合于个人因素起很大作用的场合。例如，某种农产品的价格，可能会因决策者的主观意志而大幅度地提升或下降，这时若用基于连续性原理的时间序列方法来预测就会失败。

3. 类推性原理

世界上的事物都有类似之处，我们可以根据已出现的某一事物的变化规律来预测即将出现的类似事物的变化规律。在类推性预测中，要注意避免"一叶障目，不见其他"的错误倾向。

4. 反馈性原理

预测某种事物的结果，是为了现在对其做出相应的决策，即预测未来的目的在于指导当前，预先调整关系，以利未来的行动。

5. 系统性原理

任何一个预测对象都处在社会大系统中，因而要强调预测对象内在与外在的系统性。缺乏系统发展观点的预测，必将导致顾此失彼的决策。

6.1.5　预测的基本步骤

在预测研究中，由于预测对象、预测范围、预测时间区间、预测精度和预测方法的不同，具体的预测过程细节不可能完全相同，但一般都经历以下几个步骤。

1. 确定预测目标

进行预测，首先要明确预测目的和预测对象，即要清楚为什么进行预测和预测什么。预测的目的是根据决策的要求提出的。例如，当决策者只需要知道产品销售发展趋势时，能够预测出的销售量是增加的，或减少的，或不变的就行了；而当决策者要了解产品销售量能达到什么水平时，则需要对销售量的增加或减少的具体数值进行预测。因此，当对一个事物的发展变化进行预测时，首先要了解决策者的要求，并据此确定属于哪类预测和应满足的标准，等等。

2. 搜集整理有关资料

充分地占有资料是预测的基础。因此要根据预测目标的具体要求，在调查研究的基础上，系统地搜集进行预测所需要的各种资料，其中包括预测对象本身发展的历史资料，对预测对象发展变化起影响作用的各种因素的历史（包括目前）资料，形成这些资料的历史背景资料，以及各种影响因素在预测所要说明的未来期间内可能出现的情况。要尽量使搜集的资料系统全面。同时，对于搜集来的各种资料还要进行科学分析、加工和整理，找出预测对象发展变化的规律。分析时应注意资料的真实性、可靠性和适用性，剔除背离事物演变规律较远的个别数据资料，以及与预测对象关系不密切的影响因素。对于尚缺的必要的资料，应该想方设法加以搜集。

3. 选择预测方法

预测方法的种类很多，各种方法都有其特点和适用范围，究竟采用哪一种预测方法为好，应结合预测的目的和要求、预测对象本身的特点和占有资料的情况而定。在一项预测中，一般可以用多种预测方法求得预测结果，但由于人力、物力、财力、时间等条件的限制，不可能也不需要将每种可用的方法都试一下，往往只需选择其中的一种或几种就可达到目的。在实际工作中，主要是根据决策和计划工作对预测结果的要求，结合开展预测工作的条件和环境，本着经济、方便、效果好的原则，合理选择预测方法。

4. 建立预测模型

预测模型是对预测对象发展变化规律的近似模拟。因此，应在资料搜集齐全、处理好以及选定预测方法的基础上，科学地确定或建立可用于预测的模型。建立预测模型时既要考虑主要因素的影响，又要考虑其他因素的影响。

5. 评价模型

由于模型是利用历史资料得出的，它反映的是客观事物发展的历史规律，因此，应根据搜集到的有关未来情况的资料，对得到的预测模型加以分析和研究，评价其是否能够应用于对未来实际的预测。如果认为事物在未来的发展中将不再遵循预测模型所反映的规律，即预测模型不再适用于未来情况，则应舍弃该模型，重新建立可用于进行未来预测的模型；如果没有理由认为模型不能应用于预测未来的实际，就可以利用它去进行预测。

6. 利用模型进行预测

根据搜集的历史资料，利用经过评价所确定的预测模型，就可以计算或推测出预测对象的未来结果。这种计算和推测实际是在假设过去和现在的规律能够延续到未来的条件下进行的。也就是说，预测对象在预测期间内的发展变化不会发生大的异常。

7. 分析预测结果

得出预测结果后，要采用一定的检验方法对其进行评价。利用预测模型得到的预测结果有时并不一定与事物发展的实际结果完全相符。这是由于建立的模型是对实际情况的近似模拟，有的模型模拟效果可能好一些，而有的模拟效果则可能差一些。同时，在计算和推测过程中也难免会产生误差，再加上预测是在前述的假设条件下进行的，所以，预测结果与实际情况相比，难免会有较大的偏差。因此每次得到预测结果后，都应对预测结果加以分析和评价，通常的办法是根据常识和经验去检查、判断预测结果是否合理，与实际可能结果之间是否存在较大的偏差，未来条件的变化对实际结果产生多大的影响，预测结果是否可信，等等。此外，在条件允许的情况下，可以采用多种方法，将各种预测结果相互比较并征询专家意见，确保得到的预测结果是可信的。

8. 实施与应用

预测的结果是提供给有关决策部门用的，因此，应注意系统运行的信息监测与反馈，及时修正原来的预测结果。同时，从积累的预测误差中寻找预测系统的校正量，用以修正模型，改进预测方法，为今后进行类似预测提供依据。

从以上介绍可以看出，预测过程是一个搜集资料、选择技术和综合分析相结合的过程。资料是基础和出发点，预测技术的应用是核心，分析则贯穿了预测的全过程。可以说，没有分析，就不称其为预测。

6.2　时间序列分析预测

时间序列是系统中某一变量或指标的数值或统计变量，按时间顺序排列成一个数值序列 $x_1, x_2, \cdots, x_n$。时间序列中每一时间的数值都是由许多不同的因素同时发生作用后的综合结果。将各种可能影响的因素按其性质不同分成四类：长期趋势、季节变动、循环变动和不规则变动。在系统预测中讨论的每一个时间序列都是某一事物变化的随机过程的一个样本，它的一个本质特征是对相邻观测值的依赖性。时间序列预测的内容就是对样本中的这种依赖性进行分析研究，找出动态过程的特性和最佳的数学模型，估计模型参数，并检验利用数学模型进行统计预测的精度。

6.2.1　移动平均法

移动平均法是收集一组观察值，计算这组观察值的均值，将均值作为下一期的预测值。具体计算过程如下。

设时间序列 $x_1, x_2, \cdots, x_n$，对其中连续 $N(\leqslant n)$ 个数据点进行算术平均，得 t 时刻的移动平均值，记为 M_t，有

$$M_t = \frac{x_t + x_{t-1} + \cdots + x_{t-N+1}}{N} \tag{6-1}$$

移动平均法有两种极端情况：①在移动平均值的计算中，包括的过去观察值的实际个数 $N=1$，这是利用最新的观察值作为下一期的预测值；②$N=n$，这是利用全部 n 个观察值的算术平均值作为预测值。当数据随机因素较大时，宜选用较大的 N，这样有利于较大限度地平滑掉由随机性带来的严重偏差；反之，当数据的随机因素较小时，宜选用较小的 N，这样有利于跟踪数据的变化，并且预测值滞后的期数也少。

在移动平均法的基础上，还可采用加权移动平均法。加权移动平均法是对近期的观察值和远期的观察值赋予不同的权重后再进行预测。当时间序列的波动较大时，对较近时期的观察值赋予较大的权重，对较远时期的观察值则赋予较小的权重。当时间序列的波动不是很大时，对各期的观察值应赋予相近的权重。对移动间隔（步长）和权重的选择，也应以预测精度来确定，即用均方差来预测精度，选择一个均方差最小的移动间隔和权重的组合。

6.2.2 指数平滑法

移动平均法的预测值实质上是以前观测值的加权和，且对不同时期的数据给予相同的权重，这往往不符合实际情况。指数平滑法则对移动平均法进行了改进和发展，其应用较为广泛。

根据平滑次数不同，指数平滑法可分为一次指数平滑法、二次指数平滑法和三次指数平滑法等。但它们的基本思想都是：预测值是以前观测值的加权和，且对不同的数据给予不同的权重，时间越近的数据，其权重越大。

1. 一次指数平滑法

设时间序列 $y_1, y_2, y_3, \cdots, y_t$，则一次指数平滑公式为

$$S_t^{(1)} = \alpha y_t + (1-\alpha) S_{t-1}^{(1)} \tag{6-2}$$

式中，$S_t^{(1)}$——t 周期的一次指数平滑值；

α——加权系数，$0 < \alpha < 1$。

为了弄清指数平滑的实质，将式（6-2）依次展开，可得

$$S_t^{(1)} = \alpha \sum_{j=0}^{t-1} (1-\alpha)^j y_{t-j} + (1-\alpha)^t S_0^{(1)} \tag{6-3}$$

由于 $0 < \alpha < 1$，当 $t \to \infty$ 时，$(1-\alpha)^2 \to 0$，于是式（6-3）变为

$$S_t^{(1)} = \alpha \sum_{j=0}^{\infty} (1-\alpha)^j y_{t-j} \tag{6-4}$$

由此可见，$S_t^{(1)}$ 实际上是 $y_t, y_{t-1}, \cdots, y_{t-j}$ 的加权平均。加权系数分别为 $\alpha, \alpha(1-\alpha)$，$\alpha(1-\alpha)^2, \cdots$，是按几何级数衰减的，越近的数据，权重越大；越远的数据，权重越小，且权重之和等于 1，即 $\sum_{j=0}^{\infty} (1-\alpha)^j = 1$。因为加权系数符合指数规律，且又具有平滑数据的功能，所以称为指数平滑。

用上述平滑值进行预测，就是一次指数平滑法作为第 $t+1$ 周期的预测值。

2. 二次指数平滑法

当时间序列没有明显的趋势变动时，使用第 t 周期一次指数平滑就能直接预测第 $t+1$ 周期的值。但是当时间序列的变动出现直线趋势时，用一次指数平滑法预测仍存在明显的滞后偏差，因此，也需要进行修正。修正的方法是在一次指数平滑的基础上做第二次指数平滑，利用滞后偏差的规律找出曲线的发展方向和发展趋势，然后建立直线趋势预测模型，故称为二次指数平滑法。

设一次指数平滑为 $S_t^{(1)}$，则二次指数平滑 $S_t^{(2)}$ 的计算公式为

$$S_t^{(2)} = \alpha S_t^{(1)} + (1-\alpha) S_{t-1}^{(2)} \tag{6-5}$$

若时间序列 $y_1, y_2, y_3, \cdots, y_t$ 从某时期开始具有直线趋势，且认为未来时期亦按此直线趋势变化，则与趋势移动平均类似，可用如下的直线趋势模型来预测：

$$\hat{y}_{t+T} = a_t + b_t T \quad T = 1, 2, \cdots \tag{6-6}$$

式中，　t——当前周期数；

　　　　T——由当前周期数 t 到预测期的周期数；

　　　　$\hat{y}_{t+T}$——第 $t+T$ 周期的预测值；

　　　　a_t——截距；

　　　　b_t——斜率。

a_t 和 b_t 的计算公式分别为

$$a_t = 2S_t^{(1)} - S_t^{(2)} \tag{6-7}$$

$$b_t = \frac{\alpha}{1-\alpha}\left(S_t^{(1)} - S_t^{(2)}\right) \tag{6-8}$$

3. 三次指数平滑法

若时间序列的变动呈现二次曲线趋势，则需要用到三次指数平滑法。三次指数平滑是在二次指数平滑的基础上再进行一次平滑，其计算公式为

$$S_t^{(3)} = \alpha S_t^{(2)} + (1-\alpha) S_{t-1}^{(3)} \tag{6-9}$$

三次指数平滑法的预测模型为

$$y_{t+T} = a_t + b_t T + c_t T^2 \tag{6-10}$$

式中，

$$a_t = 3S_t^{(1)} + 3S_t^{(2)} + S_t^{(3)} \tag{6-11}$$

$$b_t = \frac{\alpha}{2(1-\alpha)^2}\left[(6-5\alpha)S_t^{(1)} - 2(5-4\alpha)S_t^{(2)} + (4-3\alpha)S_t^{(3)}\right] \tag{6-12}$$

$$c_t = \frac{\alpha}{2(1-\alpha)^2}\left[S_t^{(1)} - 2S_t^{(2)} + S_t^{(3)}\right] \tag{6-13}$$

在指数平滑法中，预测成功的关键是 α 的选择。α 的大小决定了在新预测值中新数据和原预测所占的比例。α 值越大，新数据所占的比重就越大，原预测值所占比重就越小。若把一次指数平滑法的预测公式改写为

$$y_{t+1} = y_t + \alpha(y_t - y_t) \tag{6-14}$$

则从式（6-14）可以看出，预测值是根据预测误差对原预测值进行修正得到的。α 的大小表明了修正的幅度。α 越大，修正的幅度越大；α 越小，修正的幅度越小。因此，α 不仅代表了预测模型对时间序列数据变化的反应速度，而且体现了预测模型修匀误差的能力。

在实际应用中，α 是根据时间序列的变化特性来选取的。若时间序列的波动不大，比较平稳，则 α 应取小一些，如 0.1～0.3；若时间序列具有迅速且明显的变动倾向，则 α 应取大一些，如 0.6～0.9。实质上，α 是一个经验数据，通过多个值进行试算比较而定，哪个值引起的预测误差小，就采用哪个。

6.2.3　趋势线拟合法

趋势线拟合法是用某种趋势线（直线或曲线）来对原数列的长期趋势进行拟合，其主要作用是进行外推预测。

常见的趋势方程有以下几个。

1）线性趋势方程——逐期增长量大致相等：

$$\hat{y}_t = a + bt \tag{6-15}$$

2）二次曲线趋势方程——逐期增长量大致等量递增或递减：

$$\hat{y}_t = a + bt + ct^2 \tag{6-16}$$

3）指数曲线方程——环比发展速度近似一个常数：

$$\hat{y}_t = ab^t \tag{6-17}$$

6.2.4　时间序列的速度

1. 发展速度与增长速度

发展速度是报告期水平与基期水平的比值，说明现象的变动程度。增长速度是增长量与基数的比值。

发展速度与增长速度的计算公式为

$$环比发展速度 = \frac{y_i}{y_{i-1}}(i=1,2,\cdots,n) \tag{6-18}$$

$$定基发展速度 = \frac{y_i}{y_0}(i=1,2,\cdots,n) \tag{6-19}$$

$$同比发展速度 = \frac{y_{本期}}{y_{i上年同期}} \tag{6-20}$$

$$环比增长速度 = \frac{y_i - y_{i-1}}{y_{i-1}}(i=1,2,\cdots,n) \tag{6-21}$$

$$定基增长速度 = \frac{y_i - y_0}{y_0}(i=1,2,\cdots,n) \tag{6-22}$$

$$同比增长速度 = \frac{y_{本期} - y_{i上年同期}}{y_{i上年同期-1}} \tag{6-23}$$

注意：发展速度与增长速度性质不同。前者是动态相对数，后者是强度相对数；定基增长速度与环比增长速度之间没有直接的换算关系。

序列中各逐期环比值（也称环比发展速度）的几何平均数减 1 后称为平均增长率（环比增长率）。平均增长率描述现象在整个观察期内平均增长变化的程度，通常用几何平均法求得。

平均增长率的计算公式为

$$\bar{G} = \sqrt[n]{\frac{Y_1}{Y_0} \times \frac{Y_2}{Y_1} \times \cdots \times \frac{Y_n}{Y_{n-1}}} - 1 = \sqrt[n]{\prod_{i=1}^{n} \frac{Y_i}{Y_{i-1}}} - 1 = \sqrt[n]{\frac{Y_n}{Y_0}} - 1 \tag{6-24}$$

【例 6-1】根据表 6-1 中的人均国内生产总值（gross domestic product，GDP），计算 2001—2015 年的平均增长速度，并根据平均增长率预测 2016 年和 2017 年的人均 GDP。

表 6-1 2001—2015 年的几项指标

年份	人均 GDP/元	人口自然增长率/‰	能源生产总量/万吨标准煤	居民消费价格指数（上年为 1）
2001	8 717	6.95	147 425	100.7
2002	9 506	6.45	156 277	99.2
2003	10 666	6.01	178 299	101.2
2004	12 487	5.87	206 108	103.9
2005	14 368	5.89	229 037	101.8
2006	16 738	5.28	244 763	101.5
2007	20 505	5.17	264 173	104.8
2008	24 121	5.08	277 419	105.9
2009	26 222	4.87	286 092	99.3
2010	30 876	4.79	312 125	103.3
2011	36 403	4.79	340 178	105.4
2012	40 007	4.95	351 041	102.6
2013	43 852	4.92	358 784	102.6
2014	47 203	5.21	361 866	102
2015	49 992	4.96	362 000	101.4

解： 首先根据公式计算，得年平均增长率为

$$\bar{G} = \sqrt[n]{\frac{Y_n}{Y_0}} - 1 = \sqrt[14]{\frac{49\,992}{8717}} - 1 = 1.132\,872 - 1 = 0.132\,872$$

2016 年和 2017 年的人均 GDP 的预测值分别为

$$\hat{Y}_{2016} = 2015年数值 \times (1 + 年平均增长率) = 49\,992 \times (1 + 13.29\%) = 56\,635.94(元)$$
$$\hat{Y}_{2017} = 2015年数值 \times (1 + 年平均增长率)^2 = 49\,992 \times (1 + 13.29\%)^2 = 64\,162.85(元)$$

2. 年度化增长率

用年度数据来计算增长率时，称为年度化增长率或年率。可将月份增长率或季度增长率转换为年度化增长率，计算公式为

$$G_A = \left(\frac{Y_i}{Y_{i-1}}\right)^{\frac{m}{n}} - 1 \tag{6-25}$$

式中，m——一年中的时期个数。季度增长率年度化时，$m=4$；月增长率年度化时，$m=12$。

n——所跨的时期总数。

【例 6-2】已知某地区有如下数据，计算年度化增长率。

1）2019 年 1 月的社会商品零售总额为 25 亿元，2020 年 1 月的社会商品零售总额为 30 亿元。

2）2018 年 3 月的财政收入总额为 240 亿元，2020 年 6 月的财政收入总额为 300 亿元。

3）2020年第一季度完成的GDP为500亿元，第二季度完成的GDP为510亿元。

4）2017年第四季度完成的工业增加值为280亿元，2020年第四季度完成的工业增加值为350亿元。

解：1）由于是月份数据，所以$m=12$；从2019年1月到2020年1月所跨的月份总数为12，所以$n=12$，$G_A=\left(\dfrac{30}{25}\right)^{\frac{12}{12}}-1=0.2$，即年度化增长率为20%。由于所跨的时期总数为一年，这实际上就是年增长率，也就是该地区社会商品零售总额的年增长率为20%。

2）$m=12$，$n=27$，年度化增长率$G_A=\left(\dfrac{300}{240}\right)^{\frac{12}{27}}-1=0.1043$，即该地区财政收入的年增长率为10.43%。

3）由于是季度数据，所以$m=4$，从第一季度到第二季度所跨的时期总数为1，所以$n=1$，年度化增长率为$G_A=\left(\dfrac{510}{500}\right)^{\frac{4}{1}}-1=0.0824$，即根据第一季度和第二季度数据计算的GDP年增长率为8.24%。

4）$m=4$，从2017年第四季度到2020年第四季度所跨的季度总数为12，所以$n=12$，$G_A=\left(\dfrac{350}{280}\right)^{\frac{4}{12}}-1=0.0772$，即根据2017年第四季度到2020年第四季度的数据计算，工业增加值的年增长率为7.72%。

6.2.5 季节指数

季节指数表征事件的季节规律，如图6-2所示的某商品销售量的季节变化。

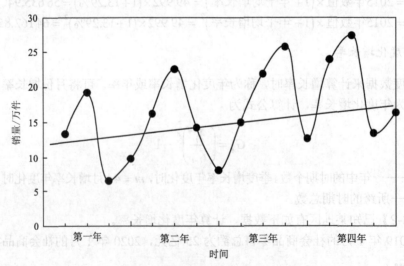

图6-2 某商品销售量的季节变化

1. 季节变动的含义

季节变动是指在一定时期内，受自然季节变化或人文习惯因素的影响而形成的有规则的周期性的重复变动。季节变动的特征：有规律的变动，按一定的周期重复进行，每个周期的变化大体相同，最大周期为一年。

2. 原始资料平均法

季节变动的分析可以直接用原始数据计算平均数得到。计算平均数的时候，可以用直接平均法，也可以用比率按月（季）平均法，计算步骤如下。

1）计算各年同月（季）的平均数：

$$\bar{y}_j = \frac{1}{k}\sum_{i=1}^{k} y_{ij}, \quad i = 1 \sim k \text{年}, \quad j = 1 \sim 12 \text{月或} j = 1 \sim 4 \text{季}$$

2）计算各年所有月份（或季度）的总平均数 $\bar{y}$。

3）计算季节系数 S_j，其计算公式为

$$S_j = \frac{\bar{y}_j}{\bar{y}}$$

3. 趋势剔除法

使用趋势剔除法的原因：当存在向上的长期趋势时，原始资料平均法对于每年前面季节的季节比率有所弱化，对后面季节的季节比率则有所夸大。

趋势剔除法的基本过程如下。

（1）计算移动平均值

假定时间序列各要素的组合模型为

$$y_i = T_i \cdot S_i \cdot C_i \cdot I_i \tag{6-26}$$

则移动平均值包括长期趋势和循环变动，结果即为 $M_i = T_i \cdot C_i$，可称为趋势-循环值；若时间序列不包括循环变动，则所求移动平均值即为长期趋势值，即 $M_i = T_i$，可称为趋势值。

（2）剔除趋势成分（或趋势-循环值成分）

将时间序列各期发展水平除以相应时间的移动平均值即可剔除趋势成分（或趋势-循环值成分）：

$$\frac{y_i}{M_i} = \frac{y_i}{T_i \cdot C_i} = \frac{T_i \cdot S_i \cdot C_i \cdot I_i}{T_i \cdot C_i} = S_i \cdot I_i \tag{6-27}$$

或

$$\frac{y_i}{M_i} = \frac{y_i}{T_i} = \frac{T_i \cdot S_i \cdot I_i}{T_i} = S_i \cdot I_i \tag{6-28}$$

（3）消除不规则变动

将各年同期的 $S_i \cdot I_i$ 时间序列发展水平进行简单算术平均，消除不规则变动 I_i，从而得到季节指数 S_i。

（4）计算调整季节指数

调整的方法是首先计算调整系数 r，然后用调整系数 r 分别乘以各月（季）季节指数 S_i，即得调整季节指数。

月度数据调整系数的计算公式为

$$r = \frac{1200\%}{调整前各月季节指数之和}$$

季度数据调整系数的计算公式为

$$r = \frac{400\%}{调整前各季季节指数之和}$$

【例 6-3】 某水产销售公司 2016—2018 年各季度水产品的销售资料如表 6-2 所示，用趋势剔除法测定水产品销售量的季节指数。

表 6-2　某水产销售公司的销售资料　（单位：万千克）

年份	销售量			
	第一季度	第二季度	第三季度	第四季度
2016	1.05	0.85	2.04	1.48
2017	1.83	1.70	4.46	3.17
2018	3.21	3.85	6.33	4.80

解： 用趋势剔除法分析季节变动的计算过程见表 6-3。其中，四项移动平均为采取式（6-1）计算的每四项移动平均值，M_i 为四项移动平均每相邻两项的平均数。

表 6-3　用移动平均趋势剔除法测定水产品销售量季节指数计算表

季度		销售量 y_i	四项移动平均	M_i	y_i/M_i
2016 年	第一季度	1.05			
	第二季度	0.85			
	第三季度	2.04	1.3550	1.4525	1.4045
	第四季度	1.48	1.5500	1.6563	0.8936
2017 年	第一季度	1.83	1.7625	2.0650	0.8862
	第二季度	1.70	2.3675	2.5788	0.6592
	第三季度	4.46	2.7900	2.9625	1.5055
	第四季度	3.17	3.1350	3.4038	0.9313
2018 年	第一季度	3.21	3.6725	3.9063	0.8218
	第二季度	3.85	4.1400	4.3438	0.8863
	第三季度	6.33	4.5475		
	第四季度	4.80			

根据季节指数调整公式调整后的各季节指数如表 6-4 所示，其中*为八项季节系数的平均数，季节指数为同季平均数除以总季节指数。

表 6-4　调整后各季节指数

年份	第一季度	第二季度	第三季度	第四季度	合计	平均
2016			1.404 5	0.893 6	2.298 1	1.149 05
2017	0.886 2	0.659 2	1.505 5	0.931 3	3.982 2	0.995 55
2018	0.821 8	0.886 3			1.708 1	0.854 05
同季平均	0.854	0.772 75	1.455	0.912 45	3.994 2	0.998 55*
调整季节指数/%	85.524 0	77.387 2	145.711 3	91.377 5	400	100

6.3　回归分析预测方法

由于系统中元素之间的相互作用、相互影响，系统中对象发展变化的过程是许多其他因素共同作用的综合结果。这些因素与变量之间常常存在统计依赖关系，但却没有确定的函数形式加以描述。因此可以依据大量的观测统计数据，利用控制论的"黑箱"（black box）模型原理来找出这些因素之间的统计规律，并选用合适的数学方程式加以描述。回归分析就是进行这项工作的一种最简单、最有效、最常用的方法。

回归分析根据自变量的个数通常分为一元回归分析和多元回归分析，根据变量之间的相互关系又可分为线性回归分析和非线性回归分析两种。非线性回归分析一般可以转化成线性回归分析来进行。

回归分析是一种数理统计方法，主要内容如下。

1）从一组数据出发，确定因变量和自变量之间的关系式。

2）对关系式中的参数进行估计，并进行统计检验。

3）筛选自变量，即从大量自变量中找出影响显著的，剔除影响不显著的。

4）用求得的回归模型进行预测。

5）对预测结果进行分析、评价。

6.3.1　线性回归的模型

1. 一元线性回归模型

一元线性回归预测的表达式是一元线性方程

$$y = a + bx \tag{6-29}$$

如果已知 n 组样本数据为 $(x_1, y_1), (x_2, y_2), \cdots, (x_n, y_n)$，则应满足

$$y_i = a + bx_i + \varepsilon_i \, (i = 1, 2, \cdots, n) \tag{6-30}$$

若假设 ε_i 服从同一正态分布 $N(0, \sigma)$，且 ε_i 相互独立，那么由式（6-29）就可以利用最小二乘法估计出参数 a, b 的值 $\hat{a}$，$\hat{b}$，则一元线性回归预测模型可表示为

$$\hat{y} = \hat{a} + \hat{b}x \tag{6-31}$$

或简写为

$$\hat{y} = a + bx \tag{6-32}$$

2. 多元线性回归模型

设系统变量 y 与 k 个自变量 $x_1, x_2, \cdots, x_k$ 之间存在统计关系，且可表示为

$$y = a_0 + a_1 x_1 + a_2 x_2 + \cdots + a_k x_k \tag{6-33}$$

若给定 n 组样本数据点，即 $(y_1, x_{11}, x_{21}, \cdots, x_{k1}), (y_2, x_{12}, x_{22}, \cdots, x_{k2}), \cdots, (y_n, x_{1n}, x_{2n}, \cdots, x_{kn})$，则其满足

$$y_i = a_0 + a_1 x_{1i} + a_2 x_{2i} + \cdots + a_k x_{ki} + \varepsilon_i \, (i = 1, 2, \cdots, n) \tag{6-34}$$

设 $\varepsilon_i \sim N(0, \sigma) (i = 1, \cdots, n)$，那么可由最小二乘法获得多元线性回归模型为

$$\hat{y} = a_0 + a_1 x_1 + a_2 x_2 + \cdots + a_k x_k \tag{6-35}$$

6.3.2 线性回归模型的参数估计

下面以多元线性回归模型来讨论其参数估计。若假设式（6-34）的 ε_i 服从同一分布 $N(0, \ \sigma)$，且相互独立，那么其 $k+1$ 个参数 $a_j (j = 0, 1, \cdots, k)$ 可以利用最小二乘法进行估计。

设

$$\boldsymbol{A} = \begin{bmatrix} a_0 \\ a_1 \\ \vdots \\ a_k \end{bmatrix}, \quad \boldsymbol{Y} = \begin{bmatrix} y_1 \\ y_2 \\ \vdots \\ y_n \end{bmatrix}, \quad \boldsymbol{\Sigma} = \begin{bmatrix} \varepsilon_1 \\ \varepsilon_2 \\ \vdots \\ \varepsilon_n \end{bmatrix}, \quad \boldsymbol{X} = \begin{bmatrix} 1 & x_{11} & x_{21} & \cdots & x_{k1} \\ 1 & x_{12} & x_{22} & \cdots & x_{k2} \\ \vdots & \vdots & \vdots & & \vdots \\ 1 & x_{1n} & x_{2n} & \cdots & x_{kn} \end{bmatrix}$$

于是，式（6-34）可表示为

$$\boldsymbol{Y} = \boldsymbol{XA} + \boldsymbol{\Sigma} \tag{6-36}$$

式中，$\boldsymbol{A}$——待估计参数向量。

定义性能指标为估计的误差平方和

$$Q = \sum_{i=1}^{n} (y_i - \hat{y}_i)^2 = \| \boldsymbol{Y} - \hat{\boldsymbol{Y}} \|^2 \tag{6-37}$$

式中，$\hat{\boldsymbol{Y}}$——拟合值向量，$\hat{\boldsymbol{Y}} = \boldsymbol{XA}$。

因此 $Q = (\boldsymbol{Y} - \boldsymbol{XA})^{\mathrm{T}} (\boldsymbol{Y} - \boldsymbol{XA})$，由 $\dfrac{\partial Q}{\partial \boldsymbol{A}} = 0$ 得

$$-2\boldsymbol{X}^{\mathrm{T}} \boldsymbol{Y} + 2\boldsymbol{X}^{\mathrm{T}} \boldsymbol{XA} = 0$$

所以，在 $\boldsymbol{X}^{\mathrm{T}} \boldsymbol{X}$ 可逆的情况下，即有

$$\boldsymbol{A} = \left(\boldsymbol{X}^{\mathrm{T}} \boldsymbol{X} \right)^{-1} \left(\boldsymbol{X}^{\mathrm{T}} \boldsymbol{Y} \right) \tag{6-38}$$

通常记 $\boldsymbol{R} = \boldsymbol{X}^{\mathrm{T}} \boldsymbol{X}$，称为系数矩阵，它是一个对称矩阵。

由式（6-38）可知，要由 n 个样本点数据估计出 $k+1$ 个回归系数，那么只要 $\boldsymbol{R} = \boldsymbol{X}^{\mathrm{T}}$ 非奇异，就可以方便地由式（6-38）完成，而且可用标准的算法在计算机上实现。

此外，若将式（6-35）直接代入性能指标，得

$$Q = \sum_{i=1}^{n} (y_i - \hat{y}_i)^2 = \sum_{i=1}^{n} (y_i - a_0 - a_1 x_{1i} - \cdots - a_k x_{ki})^2$$

同样，欲估计参数 $a_0, a_1, \cdots, a_k$，应满足如下条件：

$$\begin{cases} \dfrac{\partial Q}{\partial a_0} = -2\sum_{i=1}^{n}(y_i - a_0 - a_1 x_{1i} - \cdots - a_k x_{ki}) = 0 \\[2mm] \dfrac{\partial Q}{\partial a_1} = -2\sum_{i=1}^{n} x_{1i}(y_i - a_0 - a_1 x_{1i} - \cdots - a_k x_{ki}) = 0 \\[2mm] \dfrac{\partial Q}{\partial a_k} = -2\sum_{i=1}^{n} x_{ki}(y_i - a_0 - a_1 x_{1i} - \cdots - a_k x_{ki}) = 0 \end{cases} \tag{6-39}$$

整理式（6-39）即可得便于手动操作的低阶（$k \leqslant 3$）回归方法：

$$\begin{cases} na_0 + a_1 \sum x_{1i} + a_2 \sum x_{2i} + \cdots + a_k \sum x_{ki} = \sum y_i \\[2mm] a_0 \sum x_{1i} + a_1 \sum x_{1i}^2 + a_2 \sum x_{1i}x_{2i} + \cdots + a_k \sum x_{1i}x_{ki} = \sum x_{1i}y_i \\[2mm] a_0 \sum x_{ki} + a_1 \sum x_{ki}x_{1i} + a_2 \sum x_{ki}x_{2i} + \cdots + a_k \sum x_{ki}^2 = \sum x_{ki}y_i \end{cases} \tag{6-40}$$

式中，$\sum$ 均表示 $\sum\limits_{i=1}^{n} x$。

解式（6-40）方程组，就可以得到 $a_0, a_1, \cdots, a_k$ 的估计值。

6.3.3 线性回归模型的统计特征

1. 回归系数的统计性质

1）最小二乘法估计 $\hat{A}$ 是 A 的无偏估计。这一点可由下式看出：

$$E(\hat{A}) = E\left[(X^{\mathrm{T}}X)^{-1}X^{\mathrm{T}}Y\right] = (X^{\mathrm{T}}X)^{-1}X^{\mathrm{T}}E(Y)$$
$$= (X^{\mathrm{T}}X)^{-1}X^{\mathrm{T}}\left[XA + E(\Sigma)\right] = (X^{\mathrm{T}}X)^{-1}X^{\mathrm{T}}XA = A \tag{6-41}$$

因为 $\Sigma = (\varepsilon_1, \varepsilon_2, \cdots, \varepsilon_n)^{\mathrm{T}}$，$\varepsilon_i \sim N(0, \sigma)(i = 1, 2, \cdots, n)$，所以 $E(\Sigma) = (0, 0, \cdots, 0)^{\mathrm{T}}$。

2）估计系数向量 $\hat{A}$ 的协方差矩阵为 $\sigma^2 R^{-1}$。因为

$$E\left\{\left[\hat{A} - E(\hat{A})\right]\left[\hat{A} - E(\hat{A})\right]^{\mathrm{T}}\right\}$$

$$= E\left\{\left[(X^{\mathrm{T}}X)^{-1}(X^{\mathrm{T}}Y) - E\left((X^{\mathrm{T}}X)^{-1}(X^{\mathrm{T}}Y)\right)\right]\left[(X^{\mathrm{T}}X)^{-1}(X^{\mathrm{T}}Y) - E\left((X^{\mathrm{T}}X)^{-1}(X^{\mathrm{T}}Y)\right)\right]^{\mathrm{T}}\right\}$$

$$= \left[(X^{\mathrm{T}}X)^{-1}X^{\mathrm{T}}\right]\left[(X^{\mathrm{T}}X)^{-1}X^{\mathrm{T}}\right]^{\mathrm{T}} E\left\{[Y - E(Y)][Y - E(Y)]^{\mathrm{T}}\right\}$$

$$= (X^{\mathrm{T}}X)^{-1} E\left\{\Sigma\Sigma^{\mathrm{T}}\right\}$$

由于 $(X^{\mathrm{T}}X) = R$，$E\{\varepsilon_i \varepsilon_j\} = \begin{cases} 0, & (i \neq j) \\ \sigma^2, & (i = j) \end{cases}$，因此 $E\{\Sigma\Sigma^{\mathrm{T}}\} = \sigma^2 I$，$I$ 为单位矩阵，所以

$$E\left\{\left[\hat{A} - E(\hat{A})\right]\left[\hat{A} - E(\hat{A})\right]^{\mathrm{T}}\right\} = \begin{bmatrix} D(\hat{a}_0) & \mathrm{cov}(\hat{a}_0, \hat{a}_1) & \cdots & \mathrm{cov}(\hat{a}_0, \hat{a}_k) \\ \mathrm{cov}(\hat{a}_0, \hat{a}_1) & D(\hat{a}_1) & \cdots & \mathrm{cov}(\hat{a}_1, \hat{a}_k) \\ \vdots & \vdots & & \vdots \\ \mathrm{cov}(\hat{a}_k, \hat{a}_0) & \mathrm{cov}(\hat{a}_k, \hat{a}_0) & \cdots & D(\hat{a}_k) \end{bmatrix} = \sigma^2 R^{-1}$$

2. 相关系数

为讨论方便，现特定义回归平方和 $S_回$，剩余平方和 $S_剩$ 及总平方和 $S_总$，如表 6-5 所示。

表 6-5　$S_回$、$S_剩$ 和 $S_总$ 的定义

平方和	定义	自由度
$S_回$	$\sum_{i=1}^{n}(\hat{y}_i - \overline{y})^2$	k
$S_剩$	$\sum_{i=1}^{n}(y_i - \hat{y}_i)^2$	$n-k-1$
$S_总$	$S_回 + S_剩 = \sum_{i=1}^{n}(y_i - \overline{y})^2$	$n-1$

（1）复相关系数

复相关系数 r 的计算公式为

$$r = \sqrt{\frac{S_回}{S_总}} = \sqrt{1 - \frac{S_剩}{S_总}} = \sqrt{\frac{\sum_{i=1}^{n}(\hat{y}_i - \overline{y})^2}{\sum_{i=1}^{n}(y_i - \overline{y})^2}} \qquad (6\text{-}42)$$

它表示因变量 y 对 k 个自变量 $x_1, x_2, \cdots, x_k$ 的整体线性相关程度。r 有时简称为相关系数。

（2）单相关系数（一元相关系数）

y 对自变量 x_j 的单相关系数 $r_{y,j}$ 是不计其余自变量的影响，y 对 x_j 进行一元回归的相关系数。

$$r_{y,j} = \sqrt{1 - \frac{S_剩(y,j)}{S_总}} = \frac{\sum_{i=1}^{n}(x_{ji} - \overline{x}_j)(y_i - \overline{y})}{\sqrt{\sum_{i=1}^{n}(x_{ji} - \overline{x}_j)^2 \sum_{i=1}^{n}(y_i - \overline{y})^2}} \qquad (6\text{-}43)$$

（3）偏相关系数

在多元回归分析中，可以定义各个自变量对因变量的影响程度（即偏相关系数），筛选出对因变量影响最大的自变量，将其作为回归自变量。在计算某一自变量 x_j 对 y 的偏相关系数时，将把其他自变量 $x_i(i=1,2,\cdots,n, 且 i \neq j)$ 作为常量处理，并设法考虑它们对 y 的影响。x_j 对 y 的偏相关系数 $R_{y,j}$ 定义如下：

$$R_{y,j} = \sqrt{1 - \frac{S_剩}{S'_剩}} \qquad (6\text{-}44)$$

式中，$S'_剩$——y 只对 $x_i(i=1,2,\cdots,n, 且 i \neq j)$ 进行回归的剩余平方和；

$\dfrac{S_剩}{S'_剩}$——在 $x_i(i=1,2,\cdots,n, 且 i \neq j)$ 基础上，再加上 x_j 作自变量来进行回归时，能

为因变量 y 额外提供信息的程度。

显然，偏相关系数 $R_{y,j}$ 越大（越接近 1），表示自变量 x_j 对因变量 y 的作用越大，越

不可忽视。

3. 相关系数与相关关系

回归模型相关系数的数值可由式（6-42）~式（6-44）确定，而其符号（除 r 以外）则应与相应的参数 a_j 的符号一致。这样 $r_{y,j}$ 及 $R_{y,j}$ 的取值范围为

$$-1 \leqslant r_{y,j} \leqslant 1 \quad \text{或} \quad -1 \leqslant R_{y,j} \leqslant 1 \tag{6-45}$$

下面以一元回归模型说明 r、$r_{y,j}$ 或 $R_{y,j}$ 取值与 x_j 同 y 的相关关系之间的联系。对于多元回归模型，r、$r_{y,j}$ 或 $R_{y,j}$ 完全相同，读者可以自行将结论推广到多元回归模型。

1）当 $|r|=1$ 时，样本点完全落在回归直线上，则 y 与 x 有完全的线性关系。$r=1$ 时，表示 y 与 x 正完全线性相关，如图 6-3（a）所示；$r=-1$ 时，表示 y 与 x 负完全线性相关，如图 6-3（b）所示。

2）当 $0<r<1$ 时，表示 y 与 x 有一定的正线性相关关系，即 y 随 x 的增加而成比例增加，如图 6-3（c）所示。

3）当 $-1<r<0$ 时，表示 y 与 x 有一定的负线性相关关系，即 y 随 x 的增加而成比例减少，如图 6-3（d）所示。

4）当 $r=0$ 时，则说明 y 与 x 之间不存在线性相关关系，或者二者之间确实没关系，或者二者之间不存在线性关系，但可能存在其他关系，如图 6-3（e）和（f）所示。

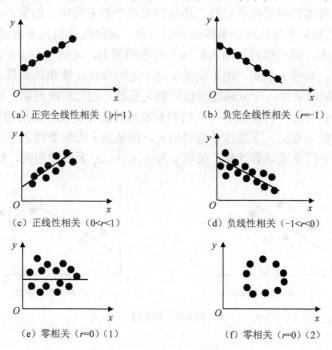

（a）正完全线性相关（|r|=1）   （b）负完全线性相关（r=-1）

（c）正线性相关（0<r<1）   （d）负线性相关（-1<r<0）

（e）零相关（r=0）（1）   （f）零相关（r=0）（2）

图 6-3 相关系数与相关关系

6.3.4 回归模型的统计检验

对于利用最小二乘法建立起来的线性回归模型，在用于实际预测之前，必须对事先

的一些假设，如线性假设、残差的独立性假设，以及模型的相关程度和对实际数据的拟合程度等方面，进行数理统计意义上的检验，以证实模型是否可用于实际预测。常用的统计检验有标准离差（S）检验、相关系数（r）检验、显著性（F,t）检验和随机性（DW）检验。

1. 标准离差检验

标准离差 S 用来检验回归预测模型的精度，其计算公式为

$$S = \sqrt{\frac{1}{n-R-1}\sum_{i=1}^{n}(y_i - \hat{y}_i)^2} \tag{6-46}$$

从式（6-46）可以看出，S 反映了回归预测模型所得到的估计值 $\hat{y}_i$ 与样本数值 y_i 之间的平均误差，所以 S 的值越趋于零越好，一般要求 $\frac{S}{\bar{y}} \in (10\%, 15\%)$。

2. 相关系数检验

由相关系数的定义及其与相关关系的讨论可以看到，只有当 $|r|$ 接近 1 时，y 与 $x_1, x_2, \cdots, x_k$ 之间才能用线性回归模型来描述其关系。但在实际预测中，$|r|$ 应该大到什么程度，才能说明 y 与 $x_1, x_2, \cdots, x_k$（对于偏相关系数为 y 与 x_j）之间的线性关系是显著的呢？这除了与样本数据值有关以外，还与样本点个数 n 有关。如图 6-4（a）所示，当 $n=4$ 时，y 与 x 之间似乎用线性关系描述得很合理，这时线性相关系数可能大到 $r=0.90$。但若多取几个样本，则可能有如图 6-4（b）所示的情形，这时 y 与 x 不再是线性相关。因此，在 $n=4$ 时，即使 $r=0.90$，也不能说 x 与 y 之间存在线性相关关系，这主要是因为 n 太小了。在实际检验中，可以通过与临界相关系数 r_a 的比较来判断，这就是相关性检验。统计学家为相关性检验编制了一个相关系数检验临界值表。如果相关系数 r 在某个显著性水平（一般取 0.05）下超过了临界值 r_a，则认为 r 在显著性水平 α 下同 0 显著不同，否则就认为 r 同 0 无显著差异，说明 y 与 $x_1, x_2, \cdots, x_k$ 无线性相关，检测不能通过。

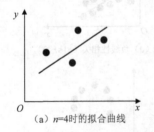 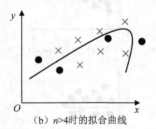

（a）$n=4$时的拟合曲线　　（b）$n>4$时的拟合曲线

图 6-4　相关性

3. 回归系数的显著性检验（t 检验）

回归方程的显著性检验是对方程的总体的检验，并不能说明每个自变量 x_i 和 y 的相关关系都是显著的。为此，还需对 y 与各个因变量分别进行显著性检验。

假设

$$H_0 : a_j = 0 \quad j \in (0, 1, \cdots, k) \tag{6-47}$$

因为

$$E(\hat{a}_j) = a_j \tag{6-48}$$

$$D(\hat{a}_j) = c_{ij} \sigma^2 \tag{6-49}$$

则

$$\frac{\hat{a}_j - a_j}{c_{ij} \sigma^2} \sim N(0, 1) \tag{6-50}$$

于是有

$$t = \frac{\dfrac{\hat{a}_j - a_j}{\sqrt{c_{jj}}}}{\sqrt{\dfrac{S_{剩}}{n - k - 1}}} \sim t(n - k - 1) \tag{6-51}$$

因假设 $a_j = 0$，所以有

$$t = \frac{\dfrac{\hat{a}_j}{\sqrt{c_{jj}}}}{\sqrt{\dfrac{S_{剩}}{n - k - 1}}} = \frac{\hat{a}_j}{\hat{\sigma} \sqrt{c_{jj}}} \tag{6-52}$$

只有满足

$$t = \frac{\hat{a}_j}{\hat{\sigma} \sqrt{c_{jj}}} > t_a(n - k - 1) \tag{6-53}$$

才否定假设，即承认 x_j 对 y 有显著影响，否则，接受假设。x_j 对 y 的影响不显著，且可以考虑从回归方程中将其剔除，得到新的回归模型

$$\hat{y} = a_0^* + a_{01}^* + \cdots + a_{j-1}^* x_{j-1} + a_{j+1}^* x_{j+1} + \cdots + a_k^* x_k \tag{6-54}$$

且式（6-54）中的系数与式（6-33）中的系数存在下面的关系：

$$a_i^* = a_i - \frac{c_{ji}}{c_{jj}}(j \neq i) \tag{6-55}$$

4. 剩余项（残差）的自相关检验（DW 检验）

在利用最小二乘法对回归参数进行估计时，我们曾假定拟合误差 ε_i 之间是相互独立的，然而，现实问题不一定能满足这个条件。如果 ε_i 是相关的，即存在序列相关，则当采用最小二乘法建立回归预测模型时，将会使 $a_i(i = 0, 1, \cdots, k)$ 的估计不再具有最小方差，即不再是有效的估计量，这将使系统检验功能减小，置信区间过宽，使预测失效。因而，必须对回归预测模型进行序列相关检验，以保证预测结果的有效性。

相关性检验方法首先由德宾（Durbin）和沃森（Watson）提出，故又称 DW 检验。检验方法如下。

首先，构造 DW 统计量。

$$DW = \frac{\sum_{i=2}^{n}(\varepsilon_i - \varepsilon_{i-1})^2}{\sum_{i=1}^{n}\varepsilon_i^2}$$ （6-56）

其次，拟定显著性水平 α，查 DW 检验表。由于 DW 数值在 0～4 之间，于是可根据表 6-6 的检验规则进行 ε_i 的相关性判别。

表 6-6　DW 检验规则

DW 值	检验结论
$0 \leqslant DW < d_l$	ε_i 存在正自相关
$d_l \leqslant DW < d_u$	不能确定 ε_i 是否存在自相关
$d_u \leqslant DW < 4 - d_u$	ε_i 无自相关
$4 - d_u \leqslant DW < 4 - d_l$	不能确定 ε_i 是否存在自相关
$4 - d_l \leqslant DW \leqslant 4$	ε_i 存在负自相关

显然，DW 值等于 2 时最好。根据经验，若 DW 值在 1.5～2.5 之间，一般可表示无明显的自相关问题。如果检验结果表明 ε_i 之间存在自相关，那么需要通过数据变换来消除它。这方面请读者参考数理统计学、计量经济学等专门书籍。

5. 预测区间的确定

经过以上检验并通过后，回归模型可用于预测。但是，由于回归模型是经数理统计方法得到的，有一定的误差，因而会使得预测结果也有一定的误差，亦即预测结果有一定的波动范围，这个范围就是预测置信区间。确定方法如下：

根据正态分布理论，当置信度为 95% 时，预测区间为

$$\left.\begin{array}{l} 上限\hat{y}_H = \hat{y}_0 + 2S \\ 下限\hat{y}_L = \hat{y}_0 - 2S \end{array}\right\}$$ （6-57）

式中，S——标准离差；

$\hat{y}_0$——对于某组自变量取值为 $x_{10}, x_{20}, \cdots, x_{k0}$ 时的预测值。

于是，预测区间可表示为 $(\hat{y}_L, \hat{y}_H)$。

【例 6-4】　某企业固定资产 x_1、职工人数 x_2 和利润总额 y 的统计数据如表 6-7 中的第 2～4 列所示。试建立以 x_1、x_2 为自变量的利润回归预测模型。

表 6-7　某企业固定资产、职工人数和利润总额的统计数据

年份	y_i	x_1	x_2	x_{1i}^2	x_{2i}^2	$x_{1i}x_{2i}$	$x_{1i}y_i$	$x_{2i}y_i$	y_i^2
2012	233	250	161	62 500	25 921	40 250	58 250	37 513	54 289
2013	238	257	163	66 049	26 559	41 891	61 166	38 794	56 644
2014	261	271	167	73 441	27 889	45 257	70 731	43 587	68 121
2015	264	290	169	84 100	28 561	19 010	76 560	44 610	69 696
2016	270	300	171	90 000	29 241	51 300	81 000	46 170	72 900
2017	273	296	176	87 616	30 976	52 096	80 808	48 048	74 529

续表

年份	y_i	x_1	x_2	x_{1i}^2	x_{2i}^2	$x_{1i}x_{2i}$	$x_{1i}y_i$	$x_{2i}y_i$	y_i^2
2018	285	311	180	96 721	32 400	55 980	88 635	51 300	81 225
2019	298	320	181	102 400	32 761	57 920	95 360	53 938	88 804
2020	304	325	185	105 625	34 225	60 125	98 800	56 240	92 416
2021	315	338	187	114 244	34 969	63 206	106 470	58 905	99 225
Σ	2 741	2 958	1 740	882 696	303 512	517 035	817 780	479 111	757 849

解: 采用手动方法, 先计算有关项, 如表 6-7 所示。于是有 $\bar{x}_1 = 295.8, \bar{x}_2 = 174, \bar{y} = 274.1$。

现设代建的回归预测模型为

$$\hat{y} = a_0 + a_1 x_1 + a_2 x_2$$

那么, 有

$$R = X^{\mathrm{T}}X = \begin{bmatrix} n & \sum x_{1i} & \sum x_{2i} \\ \sum x_{1i} & \sum x_{1i}^2 & \sum x_{1i}x_{2i} \\ \sum x_{2i} & \sum x_{1i}x_{2i} & \sum x_{2i}^2 \end{bmatrix}$$

$$= \begin{bmatrix} 10 & 2\,958 & 1\,740 \\ 2\,958 & 882\,696 & 517\,035 \\ 1\,740 & 517\,035 & 303\,512 \end{bmatrix}$$

而

$$C = R^{-1} = \begin{bmatrix} 185.0231 & 0.5873 & -2.0611 \\ 0.5873 & 0.0024 & -0.0074 \\ -2.0611 & -0.0074 & 0.0245 \end{bmatrix}$$

又

$$X^{\mathrm{T}}Y = \begin{bmatrix} \sum x_{yi} \\ \sum x_{1i}y_i \\ \sum x_{2i}y_i \end{bmatrix} = \begin{bmatrix} 2\,741 \\ 817\,780 \\ 479\,111 \end{bmatrix}$$

于是

$$A = \begin{bmatrix} a_0 \\ a_1 \\ a_2 \end{bmatrix} = \left(X^{\mathrm{T}}X\right)^{-1} X^{\mathrm{T}}Y = \begin{bmatrix} 185.023\,1 & 0.587\,3 & -2.061\,1 \\ 0.587\,3 & 0.002\,4 & -0.007\,4 \\ -2.061\,1 & -0.007\,4 & 0.024\,5 \end{bmatrix} \begin{bmatrix} 2\,741 \\ 817\,780 \\ 479\,111 \end{bmatrix} = \begin{bmatrix} -106.7218 \\ 0.498\,921 \\ 1.340\,47 \end{bmatrix}$$

求得预测模型为

$$\hat{y} = -106.7218 + 0.498\,921 x_1 + 1.340\,47 x_2$$

下面对上述模型进行统计检验。先计算有关平方和:

$$S_{回} = \sum_{i=1}^{n} \left(\hat{y}_i - \bar{y}\right)^2 = 6407.0833$$

$$S_{利} = \sum_{i=1}^{n} \left(y_i - \hat{y}_i\right)^2 = \sum_{i=1}^{n} \varepsilon_i^2 = 134.1445$$

$$S_{总} = S_{回} + S_{剩} = \sum_{i=1}^{n}(y_i - \hat{y}_i)^2 = 6541.2278$$

其中，$\bar{y} = 274.1$。

① 标准离差检验。

$$S = \sqrt{\frac{1}{n-k-1}\sum(y_1 - \hat{y}_i)^2} = \sqrt{\frac{1}{n-k-1}S_{剩}} \approx 4.3411$$

且 $\dfrac{S}{\hat{y}} = \dfrac{4.34}{274.1} \approx 0.158 < 10\%$，检验通过。

② 相关系数检验。

$$r = \sqrt{\frac{S_{回}}{S_{总}}} = \sqrt{\frac{6407.0833}{6541.2278}} \approx 0.9897$$

又取 $\alpha = 0.05$，查相关系数表 $(n=10, k=2)$ 得 $r_\alpha = 0.758$，$r > r_\alpha$，检验通过。

③ F 检验。

$$F = \frac{\dfrac{S_{回}}{k}}{\dfrac{S_{剩}}{n-k-1}} = \frac{\dfrac{6407.0833}{2}}{\dfrac{134.1442}{10-2-1}} = 167.17$$

取 $\alpha = 0.05$，查 $F_\alpha = (k, n-k-1) = 4.74$，显然 $F > F_\alpha$，检验通过。

④ t 检验。

$$\sigma = \sqrt{\frac{S_{剩}}{n-k-1}} = \sqrt{\frac{134.1445}{10-2-1}} \approx 4.3776$$

所以

$$t_1 = \frac{\hat{a}_1}{\sigma\sqrt{c_{11}}} = \frac{0.498\,921}{4.3776 \times \sqrt{0.0024}} = 2.326$$

$$t_2 = \frac{\hat{a}_2}{\sigma\sqrt{c_{22}}} = \frac{1.340\,47}{4.3776 \times \sqrt{0.0245}} = 1.9256$$

取 $\alpha = 0.10$，查表知，$t_\alpha = 1.8795$，即有
$$t_1 > t_\alpha, \quad t_2 > t_\alpha$$

在显著性水平为 $\alpha = 0.1$ 下，x_1、x_2 均对 y 有显著影响，检验通过（注：如取 $\alpha = 0.05$，则 $t_\alpha = 2.365$，x_1、x_2 的显著性检验不能通过，须修正数据或重新建立预测模型）。

⑤ DW 检验。

$$\varepsilon_i = y_i - \hat{y}_i$$

那么

$$\sum \varepsilon_i^2 = S_{剩}$$

于是

$$DW = \frac{\sum_{i=2}^{n}(\varepsilon_i - \varepsilon_{i-1})^2}{S_{剩}} \approx 1.9635$$

查 DW 检验表，并推算得 $d_u = 1.53$，$d_l = 0.75$，有

$$d_u < DW < 4 - d_u$$

故不存在序列相关，模型 DW 检验通过。

⑥ 预测区间。取 $x_{10} = 350$，$x_{20} = 190$，代入模型得

$$\hat{y}_0 = -106.7218 + 0.498\,921 \times 350 + 1.340\,47 \times 190 = 322.5899$$

于是，预测区间的上限为

$$\hat{y}_H = \hat{y}_0 + 2S = 331.272$$

下限为

$$\hat{y}_L = \hat{y}_0 - 2S = 313.908$$

即当 $x_1 = 350$，$x_2 = 190$ 时，95%的置信区间为（313.908, 331.272）。

6.4　马尔可夫预测

在一个系统内，某些因素由一种情况转移到另一种情况的过程中，具有转移概率，且转移概率依其紧接的前次情况推算出来，这种过程称为马尔可夫过程。马尔可夫过程实际上是一种描述某种复杂系统状态转移的数学模型，它主要研究事物的状态、状态的初始概率和状态之间的转移概率。在一个随机变化的动态系统中，事物发展的一种可能位置称为一个状态，各状态之间的变迁称为状态转移，利用系统的状态转移概率来描述系统动态过程，并进做出对未来预测的方法就称为马尔可夫预测。利用这种方法的关键是要找到系统各种可能状态的相互转移概率。由于系统各种状态的相互转移概率并不是一成不变的，所以，一般来说，这种方法对短期预测比较合适；若用于长期预测时，则必须先对转移概率做时序修正。对于某些具有比较稳定的转移概率的系统（如气象系统），这种方法也可以较好地用于中、长期预测。

6.4.1　马尔可夫过程的状态转移概率关系

条件概率 P(B|A)在实际问题中，随问题性质不同其实际含义也不相同。若 A、B 同为事件，称为 A 事件发生条件下 B 事件发生的概率。若 A 为某种状态，B 为事件，P(B|A)描述的是在 A 状态下 B 事件发生的概率；若 A、B 为两个不同的状态，且 AB=∅（即 A、B 两个状态不能同时出现），则 P(B|A)反映了由状态 A 转移到状态 B 的转移概率。转移概率是马尔可夫过程研究中的一个重要参数。

假定某一预测对象可能处在 $S_1, S_2, \cdots, S_i, \cdots, S_n$ 等 n 个状态，并且每次只能处在一个状态 $S_i (i = 1, 2, \cdots, n)$ 中，那么经过 Δt 时间后，S_i 状态有 n 种转移的可能性，如表 6-8 所示。

表 6-8　转移概率

状态转移	$S_i \to S_1$	$S_i \to S_2$	…	$S_i \to S_i$	…	$S_i \to S_n$
转移概率	$P(S_i \to S_1)$	$P(S_i \to S_2)$	…	$P(S_i \to S_i)$	…	$P(S_i \to S_n)$
简记为	P_{1i}	P_{2i}	…	P_{ii}	…	P_{ni}

若预测对象的 n 个可能状态、n 个可能转移，需要 $n \times n$ 个转移概率来描述，如果把转移概率 P_{ij} 作为一个矩阵的第 i 行第 j 列的元素，则构成一个 $n \times n$ 阶的转移概率矩阵，记作 P，

$$P = \begin{bmatrix} P_{11} & P_{12} & \cdots & P_{1n} \\ P_{21} & P_{22} & \cdots & P_{2n} \\ \vdots & \vdots & & \vdots \\ P_{n1} & P_{n2} & \cdots & P_{nn} \end{bmatrix} \tag{6-58}$$

状态转移概率矩阵 P 有以下几个特点。

1）矩阵中的任一元素都是一个小于 1 的正数，这由概率的定义很容易推出。

2）矩阵中的任一行元素之和恒等于 1。这是由于矩阵中的每一行表示过程由一种状态向其他状态转移的所有可能性，所有的可能性加在一起就成为一个必然事件，而必然事件的概率恒为 1。

3）由 S_i 转向 S_j 的转移概率一般不等于由 S_j 转向 S_i 的概率。

如果系统的状态不是经过一次转移，而是经过多次转移，则可以用 k 步转移矩阵来描述，记 k 步转移矩阵为 $P^{(k)}$，则有

$$P^{(k)} = P^{(k-1)} \cdot P = P^k \tag{6-59}$$

式（6-59）表明 k 步转移矩阵只不过是在以前转移的基础上再进行一次转移，因此 k 步转移矩阵就是一次转移矩阵的 k 次方。

6.4.2 马尔可夫预测模型

设系统有 n 个互不相容的状态，系统的初始状态向量 $S(0)$ 为

$$S(0) = (S_1(0), S_2(0), \cdots, S_i(0), \cdots, S_n(0)) \tag{6-60}$$

式中，$S_i(0)$——系统在状态 i 的初始概率。

由于经过 k 步转移后系统处于状态 i 的概率为 $S_i(k)$，则 k 步转移后的状态向量为

$$S(k) = (S_1(k), S_2(k), \cdots, S_i(k), \cdots, S_n(k)) \tag{6-61}$$

式中，$S_i(k)$——系统在 k 时刻处于状态 i 的初始概率。

$S_i(0)$ 与 $S_i(k)$ 的关系可以表示为

$$S(k) = S(0) \cdot P^k = S(0) \cdot \begin{bmatrix} P_{11} & P_{12} & \cdots & P_{1n} \\ P_{21} & P_{22} & \cdots & P_{2n} \\ \vdots & \vdots & & \vdots \\ P_{n1} & P_{n2} & \cdots & P_{nn} \end{bmatrix}^k \tag{6-62}$$

当初始状态向量 $S(0)$ 和状态转移矩阵 P 已知时，便可用式（6-62）预测在 k 时刻系统所处的状态，式（6-62）就称为马尔可夫预测模型。它同样适用于 $n \to \infty$ 时的情况。

应用马尔可夫模型进行预测的关键是确定出一步转移概率矩阵 P，求出了矩阵 P，并给定系统的初始状态向量 $S(0)$，则可按式（6-62）给出的 $S(k) = S(0) \cdot P^k$ 预测出未来各期的状态向量 $S(k)$。

根据系统状态转移的历史记录，可以得到如表 6-9 所示的数据。

表 6-9　系统状态转移的历史记录

状态	下期系统转移所处状态				
	次数	S_1	S_2	$\cdots$	S_n
本期所处状态 S_1	n_{11}	n_{12}	$\cdots$	n_{1n}	
S_2	n_{21}	n_{22}	$\cdots$	n_2	
$\vdots$	$\vdots$	$\vdots$	$\vdots$	$\vdots$	
S_n	n_{n1}	n_{n2}	$\cdots$	n_{nn}	

表 6-9 中的 n_{ij} 表示本期为状态 S_i、下期状态为 S_j 的转移次数。以 $\hat{p}(ij)$ 表示系统从 S_i 转移到 S_j 的转移概率 P_{ij} 的估计值，则 $\hat{p}(ij)$ 可按下式来计算：

$$\hat{p}(ij) = \frac{n_{ij}}{\displaystyle\sum_{j=1}^{n} n_{ij}}$$

通常把这种估算一步转移概率矩阵的方法称为统计估算法。统计估算法由于简单易行，因而获得了较为广泛的应用。

6.4.3　极限状态转移概率

与初始状态无关的马尔可夫过程称为完全各态经历过程，它可表示为

$$S_i = \lim_{n \to \infty} S_i(n) \tag{6-63}$$

式中，S_i——转移次数 n 很大时，系统处于状态 i 的概率。

若有 N 个状态时，

$$S = \lim_{n \to \infty} S(n) = \left(\lim_{n \to \infty} S_1(n), \lim_{n \to \infty} S_2(n), \cdots, \lim_{n \to \infty} S_N(n) \right) \tag{6-64}$$

即可写成

$$S = (S_1, S_2, \cdots, S_N) \tag{6-65}$$

式中，S——极限状态的概率向量或绝对状态的概率向量。

已知，$S(n+1) = S_n \cdot P$，两边取极限，则有

$$\lim_{n \to \infty} S(n+1) = \lim_{n \to \infty} S(n) \cdot P$$

记为

$$S = S \cdot P$$

上述关系表明，转移无穷多步时，极限状态概率必将处在状态 $1, 2, \cdots, N$ 中的某一状态。

6.4.4　应用举例

【例 6-5】某地区根据历史长期统计资料统计出其旱、涝的转移状态概率，其状态转移概率矩阵如下：

$$P = \begin{bmatrix} 0.36 & 0.38 & 0.16 & 0.06 & 0.04 \\ 0.40 & 0.39 & 0.10 & 0.06 & 0.05 \\ 0.30 & 0.20 & 0.30 & 0.12 & 0.08 \\ 0.15 & 0.20 & 0.20 & 0.20 & 0.25 \\ 0.20 & 0.15 & 0.25 & 0.25 & 0.25 \end{bmatrix} \begin{matrix} 大旱 \\ 旱 \\ 正常 \\ 涝 \\ 大涝 \end{matrix}$$

$$大旱 \quad 旱 \quad 正常 \quad 涝 \quad 大涝$$

已知 2023 年为大旱年，要求预测 2024 年的气象趋势和该地区的长期气象趋势，2023 年的状态为初始状态，即

$$S(0) = (S_1(0) \quad S_2(0) \quad S_3(0) \quad S_4(0) \quad S_5(0)) = (1 \quad 0 \quad 0 \quad 0 \quad 0)$$

解： 1）预测 2024 年的气象趋势，也就是求 $S(1)$。

$$S(1) = S(0) \cdot P = (1 \quad 0 \quad 0 \quad 0 \quad 0) \begin{bmatrix} 0.36 & 0.38 & 0.16 & 0.06 & 0.04 \\ 0.40 & 0.39 & 0.10 & 0.06 & 0.05 \\ 0.30 & 0.20 & 0.30 & 0.12 & 0.08 \\ 0.15 & 0.20 & 0.20 & 0.20 & 0.25 \\ 0.20 & 0.15 & 0.25 & 0.15 & 0.25 \end{bmatrix}$$

$$= [0.36 \quad 0.38 \quad 0.16 \quad 0.06 \quad 0.04]$$

即

$$S_1(0) = 0.36 , \quad S_2(0) = 0.38 , \quad S_3(0) = 0.16 , \quad S_4(0) = 0.06 , \quad S_5(0) = 0.04$$

$S_1(0) + S_2(0) = 0.36 + 0.38 = 0.74$，即总的来说旱的概率为 0.74。

$S_4(0) + S_5(0) = 0.06 + 0.04 = 0.10$，即总的来说旱的概率为 0.10。

因此根据计算结果，在 2024 年应做好抗旱准备。

2）长期趋势预测——求极限转移概率。

$$(S_1^* \quad S_2^* \quad S_3^* \quad S_4^* \quad S_5^*) = (S_1 \quad S_2 \quad S_3 \quad S_4 \quad S_5) \begin{bmatrix} 0.36 & 0.38 & 0.16 & 0.06 & 0.04 \\ 0.40 & 0.39 & 0.10 & 0.06 & 0.05 \\ 0.30 & 0.20 & 0.30 & 0.12 & 0.08 \\ 0.15 & 0.20 & 0.20 & 0.20 & 0.25 \\ 0.20 & 0.15 & 0.25 & 0.15 & 0.25 \end{bmatrix}$$

所以有

$$S_1^* = 0.36S_1 + 0.40S_2 + 0.30S_3 + 0.15S_4 + 0.20S_5$$
$$S_2^* = 0.38S_1 + 0.39S_2 + 0.20S_3 + 0.20S_4 + 0.15S_5$$
$$S_3^* = 0.16S_1 + 0.10S_2 + 0.30S_3 + 0.20S_4 + 0.25S_5$$
$$S_4^* = 0.06S_1 + 0.06S_2 + 0.12S_3 + 0.20S_4 + 0.15S_5$$
$$S_5^* = 0.04S_1 + 0.05S_2 + 0.08S_3 + 0.25S_4 + 0.25S_5$$

又 $S_1^* + S_2^* + S_3^* + S_4^* + S_5^* = 1$，联立求解上述方程组，得

$$S_1 = 0.3263 , \quad S_2 = 0.3193 , \quad S_3 = 0.1754 , \quad S_4 = 0.0912 , \quad S_5 = 0.0878$$

$S_1 + S_2 = 0.3263 + 0.3193 = 0.6456$，即旱的可能性为 64.56%。

$S_4 + S_5 = 0.0912 + 0.0878 = 0.1790$，即涝的可能性为 17.9%。

根据上述计算结果可以看出，该地区长期的气候趋势应是旱。因此，应努力选育各作物的抗旱品种，在作物布局上应考虑种植耐旱作物，在水利和农田基本建设上应着重考虑各种灌溉设施。

案例分析

案例背景

随着电子商务和共享经济的进一步发展，物流的重要性逐渐提高，专业化和社会化促进了各行业物流需求的增长。随着郑州商贸流通的迅速发展，国内外大型商贸流通企业先后入驻郑州，大市场、大流通格局逐渐形成，随之带动了物流业的快速发展。截止到 2020 年，郑州市的货运周转量（表 6-10）、货物量以及业务总量都呈现持续增长的态势，物流需求规模悄然发生变化，物流服务供需更加不稳定，无法有效评估物流需求。因此，建立有效的数学模型确定物流需求显得尤为重要。

表 6-10　郑州市货运周转量

年份	2009	2010	2011	2012	2013	2014	2015	2016	2017	2018	2019	2020
货运周转量/（亿吨·千米）	404.3	479.8	564.1	630.9	527.7	537	548.2	686.4	779.2	855.4	680.5	706.2

资料来源：郑州市统计局。

案例解析

根据平滑系数的选择原则，为了消除原始数据较大的波动值，也由于原始数据的时期较长，最终选择 0.3 作为初始平滑系数，进行二次平滑预测，最终得出预测值与误差值。

为了保证预测的准确性，利用 Excel 表格中的模拟运算表，对 0.01～0.99 之间的所有平滑系数 α 的可能取值进行模拟运算，得出最优平滑系数 α 值是 0.26，对使用模拟运算表求出的最优平滑系数 α 重新进行预测。

为验证两次不同的平滑系数取值，将两次的相对误差进行对比，取相对误差小的预测数据为最终预测数据。

（资料来源：徐烨昕，陆芬. 2022. 基于组合预测方法的郑州市货运周转量预测研究[J]. 洛阳理工学院学报（自然科学版），32（2）：81-86.）

问题：

1. 使用指数平滑法计算 2021—2025 年郑州市货运周转量的最终预测值。
2. 使用所学的其他预测方法对 2021—2025 年郑州市货运周转量进行预测。

本 章 小 结

一个系统，无论是物理系统还是社会经济系统或其他系统，不管是已经实现了的历史演变还是没有实现的未来发展，都有其特定的状态变化或状态转移的规律。系统预测的实质，就是要根据系统状态转移的规律，揭示其在预测期限内转移的方向，并估计可能实现的状态。系统未来的状态不仅取决于系统的结构及其变化，还取决于对系统引导、控制的方式及其水平，以及系统环境对系统发展的制约。因此，预测的水平（即预测的精度）不仅取决于对系统结构揭示的深度，还取决于对制约系统发展的各种外部因素（包括各种可控因素和不可控因素）的不确定性、随机性的认识深度（即不确定性、随机性的减少程度）。本章介绍了一些比较典型的系统预测方法，国内外学者和工程技术人员针对不同类型的系统和系统模型，也提出了大量其他不同类型的预测方法。这些预测方法的实质，都是为了更准确地描述系统状态转移的规律。随着计算机技术、建模技术、数据处理技术的不断发展和完善，以及数据和信息的积累，人们认识和预测系统的能力将进一步提高。

课 后 习 题

一、名词解释

1. 预测
2. 季节变动

二、简答题

1. 预测方法有几大类？各有何特点？
2. 什么是系统预测？
3. 什么是时间序列？举例说明。
4. 时间序列有哪些特征？举例说明并简述其识别方法。

三、应用题

2016—2018 年，某城市物流从业人数如表 6-11 所示，请计算季节指数，以便据此安排物流周转设备投入。

表 6-11　2016—2018 年某城市物流从业人数

年份	物流从业人数/万人			
	第一季度	第二季度	第三季度	第四季度
2016	3.2	4.0	6.1	2.8
2017	4.1	5.1	7.4	3.6
2018	5.7	6.5	9.3	5.7

第7章 物流系统评价方法

学习目标 ☞

知识目标
1. 理解系统评价的基本原理和物流系统评价的概念。
2. 了解物流系统分析评价指标体系。
3. 掌握评价综合指标的主要方法。
4. 掌握物流系统评价的常用方法。

技能目标
1. 模糊综合评价法的应用。
2. 层次分析法的应用。
3. 数据包络分析法的应用。

素质目标
1. 学会理性评价和综合评价身边的人、事、物，不以偏概全。
2. 学会冷静客观地分析情况，三思而后行。

生态兴则文明兴，生态衰则文明衰

古印度有两条大河——恒河与印度河，它们孕育并滋养了灿烂的古印度文明。在人类文明史上，农耕文明的出现，是一次重大的转折事件。无论是近代工业文明还是现代富足的生活，都要归功于农耕文明。印度河-恒河流域丰饶的生态与环境，是大自然的慷慨赐予，它哺育、滋养了悠远的印度文明。

科学家研究表明，公元前5000—前3000年，地球已处于一个比较温暖湿润的时期。那时的南亚大陆，普遍雨量充沛，森林繁茂，有利于农业的发展。从考古发现来看，印度河文明也恰好出现在那个时期。印度河流域的农耕文明开始迅速发展，人们种植小麦、大麦、豌豆、鹰嘴豆、小扁豆、棉花等农作物。因此，从气候条件来看，当时的印度河流域十分适合发展农业，为文明的孕育带来了良好的外部条件。

恩格斯在《自然辩证法》中曾有描述：“美索不达米亚、希腊、小亚细亚以及其他各地的居民，为了得到耕地，毁灭了森林，但是他们做梦也想不到，这些地方今天竟因此成了不毛之地。”

过度放牧、过度伐木、过度垦荒和盲目灌溉等，让植被锐减、洪水泛滥、河渠淤塞、气候失调、土地沙化……生态惨遭破坏，它们所支持的生活和生产也难以为继，并最终导致文明的衰落或中心的转移。

(资料来源：生态中国网。)

思考：
1. 尝试从系统工程的角度出发，结合实际，分析生态的兴衰如何影响文明的繁荣或衰落。
2. 尝试从系统工程的角度出发，构建生态系统恢复力评价指标体系。

7.1 系统评价与物流系统评价概述

7.1.1 系统评价概述

1. 系统评价的基本原理

系统评价是针对新开发的或改建的系统，根据预定的系统目标，采用系统分析的方法，从技术、经济、社会、生态等方面对系统设计的各种方案进行评审和选择，全面权衡利弊得失，为系统决策选择最优方案提供科学的依据。简单来说，系统评价就是全面评定系统可行方案的价值。价值通常被理解为评价主体根据其效用观点对于评价对象满足某种需求的认识，它与评价主体、评价对象所处的环境状况密切相关。因此，系统评价问题是由评价对象（what）、评价主体（who）、评价目的（why）、评价时期（when）、评价地点（where）及评价方法（how）等要素（5W1H）构成的问题复合体。

系统评价的前提条件是熟悉方案和确定评价指标。前者指确切掌握评价对象的优缺点，充分评估系统各个目标、功能要求的实现程度，方案实现的条件和可能性；后者指确定系统的评价指标，并用指标反映项目和系统要求。常用的指标包括政策指标、技术指标、经济指标、社会指标、进度指标等，

2. 系统评价的原则

为了使系统评价有效地进行，需要遵循以下原则。

（1）客观性原则

评价必须反映客观实际，因此所用的信息或资料必须全面、完整、可靠，评价人员的组成要有代表性和全面性，避免评价人员的倾向性。

（2）保证方案的可比性

替代方案在保证实现系统的基本功能上，要有可比性和一致性。系统的主要属性之间要有相似的表达方式，要形成可比的条件，这里的可比性是针对某个标准而言。不能比较的方案谈不上评价，实际上很多问题是不能做出比较或不容易做出比较的，对这点必须有所认识。

（3）评价必须有标准

评价的标准要有成体系的指标。前面提到的指标体系是在明确需求、确定目标时制定的，在进行评价时，用于评价的指标要和原来的指标相一致。

（4）整体性原则

必须从系统整体出发，不能顾此失彼，需要考虑评价的综合性。

3. 系统评价的步骤

按照系统评价的原则，系统评价一般分为六个步骤，如图 7-1 所示。

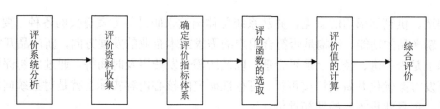

图 7-1 系统评价步骤

（1）评价系统分析

这是在进行系统评价时所必须进行的工作，以达到明确系统目标、熟悉系统方案的目的。主要包括确定评价目的、明确评价系统范围、确定评价主体在系统评价过程中的位置、明确系统评价环境等工作。

（2）评价资料收集

对评价系统的功能、费用、时间及使用寿命进行预测和估计，为以后设定系统的评价尺度、建立评价函数等收集评价所需的相关资料。

（3）确定评价指标体系

指标是衡量系统总体目标的具体标志。对于所评价的系统，必须建立能对照和衡量各个方案的统一尺度，即评价指标体系。评价指标体系必须科学地、客观地、尽可能全面地考虑各种因素，这样就可以明确地对各方案进行对比和评价。要对评价指标体系做出评价与判断，它包括系统评价指标是否与评价目标密切相关，评价指标是否构成了一个完整的体系，评价指标是否合理，各大类指标的设置以及大类指标和单项指标的权重是否合适等。

（4）评价函数的选取

评价函数是使评价定量化的一种数学模型。不同问题使用的评价函数可能不同，而且同一个评价问题也可以使用不同的评价函数，因此，对选用什么样的评价函数本身也必须做出相应的评价。一般的评价标准是选用能够更好地达到评价目的的评价函数或其他更适宜的评价函数。

（5）评价值的计算

根据评价函数计算评价值。当评价函数确定后，评价尺度也随之确定。在计算评价值之前，还需要确定相关评价项目的权重。

（6）综合评价

综合评价就是对系统进行技术、经济、社会等各方面的全面评价。根据设立的指标体系，首先计算某大类指标下各单项指标的综合评价值，然后对各单项指标进行综合，得出对方案的总体结论。综合评价是最后判定方案优劣的依据，因此在系统评价中占有重要地位。

4. 系统评价的类型

系统评价按照不同的角度有不同的分类。

（1）按评价时间分类

1）期初评价。这是在制定新产品开发方案时所进行的评价，其目的是及早沟通设计、制造、供销等部门的意见，并从系统总体出发来研讨与方案有关的各种重要问题。例如，新产品的功能、结构是否符合用户的需求或本企业的发展方向，新产品开发方案在技术上是否先进、经济上是否合理，以及所需开发费用及时间等。通过期初评价，力求使开发方案优化并做到切实可行。可行性研究的核心内容实际上就是对系统问题（产品开发、项目建设等）的期初评价。

2）期中评价。这是指在新产品开发过程中所进行的评价。当开发过程需要较长时间时，期中评价一般要进行数次。期中评价验证新产品设计的正确性，并对评价中暴露出来的设计等问题采取必要的对策。

3）期末评价。这是指新产品开发成功，并经鉴定合格后进行的评价，其重点是全面审查新产品各项指标是否达到原定的各项要求。同时，通过评价为正式投产作好技术上和信息上的准备，并预防可能出现的其他问题。

4）跟踪评价。为了考察新产品在社会上的实际效果，在其投产后的若干时期内，每隔一定时间对其进行一次评价，以提高该产品的质量，并为进一步开发同类新产品提供依据。

（2）按评价项目分类

1）目标评价。确定系统目标后，要进行目标评价，以确定目标是否合理。

2）方案评价。确定决策方案之后，要进行方案评价，以便选择最优方案。

3）设计评价。对某个设计的点评，择其优点并改其缺点。

4）计划评价。对某计划做出评价，以确定是否可行或是否应该做。

5）规划评价。评价是否达到预期目标，如城市规划、绿地规划。

（3）按内容分类

1）技术评价。围绕系统功能，对项目的技术先进性、适用性、可靠性、安全性等做出评价。

2）经济评价。围绕经济效益，进行以成本为代表的经济可行性分析。

3）社会评价。项目完成后带给社会的利益、影响等的评价。

4）综合评价。对被评价对象（系统）的一种客观、公正和合理的价值判断与比较选择活动。

7.1.2 物流系统评价概述

1. 物流系统评价的内涵

物流系统指的是由物流活动各要素组成，为实现物流目的、功能和作用所形成的一个有机统一体，是在一定的时间和空间内由所需物资、包装设备、装卸机械、运输工具、仓储设施、人员和信息联系等若干互相制约的动态要素所构成的有机整体。要对这样一个内容丰富、外延模糊、联系复杂的系统进行综合评价，是一件困难而重要的工作。

物流系统评价就是要根据物流系统的目标、评价标准及环境对物流系统的要求，从系统整体出发，综合评判可选方案的优劣，从中选出一个较为满意的方案付诸实施。

物流系统评价从内容上来看可对以下三类项目进行评价：第一类为物流技术工程，

如建配送中心、建仓库、修公路、建车队、开发物流新技术等；第二类为物流管理项目，如公司创建、组织机构改革、管理方案、规章制度、企业文化、发展战略等；第三类为物流运作方案，如运输方案、配送方案、仓储方案、包装方案、装卸方案、物流信息化方案、业务外包方案、第三方物流方案等。对这几类物流项目都有一个方案的评价问题，包括技术上是否可行、经济上是否合理、是否适应市场需要、对社会与环境有何影响、对企业发展是否有利等。

从工作阶段来看，物流系统评价包括现状评价、方案评价和实效评价三个阶段。

1）现状评价。现状评价是从分析现有物流系统各子系统间的相互联系与内在影响因素入手，对现有物流系统进行诊断评价，找出现有物流的问题症结。通过现状评价可以对现有物流系统进行更为全面的了解，弄清存在的问题，进而为提出有效可行的方案做准备。

2）方案评价。方案评价是在对物流系统进行综合调查和整体分析的基础上，对提出的各种技术方案进行论证，选择技术、经济、环境、社会最优结合的方案，为物流系统的决策提供依据。

3）实效评价。实效评价是对最终方案实施的功效进行分析。它一般关心如下几个问题：最终方案实施后，物流系统发生了哪些变化？这些变化带来的效益和损失及所需要的成本是多少？能否达到预期的目标？与原方案的预期目标有差异的原因是什么？实效评价的关键是建立最终方案与实施效果之间的因果关系，实效评价的结论能定性、定量地表明方案达到预期目标的程度，并对下一步物流系统的改进和发展指明方向与途径。

物流系统评价的过程包括三个关键步骤：一是设定评价基准，二是建立评价指标体系，三是选择评价方法和模型。

1）设定评价基准。对物流系统进行综合评价，是为了从总体上把握物流系统现状，寻找物流系统的薄弱环节，明确物流系统的改善方向。为此，应将物流系统各项评价指标的实际值与设定的基准值进行比较，以显现二者的差别。基准值的设定通常有下列三种方式：①以物流系统运行的目标值为基准值，评价物流系统对预期目标的实现程度，寻找实际系统与目标的差距所在；②以物流系统运行的历史值为基准值，评价物流系统的发展趋势，从中发现薄弱环节；③以同行业的标准值、平均水平值或先进水平值为基准值，评价物流系统在同类系统中的地位，从而寻找出改善物流系统的潜力。

2）建立评价指标体系。从系统的观点来看，系统的评价指标体系是由若干个单项评价指标组成的相互关联的有机整体。它应反映评价目的的要求，并尽量做到全面、合理、科学、实用。在建立物流系统综合评价指标体系时，应选择有代表性的物流系统特征值指标，以便从总体上反映物流系统的现状，发现存在的主要问题，明确改善方向。

3）选择评价方法和模型。物流系统的评价指标和划分层次通常很多，可通过逐级综合得出对各部分的评价及对系统的总体评价结果。由于管理基础工作等方面的原因，有些指标无法精确量化，同时由于物流系统是多属性的复杂系统，评价结果用一个数值来表示难以做到全面和精确，对物流系统的评价一般采用综合评价方法。对各指标进行等级评价具有一定的模糊性，多运用模糊集理论来进行评价。

2. 物流系统评价指标体系

由于物流系统的复杂性，设计一个物流系统的评价指标体系存在一定的困难。一般来说，评价指标范畴越全面，指标数量越多，则方案之间的差异越明显，越有利于判断和评价，但是确定指标的大类与指标的重要程度或权重就越困难。因此，在确定指标体系时，不仅要考虑指标体系能否全面而客观地反映所要评价的物流系统的各项目标的要求，而且要考虑评价指标体系的重要性、层次性，考虑数据采集的难易程度、数据处理与建模情况。

物流系统评价通常涉及以下六个类别。

（1）政策性指标

政策性指标包括政府有关物流产业和物流系统方面的方针、政策、法律法规、标准以及区域经济发展规划等方面的内容，这是物流系统的规划和建设的方向和指南。这一类指标对社会物流系统的评价尤为重要。

（2）技术性指标

技术性指标包括物流系统的可靠性、安全性、快捷性，以及仓储、运输、搬运、包装等子系统的设施、设备的技术性能指标，对于物流工程项目，还需要包括地质条件、设备、设施、建筑物、运输等技术指标要求。

（3）经济性指标

经济性指标主要指方案成本、利润和税金、投资额、流动资金占有量、回收期、建设周期等内容，包括物流系统方案成本或物流系统生命周期总成本的分析、财务评价、国民经济评价、区域经济影响分析等。既要考虑经济效益，也要注重社会效益。经济效益还有企业内部效益和外部效益之分。

（4）社会性指标

社会性指标主要指物流系统对国民经济大系统的影响，包括社会福利、社会节约、综合发展、就业机会、污染、生态环境等。

（5）资源性指标

资源性指标包括物流系统的建设对人、财、物等资源的保证程度，具体包括物流系统或物流项目对人力、财力、物力、能源、水资源、土地资源占用等方面的影响。

（6）时间性指标

时间性指标包括系统实施的进度、时间节约、调试周期、物流系统的生命周期等方面的指标。

上述六个方面是物流系统评价一般可能要考虑的大类指标，每一类指标又可包含许多中类、小类指标，可根据具体条件有所选择。评价指标体系的组成是随具体问题而异的，不同的物流系统，其组成的指标因素可能大不相同。

3. 评价指标体系设计方法与模型

为了保证物流系统评价的合理性，有必要关注物流评价指标体系的构建过程，需要运用一些理论与方法指导。下面介绍两种评价指标方法与模型。

（1）关键绩效指标法

关键绩效指标法（key performance indicator，KPI）是通过对系统内部流程的输入端、输出端的关键特征参数（特征值）进行设置、取样、计算与分析，来衡量系统绩效的一种目标式量化管理指标，是把物流系统战略目标分解为可操作的工作目标的工具。

关键绩效指标是一类能衡量物流系统实际运行绩效的标准，它们的数量虽少，但对整个物流系统的运行是否成功起到举足轻重的作用。

KPI 的精髓指出，评价指标体系的建立必须与物流系统的战略目标挂钩，其"关键"一词的含义是指在某一阶段一个物流系统在总体目标上要解决的最主要的问题，解决这些问题便成为对整个物流系统的具有战略意义的关键所在，评价指标体系则相应地必须针对这些问题的解决程度设计衡量指标。这些指标的设立有助于对物流系统进行合理的规划和有效的控制，有助于准确反映物流系统合理化状况和评价改善的潜力与绩效。

物流系统最主要的两个特征值为物流生产率和物流质量。

1）物流生产率。物流生产率是衡量物流系统的投入产出效率的指标，即物流系统的产出与投入之比。物流系统的投入包括人力资源、物质资源、能源和技术，各项投入在价值形态上统一表现为物流成本。物流系统的产出就是为生产系统和销售系统提供的服务。物流生产率的计算公式为

$$物流生产效率 = \frac{物流系统的总产出}{物流系统的总投入} \tag{7-1}$$

物流生产率通常包括实际生产率、资源利用率、产出完成率、财务指标、库存指标等。

2）物流质量。物流质量是对物流系统产出质量的衡量。由于物流业属于服务业的范畴，服务质量尤其重要，因此物流质量指标是物流系统评价指标体系中的重要组成部分，一般从运输、仓储、库存管理和生产计划与控制这四个方面加以衡量。

① 运输方面的计算公式为

$$物品损坏率 = \frac{年货损总额}{年货运总额} \times 100\% \tag{7-2}$$

$$正点运输率 = \frac{年正点运输次数}{年运输总次数} \times 100\% \tag{7-3}$$

$$运力利用率 = \frac{年实际运输量}{年运输能力} \times 100\% \tag{7-4}$$

② 仓储方面的计算公式为

$$物品完好率 = \left(1 - \frac{年物品损坏变质金额}{年储备总金额}\right) \times 100\% \tag{7-5}$$

$$物品盈亏率 = \frac{年物品盘盈额 + 年物品盘亏额}{年物品收入总额 + 年物品发出总额} \times 100\% \tag{7-6}$$

$$仓容利用率 = \frac{年储存物品实际数量或容积}{年可储存物品数量或容积} \times 100\% \tag{7-7}$$

③ 库存管理方面的计算公式为

$$库存结构合理性 = \left(1 - \frac{一年以上无需求动态物品额 + 积压物品额}{库存物品总额}\right) \times 100\% \tag{7-8}$$

$$在制品库存定额 = 生产周期 \times 日产量 \tag{7-9}$$

$$供应计划实现率 = \frac{实际供应额}{计划供应额} \times 100\% \tag{7-10}$$

$$物流中断率 = \frac{后阶段物料需求量 - 前阶段物料供应量}{后阶段物料需求量} \times 100\% \tag{7-11}$$

$$销售合同完成率 = \frac{实际按期供应额}{合同供应额} \times 100\% \tag{7-12}$$

④ 生产计划与控制方面的指标包括生产率指标和质量指标。

生产率指标的相关计算公式为

$$费用预算比 = \frac{生产费用}{预算} \tag{7-13}$$

$$产能利用率 = \frac{实际产出}{生产能力} \times 100\% \tag{7-14}$$

$$劳动生产率 = \frac{年总产值}{生产工人平均数} \times 100\% \tag{7-15}$$

质量指标的相关计算公式为

$$生产计划完成率 = \frac{实际完成的生产任务数量}{计划生产任务数量} \times 100\% \tag{7-16}$$

$$生产均衡率 = \frac{年完成产量计划天数}{年生产天数} \times 100\% \tag{7-17}$$

（2）平衡计分卡法

平衡计分卡（balanced scorecard）法由罗伯特·卡普兰（Robert Kaplan）和大卫·诺顿（David Norton）于 1992 年提出，是目前企业绩效评价中使用比较广泛的一种模型。该模型提出了一套系统的评价和激励企业绩效的方法，由四组指标组成：财务类指标、客户类指标、内部运作类指标和学习成长类指标。平衡计分卡法的主要特征如下。

1）以战略为核心。平衡计分卡不仅为企业提供了一种全新的绩效管理系统框架，同时也为企业的战略目标与绩效考核之间建立系统的联系提供了思路与方法，通过财务、客户、内部运作过程、学习成长四组指标之间的相互作用来表现企业的战略管理轨迹，从而实现绩效考核与绩效改进及战略实施与战略修正的目的。

2）财务指标与非财务指标并存。财务指标与非财务指标的并存有助于企业一方面通过财务视角保持对企业短期业绩的关注，另一方面通过非财务视角揭示企业如何实现其长期的战略发展目标。并且在对非财务指标的分析过程中，企业也可以找出财务表现的根源，它们可以共同作为企业未来财务绩效的驱动器。

3）短期目标与长期目标平衡。由于平衡计分卡使用非财务指标和因果关系链，因此它能够帮助企业寻找导致其成功的关键因素和相应的关键绩效指标，在此基础上确定企业可付诸行动的长期战略目标，使其不脱离实际，具有可行性，并再通过因果关系链将长期目标层层分解为短期目标，使其不偏离长期目标。平衡计分卡绩效管理系统克服了单一财务指标的短期性和片面性，达到了兼顾短期目标和长期目标的目的，保持了两者之间的平衡。

平衡计分卡可应用在物流系统评价指标体系的设计中。马士华、李华焰等提出了在卡普兰和诺顿平衡计分卡法基础上改进的平衡供应链计分卡法及相应的评价指标：客户导向、内部运作、未来发展、财务价值。

1）客户导向。系统的目标是在正确的时间、正确的地点，将正确的产品/服务以合理的价格和方式交付给特定的客户，以满足和超过客户的期望。经营中的关键问题是所提供的产品/服务是否增加客户的价值，是否达到客户满意。关键成功因素是建立和保持与客户的密切关系，快速响应并满足客户的特定需求，提高客户群的价值。因此，评价指标的选择有订单完成总周期、客户保有率、客户对供应链柔性响应的认同和客户价值率。

2）内部运作。系统的目标是能够在合理的成本下，以高效率的方式进行运作。经营中的关键问题是系统内部流程的增值活动的效率有多高，能否更好地实现核心竞争力。关键成功因素是实现较低的流程运作成本和较高的运作柔性；提高经营中增值活动的比例，缩短生产周期。因此，评价指标可选择供应链有效提前期率、供应链生产时间柔性、供应链持有成本和供应链目标成本达到比率。

3）未来发展。系统的目标是集成系统内部的资源，注重改进创新，抓住发展机遇。经营中的关键问题是管理系统是否具备这种机制。关键成功因素是集成合作伙伴，稳定战略联盟；加强信息共享，减少信息不对称；研究可能的生产、组织、管理各方面技术。因此，评价指标可选择产品最终组装点、组织之间的共享数据量占总数据量的比重。

4）财务价值。系统的目标是突出供应链的竞争价值，达到供应链伙伴的盈利最大化。经营中的关键问题是供应链伙伴对供应链的贡献率是否从供应链整体的角度考虑的。关键成功因素是供应链资本收益最大，保证各伙伴在供应链中发挥各自的贡献率；控制成本及良好的现金流。因此，评价指标可选择供应链资本收益率、现金周转率、供应链的库存天数和客户销售增长率及利润。

4. 评价指标值的标准化处理

在有多个指标的评价系统中，各个评价指标存在单位不同、量纲不同、数量级不同的现象，这给物流系统综合评价带来了一定的困难，如果评价时直接计算，将会影响评价的结果，严重时甚至会造成决策失误。为了统一标准，便于数据处理，必须对原始评价值进行预处理，即对所有的评价指标值进行标准化处理，实现无量纲化、无数量级，消除指标值间的偏差，然后进行评价和决策。

所有评价指标从经济角度可分为两类：一类是效益型指标，这类指标的值越大越好，如利润、客户满意率、货物完好率、货物及时配送率等；另一类是成本型指标，这类指标的值越小越好，如运输成本、货物损耗率、客户抱怨率等。

在一个多指标评价系统中，设有 n 个明细评价指标 $f_j(1 \leq j \leq n)$，m 个决策方案 $a_i(1 \leq i \leq m)$，则一个评价决策矩阵 $A = (x_{ij})_{m \times n}$，其中元素 x_{ij} 表示第 i 个方案 a_i 在第 j 个指标 f_j 上的指标值，而预处理后的评价决策矩阵 $R = (r_{ij})_{m \times n}$。

（1）定量指标的标准化处理

1）线性比例转换。令 $\hat{f}_j = \max x_{ij} > 0$，$\check{f}_j = \min x_{ij}(0 \leq i \leq m)$。对于效益型指标，定义：$r_{ij} = \dfrac{x_{ij}}{\hat{f}_j}$。对于成本型指标，定义：$r_{ij} = \dfrac{\check{f}_j}{x_{ij}}$。

这种标准化处理方法的特点是：对于每一个预处理后的评价值有 $0 \leq r_{ij} \leq i$；并且计算方便，并保留相对排序关系。

2）极差变换。令 $\hat{f}_j = \max x_{ij} > 0$，$\check{f}_j = \min x_{ij}(0 \leq i \leq m)$。对于效益型指标，定义：$r_{ij} = \dfrac{x_{ij} - \check{f}_j}{\hat{f}_j - \check{f}_j}$。对于成本型指标，定义：$r_{ij} = \dfrac{\hat{f}_j - x_{ij}}{\hat{f}_j - \check{f}_j}$。

这种标准化处理方法的特点是：对于每一个预处理后的评价值有 $0 \leq r_{ij} \leq 1$；并且对于每一个指标，总有一个最优值为 1 和一个最差值为 0，因此在评价时会对最差值作较大的惩罚。

（2）定性模糊指标的量化处理

在物流系统评价和决策过程中，许多评价指标是模糊的指标，只能用定性的方式来描述，如从业经验好、设施性能高、人员素质一般等。对于定性模糊的指标必须赋值并使其量化。一般把定性模糊指标值分为三档、五档或七档。最好的可赋值为 10，而最差的可赋值为 0，当然也可赋予 0 与 1 之间的值。定性模糊指标也可分为效益型指标与成本型指标两类。对于定性的效益和成本指标，其指标的量化可参照表 7-1 中的量化值进行。

表 7-1　模糊指标的七档量化表

指标状况	最低	很低	低	一般	高	很高	最高
效益指标	0	1	3	5	7	9	10
成本指标	10	9	7	5	3	1	0

【例 7-1】　一个商品贸易企业准备选择一家第三方物流服务提供商来承担物流外包服务，现有 4 家候选物流服务提供商，决策者根据自身的需要，考虑了 6 个评价指标。4 家物流服务提供商评价指标与评价数据如表 7-2 所示，对这些指标进行标准化处理。

表 7-2　物流服务提供商评价指标与评价数据

物流服务提供商	评价指标					
	服务差错率/%	服务响应性	公司信誉	资产规模/万元	收费标准/%	员工素质
A_1	0.9	很高	一般	500	5	低

续表

物流服务提供商	评价指标					
	服务差错率/%	服务响应性	公司信誉	资产规模/万元	收费标准/%	员工素质
A₂	0.2	一般	很高	1700	5.5	高
A₃	0.5	高	高	800	4.0	一般
A₄	0.4	高	很高	1200	5.0	很高

解： 对表 7-2 中的数据进行标准化处理，首先对指标体系中的服务响应性、公司信誉与员工素质这三个定性指标进行定量化处理。这三个指标都是效益型指标，按照定性模糊指标量化方法进行处理，处理结果如表 7-3 所示。

表 7-3　物流服务提供商评价指标量化处理

物流服务提供商	评价指标		
	服务响应性	公司信誉	员工素质
A₁	很高（9）	一般（5）	低（3）
A₂	一般（5）	很高（9）	高（7）
A₃	高（7）	高（7）	一般（5）
A₄	高（7）	很高（9）	很高（9）

下面就利用量化指标的标准化处理方法对物流服务提供商选择评价指标进行标准化处理。

采用线性比例转换方式处理，得到的结果如表 7-4 所示。

表 7-4　采用线性比例转换方式处理结果

物流服务提供商	评价指标					
	服务差错率/%	服务响应性	公司信誉	资产规模/万元	收费标准/%	员工素质
A₁	0.2222	1	0.5556	0.2491	0.8889	0.3333
A₂	1	0.5556	1	1	0.7273	0.7778
A₃	0.4	0.7778	0.7778	0.4706	1	0.5556
A₄	0.5	0.7778	1	0.7059	0.8	1

采用极差转换方式处理，得到的结果如表 7-5 所示。

表 7-5　采用极差转换方式处理结果

物流服务提供商	评价指标					
	服务差错率/%	服务响应性	公司信誉	资产规模/万元	收费标准/%	员工素质
A₁	0	1	0	0	0.6667	0
A₂	1	0	1	1	0	0.6667
A₃	0.5714	0.5	0.5	0.25	1	0.3333
A₄	0.7143	0.5	1	0.5833	0.3333	1

（3）统一评价准则法

统一评价准则法是由评价主体（一般为领域专家群体）确定每个指标的评分标准，

一般分为三至七档，规定每档得分的条件。这种方法由于采用标准分，得分不受其他方案的得分影响，因此能进行绝对的排序，而不像前两种标准化处理后只能进行相对排序。具体方法参见下面的例 7-2。

【例 7-2】对例 7-1 的评价数据采用统一评价准则法进行标准化处理。评价准则表如表 7-6 所示。

表 7-6　统一评价准则表

评价指标	得分				
	5	4	3	2	1
服务差错率/%	0.1 以下	0.1～0.3	0.3～0.6	0.6～1	0.6667
服务响应性	很高	高	一般	低	很低
公司信誉	很高	高	一般	低	很低
资产规模/万元	1000 以上	800～1000	500～800	100～500	100 及 100 以下
收费标准	3.5 以下	3.5～4.5	4.5～5	5～6	6 及 6 以上
员工素质	很高	高	一般	低	很低

解：根据表 7-6 的统一评价准则对表 7-2 的评价数据进行标准化处理，其结果如表 7-7 所示。

表 7-7　统一评价准则处理结果

物流服务提供商	评价指标					
	服务差错率/%	服务响应性	公司信誉	资产规模/万元	收费标准/%	员工素质
A_1	2	5	3	2	3	2
A_2	4	3	5	5	2	4
A_3	3	4	4	3	4	3
A_4	3	4	5	5	2	5

5. 评价指标综合的主要方法

将各评价指标数量化，得到各个可行方案所有评价指标无量纲的统一得分以后，采用下述各种方法进行指标的综合，就可以得到每一方案的综合评价值，再根据综合评价值的高低就能排出方案的优劣顺序。

（1）加权平均法

加权平均法是指标综合的基本方法。它具有两种形式，分别称为加法规则与乘法规则。设方案 A_i 的指标因素 F_j 的得分（或得分系数 f_j）为 a_{ij}，将 a_{ij} 排列成如表 7-8 所示的评价矩阵。

表 7-8　加权平均法的评价矩阵

指标因素		F_1	F_2	$\cdots$	F_n	综合评价值 ϕ_j
权重 W_j		W_1	W_2	$\cdots$	W_n	
方案 A_i	A_1	a_{11}	a_{12}	$\cdots$	a_{1n}	
	A_2	a_{21}	a_{22}	$\cdots$	a_{2n}	
	$\vdots$	$\vdots$	$\vdots$		$\vdots$	
	A_m	a_{m1}	a_{m2}	$\cdots$	a_{mn}	

1）加法规则。将某一方案中各指标因素 F_j 的得分 a_{ij} 乘以该指标的权重值 W_j，求和，得到该方案的综合评价值 V_j。每一个方案所对应的综合评价值全部求出后，即可根据排序的结果确定各方案的优劣顺序。

设某物流系统共有 n 个方案，第 i 个方案的价值记为 $V_i(1 < i < n)$，则

$$V_i = \sum W_j S_{ji}(1 < i < n) \tag{7-18}$$

式中，n——物流系统性能或评价因素个数；

　　W_j——第 j 个评价因素的重要性权数；

　　S_{ji}——第 i 个方案对第 j 个评价因素的满足程度。

在比较这 n 个方案时，最大的 V_j 对应的第 i 个方案是最优方案。W_j、S_{ji} 可用 5 分制、10 分制等多种方法确定。

2）乘法规则。乘法规则采用以下两个公式计算各个方案的综合评价值：

$$\phi_i = \prod_{j=1}^{n} a_{ij} W_j (i = 1, 2, \cdots, n) \tag{7-19}$$

$$\lg \phi_i = \prod_{j=1}^{n} W_j \lg a_{ij} (i = 1, 2, \cdots, m) \tag{7-20}$$

式中，a_{ij}——方案 i 的第 j 项指标的得分；

　　W_j——第 j 项指标的权重。

加权平均法中乘法规则与加法规则的区别在于：乘法规则使用的场合要求各项指标尽可能取得较好的水平，才能使总的评价值相同；在加法规则中，各项指标的得分可以线性地相补偿，一项指标的得分比较低，其他指标的得分都比较高，总的评价值仍然比较高。

（2）主次兼顾法

设系统具有 n 项指标 $f_1(x), f_2(x), \cdots, f_n(x), x \in R$，如果其中某一项最为重要，设为 $f_1(x)$，希望它取最小值，则可以让其他指标在一定约束范围内变化来求 $f_i(x)$ 的极小值，也就是说，将问题化为单指标的数学规划：

$$\min f_i(x), \quad x \in R$$

$$R = \{x | \min f_i(x) \leqslant f_i(x) \leqslant \max f_i(x), \ i = 2, 3, \cdots, n, x \in R\}$$

例如，一个化工厂，要求产品成本低、质量好，同时还要求污染少。如果降低成本是当务之急，则可以让质量指标和污染指标满足一定的约束条件而求成本的极小值；如果控制污染、保护环境是当务之急，则可以让成本指标和质量指标满足一定的约束条件而求污染的极小值。

（3）效益成本法

在系统评价中，所有的评价指标都可以划分为两类：一类是效益，另一类是成本。前者是实现方案后能够获得的结果，后者是为了实现方案必须投入的资金。将每个方案的效益与成本分别计算后，再比较其他方案的效益/成本，就可评价出方案的优劣。显然，效益/成本越大，方案越好。

【例 7-3】某配送中心为了扩大生产，准备建新的厂房，为此提出三个方案。表 7-9

从造价、建成年限、建成后需流动资金、建成后发挥效益时间、年产值、产值利润率和环境污染程度七个方面列出了三个方案的不同指标数值。已知建成后发挥效益的时间是10年，对三个方案进行评价。

表7-9　配送中心方案指标比较

序号	指标	方案Ⅰ	方案Ⅱ	方案Ⅲ
1	造价/万元	100	86	75
2	建成年限/年	5	4	3
3	建成后需流动资金/万元	45.8	33.3	38.5
4	建成后发挥效益时间/年	10	10	10
5	年产值/万元	260	196	220
6	产值利润率/%	12	15	12.5
7	环境污染程度	稍重	最轻	轻

解： 三个方案各有优缺点。在系统评价中最关心的是成本和效益两大类，因此把目标适当集中于这两类指标。计算出三个方案在10年里的总利润额及全部投资额，分为"总利润额""全部投资额""利润高于投资的余额""投资利润率"四类指标列于表7-10中。

表7-10　配送中心各方案投资利润率比较

指标	方案Ⅰ	方案Ⅱ	方案Ⅲ
总利润额/万元	312	294	275
全部投资额/万元	145.8	119.3	113.5
利润高于投资的余额/万元	166.2	174.7	161.5
投资利润率/%	214	246	242

从表7-10可看出，方案Ⅰ、Ⅱ、Ⅲ的投资利润率分别为214%、246%和242%，方案Ⅱ是最理想的。虽然方案Ⅰ的总利润高于方案Ⅱ、Ⅲ，但投资额也相应地较高，结果导致投资利润率低于方案Ⅱ、Ⅲ。另外，方案Ⅰ的环境污染也较严重，因此，应放弃方案Ⅰ。进一步分析方案Ⅱ和方案Ⅲ，可见方案Ⅱ确为最佳。

6. 物流系统评价理论

系统评价的理论和方法已得到较为全面的发展，基本形成了较完善的理论和方法体系，归纳起来大致可分为三类。第一类是以数理为基础的理论，即以数学理论和解析方法对评价系统进行严密的定量描述与计算。它使评价问题变得清晰、具体，目标、约束条件一目了然，但常需要在假定的条件下对系统进行评价，而有些假定条件在实际评价问题中未必都能做到。因此，这类理论和方法不能完全照搬利用。第二类是以统计为主的理论和方法，即根据大量的统计数据，对只能凭感觉而难以量化的评价指标建立评价模型。它是一种实验性的评价方法，使对有大量定性指标的系统进行定量方面的评价成为可能，但由于是统计处理，所以评价结果只能反映部分人的行为。第三类是重视决策支持的方法。它重点研究决策行为过程，也就是人类是如何决策的。计算机系统仿真技术就属于这一类方法。

物流系统评价理论归纳起来有以下几种。

（1）效用理论

效用理论是由冯·诺伊曼（Von Neumann）和摩根斯坦（Morgenstern）提出来的。当评价主体或决策主体在众多替代方案中选中某方案时，意味着此方案的效用最大。效用只是选择顺序，既没有标准也不是数量，可通过它来对各种替代方案进行相对比较。在实际应用中，效用存在困难，因此需要考虑具有与效用相同的选择顺序的数量函数——效用函数。效用大小可通过效用函数值来度量。效用理论是用数学方法来描述效用与效用函数的关系。例如，对某评价系统，有三种替代方案，分别记作 X、Y 和 Z。评价主体可以依自己的价值观来决定 X、Y 和 Z 的效用。如果 Y 的效用大于 Z 的效用，同时 X 的效用与 Y 的效用相同或大于 Y 的效用，则可表示为

$$X \geqslant Y > Z$$

对于 X、Y 和 Z 的某一函数 U，存在 $U(X)$、$U(Y)$ 和 $U(Z)$ 值的大小与替代方案的选择顺序一致，可用下式表示：

$$X \geqslant Y > Z \Leftrightarrow U(X) \geqslant U(Y) > U(Z)$$

则此函数称为效用函数。应用效用函数可以用效用值的大小表示对替代方案的评价，但其数值大小只表示一种顺序尺度，本身没有意义。

效用理论是建立在评价主体个人的价值观基础上的数学理论，含有很多假设。因此，在实际应用中，不能原封不动地照搬。

（2）确定性理论

确定性理论也称数量化理论，它主要用统计的方法进行数量化，因此需要足够数量、等质量的数据，同时要有把握住问题本质的能力。数量化评价方法在数据选择方面具有多样性，自由度大。所以，在评价时，首先必须对评价系统做初步论证，了解评价的目的，掌握问题的实质。在确认使用统计方法的妥当性和有效性后，收集合适的数据，再用统计方法来验证假定；在数据的基础上，在一定程度上建立数量化的评价模型，利用数据间的相关性，进行属性评价或综合评价。

（3）不确定性理论

在进行系统评价时，有许多不确定性问题，这些不确定性问题可分为两类。一类是随机性不确定性问题。这类问题概念本身是清楚的，其不确定性是由于客观条件或某些影响因素引起的，如货币回收、农业收成等，从概念上看它们有明确的含义，但发生的概率在数量上是不确定的。如果已经掌握事件发生的概率，则可以用期望值作为评价函数，作为确定性问题来处理。即使缺乏数据，也可借助主观概率对系统进行评价，即凭借专家的经验和直观判断以及以往发生的概率，对事件发生的可能性做出估计。另一类是模糊性不确定性问题，也称非精确性不确定性问题。这类问题概念本身就不够严格，比较模糊。例如，天气好不好，货币流通正常与否等，概念本身就没有明确的含义和严格的定义，要对其进行评价，需要应用模糊集理论。

（4）最优化理论

有些评价对象的数学模型本身可能成为评价函数，如数学规划。数学规划本身就具有普遍性和严密性，由此而得到的评价结果也比较客观。在运筹学课程中，对数学规划

方法（如线性规划、动态规划、多目标规划和非线性规划等）有详细的介绍。

7. 物流系统评价方法

物流系统的评价可以采用很多不同的方法，如图7-2所示。

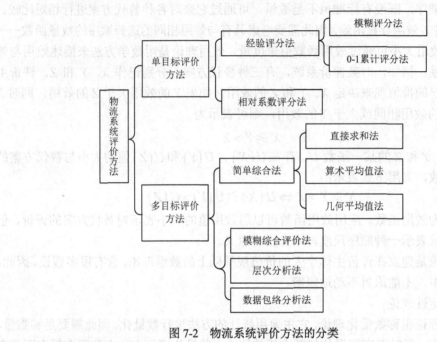

图7-2　物流系统评价方法的分类

（1）单目标评价方法

单目标评价方法分为经验评分法和相对系数评分法两类，其中经验评分法又分为模糊评分法和0-1累计评分法。

1）经验评分法。

① 模糊评分法。模糊评分法用在模糊目标的评价上。对重要性、可靠性、稳定性等模糊目标的评价只能依靠专家的经验，并通过模糊评分量化。具体实施步骤如下。

第一步，给出明确的目标。

第二步，有一组确定的待评方案。

第三步，请20名以上有实践经验的专家模糊打分。

第四步，将评分结果集中起来，并根据下式求出每个方案的平均得分：

$$d_i = \frac{1}{p}\sum_{k=1}^{p}d_{ik}\,(i=1,2,\cdots,n) \tag{7-21}$$

式中，d_i——第 i 个方案的得分；

　　　d_{ik}——第 k 位专家给第 i 方案评分；

　　　p——参加评分人数；

　　　n——待评方案数。

第五步，根据 d_i 的大小给出方案优劣排序。

② 0-1 累计评分法。具体实施步骤如下。

第一步，聘请若干名评判专家。

第二步，绘 0-1 评分矩阵表（表 7-11），分发到每位评判专家手中。

表 7-11　评分矩阵表

方案	方案 1	方案 2	…	方案 n	累计
方案 1	×		…		
方案 2		×	…		
⋮	⋮	⋮			
方案 n				×	
合计					$Q=?$

第三步，详细解释评分方法，评判专家进行 0-1 评分。

方案 1 不与方案 1 比较，记为"×"；若方案 1 与方案 2 相比，方案 1 相对重要一些，记"1"分；方案 1 不如方案 3 重要，记"0"分；方案 1 与方案 4 相比，方案 1 又相对重要一些，记"1"分，依次类推。将每个方案的得分加起来便得到累计分（q_{ik}），它代表每位专家对不同方案相对重要性的认可。0-1 评分矩阵表最后一行的合计得分数 Q 代表一张评分表的总分数，同一个问题不同评分表的总分数是相同的。可根据总分数多少来判断评分表是否有效。Q 的计算公式为

$$Q = \frac{n(n-1)}{2} = \sum_{i=1}^{n} q_{ik} \ (k=1,2,\cdots,n) \tag{7-22}$$

式中，q_{ik}——第 k 位专家为第 i 个方案评的分数；

n——评价方案数。

第四步，将 0-1 评分矩阵表集中起来汇总成 0-1 综合评分矩阵表，然后计算总累计得分、重要性系数，并以此进行重要性排序。

总累计得分的计算公式为

$$q_i = \sum_{k=1}^{p} q_{ik} \tag{7-23}$$

重要性系数的计算公式为

$$\mu_i = \frac{q_i}{\sum\limits_{i=1}^{n} q_i} = \frac{\sum\limits_{k=1}^{p} q_{ik}}{\sum\limits_{i=1}^{n}\sum\limits_{k=1}^{p} q_{ik}} \tag{7-24}$$

2）相对系数评分法。当一组方案在给定的目标下都有确定取值时，采用相对系数评分法可对其进行无量纲处理。具体分为以下两种情况。

① 对极大化（$\max f$）问题，按下式计算各方案得分：

$$d_i = \frac{q_i}{q_{\max}} \times 100 \ (i=1,2,\cdots,n) \tag{7-25}$$

式中，$q_{\max} = \max\{q_i | i=1,2,\cdots,n\}$；

d_i——第 i 个方案相对评分；

q_i——第 i 个方案实际取值。

② 对极小化（$\min f$）问题，按下式计算各方案得分：

$$d_i = \frac{q_{\min}}{q_i} \times 100 \quad (i = 1, 2, \cdots, n) \tag{7-26}$$

式中，$q_{\min} = \min\{q_i | i = 1, 2, \cdots, n\}$；

d_i——第 i 个方案相对评分；

q_i——第 i 个方案实际取值。

（2）多目标评价方法

1）简单综合法。简单综合法是一种简单的多目标评价方法，具体包括直接求和法、算术平均值法和几何平均值法，它们的一般表达式见表 7-12。不同的方法有其自身的特点，需要正确选用。

表 7-12　简单综合法一般表达式

方案	目标得分				简单综合法		
	G_1	G_2	…	G_n	直接求和法	算术平均值法	几何平均值法
P_1	d_{11}	d_{12}	…	d_{1n}	$\sum_{j=1}^{n} d_{1j}$	$\frac{1}{n}\sum_{j=1}^{n} d_{1j}$	$\sqrt[n]{\prod_{j=1}^{n} d_{1j}}$
P_2	d_{21}	d_{22}	…	d_{2n}	$\sum_{j=1}^{n} d_{2j}$	$\frac{1}{n}\sum_{j=1}^{n} d_{2j}$	$\sqrt[n]{\prod_{j=1}^{n} d_{2j}}$
⋮	⋮	⋮	⋮	⋮	⋮	⋮	⋮
P_m	d_{m1}	d_{m2}	…	d_{mn}	$\sum_{j=1}^{n} d_{mj}$	$\frac{1}{n}\sum_{j=1}^{n} d_{mj}$	$\sqrt[n]{\prod_{j=1}^{n} d_{mj}}$

① 直接求和法。将每个方案对应几个目标的得分累加起来，然后根据累计得分的多少给出方案优劣排序，这种方法称为直接求和法。该法简单实用，但是，如果评价目标个数不相等，就不能采用直接求和法，而应采用算术平均值法。

② 算术平均值法。将每个方案对应几个目标的得分累加起来取平均值，并根据平均值的大小给出方案优劣排序的方法称为算术平均值法。这种方法适用于目标个数相等或不相等两种情况，其实质是等权重的思想。当目标个数相等时，直接求和法与算术平均值法给出的排序结果是相同的。

③ 几何平均值法。将每个方案对应 n 个目标的得分连乘再开 n 次方作为每个方案的综合得分，并依此给出方案优劣排序，此法称为几何平均值法。这种方法不仅适用于目标个数相等或不相等两种情况，还可把目标不同但评分比较集中的方案选为最优方案。

2）模糊综合评价法。这种方法是针对评价系统中有大量非定量化因素而提出的。它运用模糊集理论对系统进行综合评价。模糊综合评价法是在确定评价指标及其权重和评价尺度的基础上，用模糊隶属度的方式来度量评价分析对象，从而获得评价系统各替代方案优先顺序的有关信息，为决策提供依据。这种方法因其实用性，在各个领域中被广泛应用。

3）层次分析法。层次分析法（analytical hierarchy process，AHP）是一种新的定性与定量分析相结合的评价决策方法。这种方法把复杂问题分解为若干有序层次，并根据对一定客观事实的判断就每一层次的相对重要性给予定量表示，利用数学方法确定表达每一层次的全部元素相对重要性次序的数值，并通过对各层次的分析导出对整个问题的分析。目前，这种方法已在各个领域得到广泛应用。

4）数据包络分析法。数据包络分析（data envelopment analysis，DEA）是一种基于线性规划的用于评价同类型组织工作绩效相对有效性的工具，如超市的各营业点、银行的各分理处、各物流公司投标的物流解决方案等，这些评价的对象各自具有相同类型的投入和产出。数据包络分析法只用于对可比较的同类的评价对象相对有效性的比较分析，即判断哪些评价对象是相对有效的，哪些是弱有效的。

7.2　模糊综合评价法

在社会经济系统和工程技术领域的管理、决策和项目评价等活动中，常会碰到影响因素模糊或评判结果不能定量的情况，如评价标准为"优秀、良好、中等、较差"或"高、中、低"等，这些描述是相对模糊的，且带有评价者一定的主观色彩。根据这样的评价对某一系统或方案进行改进，存在一定的困难。为了更精确地反映模糊评价，采用模糊综合评价的方法，能够得出定量化的综合评价结果，进而较好地解决这类问题。

模糊综合评价法是一种可以对评价对象进行全面的定量化的评价，为正确决策提供依据的评价方法。模糊综合评价可对具有多种属性的事物，或者说其总体优劣受多种因素影响的事物，做出一个能合理地综合这些属性或因素的总体评判。模糊综合评价具有模糊性、定量性和层次性的特点。

7.2.1　模糊综合评价的数学模型

模糊综合评价模型一般分为一级模糊综合评价模型和多级综合模糊评价模型两类。

1. 一级模糊综合评价模型

（1）建立因素集

因素就是评价对象的各种属性或性能，在不同场合，也称为参数指标或质量指标，它们综合地反映对象的质量，如衣服的款式、花色等。人们就是根据这些因素进行评价。所谓因素集，就是影响评价对象的各种因素组成的一个普通集合，即 $U = \{u_1, u_2, \cdots, u_n\}$。这些因素通常都具有不同程度的模糊性，但也可以是非模糊的。各因素与因素集的关系，或者 u_i 属于 U，或者 u_i 不属于 U，二者必居其一。因此，因素集本身是一个普通集合。

（2）建立备择集

备择集，又称为评价集，是评价者对评价对象可能做出的各种总的评价结果所组成的集合，即 $V = \{v_1, v_2, \cdots, v_m\}$。各元素 v_i 代表各种可能的总评价结果，如对学生成绩评价中的"优秀、良好、中等、及格、不及格"等。模糊综合评价的目的，就是在综合考虑所有影响因素的基础上，从备择集中得出一个最佳的评价结果。

显然，v_i 与 V 的关系也是普通集合关系，因此，备择集也是一个普通集合。

（3）建立权重集

在因素集中，各因素的重要程度是不一样的。为了反映各因素的重要程度，对各个因素 u_i 应赋予一相应的权数 $a_i (i = 1, 2, \cdots, n)$。由各权数所组成的集合 $A = (a_1, a_2, \cdots, a_n)$ 称为因素权重集，简称权重集。

通常各权数 a_i 应满足归一性和非负性条件，即 $\sum_{i=1}^{n} a_i = 1$，$a_i \geqslant 0$。

各权数一般由人们根据实际问题的需要主观确定，没有统一的格式可以遵循。常用的方法有统计实验法、分析推理法、专家评分法和两两对比法等。

（4）单因素模糊评价

单独从一个因素出发进行评价，以确定评价对象对备择集元素的隶属度称为单因素模糊评价。

单因素模糊评价，即建立一个从 U 到 $F(V)$ 的模糊映射：

$$f: \ U \to F(V), \ \forall u_i \in U, u_i \big| \to f(u_i) = \frac{r_{i1}}{v_1} + \frac{r_{i2}}{v_2} + \cdots + \frac{r_{im}}{v_m}$$

式中，r_{ij}——u_i 属于 v_j 的隶属度。

由 $f(u_i)$ 可得到单因素评价集：

$$R_i = (r_{i1}, r_{i2}, \cdots, r_{im})$$

以单因素评价集为行组成的矩阵称为单因素评价矩阵，该矩阵是个模糊矩阵。

$$\boldsymbol{R} = \begin{bmatrix} r_{11} & r_{12} & \cdots & r_{1m} \\ r_{21} & r_{22} & \cdots & r_{2m} \\ \vdots & \vdots & & \vdots \\ r_{n1} & r_{n2} & \cdots & r_{nm} \end{bmatrix}$$

（5）模糊综合评价

单因素模糊评价仅反映了一个因素对评价对象的影响，这显然是不够的，要综合考虑所有因素的影响，便是模糊综合评价。

由单因素评价矩阵可以看出：$\boldsymbol{R}$ 的第 i 行反映了第 i 个因素影响评价对象取备择集中各个元素的程度；$\boldsymbol{R}$ 的第 j 列则反映了所有因素影响评价对象取第 j 个备择元素的程度。如果对各因素作用以相应的权数 a_i，便能合理地反映所有因素的综合影响。因此，模糊综合评价可以表示为

$$\boldsymbol{B} = \boldsymbol{A} \cdot \boldsymbol{R} = \begin{bmatrix} a_1 & a_2 & \cdots & a_n \end{bmatrix} \begin{bmatrix} r_{11} & r_{12} & \cdots & r_{1m} \\ r_{21} & r_{22} & \cdots & r_{2m} \\ \vdots & \vdots & & \vdots \\ r_{n1} & r_{n2} & \cdots & r_{nm} \end{bmatrix} = \begin{bmatrix} b_1 & b_2 & \cdots & b_m \end{bmatrix}$$

式中，b_j 称为模糊综合评价指标，简称评价指标，其含义为：综合考虑所有因素的影响时，评价对象对备择集中第 j 个元素的隶属度。权重矩阵与单因素评价在合成时，可以选用下述几种评价模型之一。

模型 I：$M(\wedge, \vee)$，即

$$b_j = \bigvee_{i=1}^{n} (a_i \wedge r_{ij}) \tag{7-27}$$

由于取小运算使得 $r_{ij} > a_i$ 的 r_{ij} 均不考虑，a_i 成了 r_{ij} 的上限，当因素较多时，权数 a_i 很小，因此将丢失大量的单因素评价信息。相反，因素较少时，a_i 可能较大，取小运算使得 $a_i > r_{ij}$ 的 a_i 均不考虑，r_{ij} 成了 a_i 的上限，因此，将丢失主要因素的影响。取大运算均是在 a_i 和 r_{ij} 的较小者中取其最大者，这又要丢失大量信息。所以，该模型不宜用于因素太多或太少的情形。

模型 II：$M(\cdot, \vee)$，即

$$b_j = \bigvee_{i=1}^{n} (a_i \cdot r_{ij}) \tag{7-28}$$

a_i 和 r_{ij} 为普通乘法运算，不会丢失任何信息，但取大运算仍将丢失大量有用信息。

模型 III：$M(\wedge, \oplus)$，即

$$b_j = \sum_{i=1}^{n} (a_i \wedge r_{ij}) \tag{7-29}$$

该模型在进行取小运算时，仍会丢失大量有价值的信息，以致得不出有意义的评价结果。

模型 IV：$M(\cdot, \oplus)$，即

$$b_j = \sum_{i=1}^{n} (a_i \cdot r_{ij}) \tag{7-30}$$

该模型不仅考虑了所有因素的影响，而且保留了单因素评价的全部信息，适用于需要全面考虑各个因素的影响和全面考虑单因素评价结果的影响等情况。

（6）评价指标的处理

得到评价指标之后，可以根据下述某一评价原则来决定评价结果。

1）评价原则（准则）I：最大隶属原则。取与最大的评价指标 $\max b_j$ 相对应的备择元素 v_j 为评价结果。

2）评价原则（准则）II：最小代价原则。设 x 属于 v_i 却判别为 v_j 的代价为 d_{ij}，又用 β_j 表示判别为 v_j 的全部代价，即

$$\beta_j = \sum_{i=1}^{n} d_{ij} b_i \, (j = 1, 2, \cdots, n) \tag{7-31}$$

若 $\beta_{j0} = \min_{1 \leqslant j \leqslant n} \beta_j$，则认为 x 属于 v_{j0} 类。

3）评价原则（准则）III：置信度原则。置信度原则主要应用于有序评价类的评价结果的处理。设 $\{v_1, v_2, \cdots, v_n\}$ 为有序评价类，$v_1 > v_2 > \cdots > v_n$（或 $v_1 < v_2 < \cdots < v_n$），λ 为置信度，则

$$\frac{1}{2} \sum_{i=1}^{n} b_i < \lambda \leqslant \sum_{i=1}^{n} b_i$$

如果

$$k_0 = \min\left\{k: \sum_{i=1}^{k} b_i \geq \lambda, \ 1 \leq k \leq n\right\}$$

或

$$k_0 = n - \min\left\{k: \sum_{i=1}^{k} b_{n-i} \geq \lambda, \ 1 \leq k \leq n-1\right\}$$

则认为 x 属于 v_{k0} 类。

4）评价原则（准则）Ⅳ：评分原则。设 $\{v_1, v_2, \cdots, v_n\}$ 为一个有序评价类。由于评价类的 v_i 之间有强弱关系，可以用分数表示评价类的强弱关系，强类的分数比弱类的分数高。设 v_i 的分数为 k_i，当 $v_1 < v_2 < \cdots < v_n$ 时，有 $k_1 < k_2 < \cdots < k_n$；当 $v_1 > v_2 > \cdots > v_n$，有 $k_1 > k_2 > \cdots > k_n$。

称 $q_x = \sum_{i=1}^{n} k_i b_i$ 为 x 的分数。如果 $q_{x_1} > q_{x_2}$，则认为 x_1 比 x_2 强，记为 $x_1 > x_2$。

2. 多级模糊综合评价模型

将因素集 U 按属性的类型划分成 s 个子集，记作 $U_1, U_2, \cdots, U_s$，根据问题的需要，每一个子集还可以进一步划分。对每一个子集 U_i，按一级模糊综合评价模型进行评价。将每一个 U_i 作为一个因素，将 B_i 作为它的单因素评价集，又可以构成评价矩阵 $R = \begin{bmatrix} B_1 & B_2 & \cdots & B_s \end{bmatrix}^T$。于是有第二级综合评价：$B = A \cdot R$。二级模糊综合评价模型如图 7-3 所示。

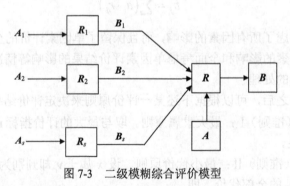

图 7-3　二级模糊综合评价模型

7.2.2　模糊综合评价法的应用

1. 一级模糊综合评价法的应用

【例 7-4】服装评价问题。

假定考虑三种因素：u_1——花色式样，u_2——耐穿程度，u_3——价格。因此因素集为 $U = \{u_1, u_2, u_3\}$。

评价等级分为四等：v_1——很欢迎，v_2——较欢迎，v_3——不太欢迎，v_4——不欢迎。这样就得到评价集 $V = \{v_1, v_2, v_3, v_4\}$。

对于某类服装，先作单因素评价。例如，可以请若干专门人员或顾客就花色式样 u_1

表态，若有 70%的人很欢迎，20%的人较欢迎，10%的人不太欢迎，没有人不欢迎，则关于 u_1 的评价为[0.7　0.2　0.1　0]。

类似地，可以得到对耐穿程度 u_2 的评价为[0.2　0.4　0.3　0.1]；对价格 u_3 的评价为[0.1　0.3　0.4　0.2]。

这样就得到一个该服装各因素评价的关系矩阵：

$$R = \begin{bmatrix} 0.7 & 0.2 & 0.1 & 0 \\ 0.2 & 0.4 & 0.3 & 0.1 \\ 0.1 & 0.3 & 0.4 & 0.2 \end{bmatrix}$$

对不同类的顾客而言，诸因素的权重不同。假设某类顾客对主因素的考虑权重为

$$A = (0.5 \quad 0.3 \quad 0.2)$$

则由模型Ⅲ[即 $M(\wedge,\oplus)$]可得如下综合评价向量：

$$B = A \cdot R = \begin{bmatrix} 0.5 & 0.3 & 0.2 \end{bmatrix} \begin{bmatrix} 0.7 & 0.2 & 0.1 & 0 \\ 0.2 & 0.4 & 0.3 & 0.1 \\ 0.1 & 0.3 & 0.4 & 0.2 \end{bmatrix} = \begin{bmatrix} 0.43 & 0.28 & 0.22 & 0.07 \end{bmatrix}$$

根据最大隶属原则可知，该类服装很受某类顾客的欢迎。

2. 多级模糊综合评价法的应用

【例 7-5】某生产系统的安全性评价。

（1）建立因素集

已知影响某生产系统安全性的因素可分为人、机、环境三大类，此为第一层次因素。影响人的因素很多，主要考虑人的生理、基本素质、技术熟练程度等，因此选取平均年龄 u_{11}、平均工龄 u_{12}、平均受教育年限 u_{13} 和平均专业培训时间 u_{14}，即 $U_1 = \{u_{11}, u_{12}, u_{13}, u_{14}\}$；影响机的因素选取完好率 u_{21}、待修率 u_{22} 和故障率 u_{23}，即 $U_2 = \{u_{21}, u_{22}, u_{23}\}$；影响环境的因素选取温度 u_{31}、湿度 u_{32}、照度 u_{33} 和噪声 u_{34}，即 $U_3 = \{u_{31}, u_{32}, u_{33}, u_{34}\}$。

（2）建立备择集

对系统的安全性进行综合评价，就是要指出该系统的安全状况如何，即是好还是一般或差。故备择集为 $V = \{$好，一般，差$\} = \{v_1, v_2, v_3\}$。

（3）建立权重集

权重的确定没有统一的方法。这里权重的确定采用层次分析法。

在该生产系统中，第一层次因素权重组成的权重集为 $A = [0.65 \quad 0.25 \quad 0.10]$。

第二层次中人的因素的权重集为 $A_1 = [0.10 \quad 0.25 \quad 0.37 \quad 0.28]$，机的因素的权重集为 $A_2 = [0.35 \quad 0.20 \quad 0.45]$，环境因素的权重集为 $A_3 = [0.24 \quad 0.20 \quad 0.26 \quad 0.30]$。

（4）单因素模糊评价

单因素模糊评价，就是建立从 U_i 到 $F(V)$ 的模糊映射，即建立 U_i 中的每个因素对备择集 V 的隶属函数，以确定其隶属于每个备择元素的隶属度。

已知该生产系统中人、机、环境各因素的原始数据如表 7-13～表 7-15 所示。

表 7-13 人的因素的原始数据

人的因素	平均年龄/岁	平均工龄/年	平均受教育年限/年	平均专业培训时间/天
数据	29.4	9.06	9.75	89

表 7-14 机的因素的原始数据

机的因素	完好率/%	待修率/%	故障率/%
数据	92.01	2.30	0.162

表 7-15 环境因素的原始数据

环境因素	温度/℃	湿度/%	照度/lx	噪声/dB
数据	22.4	92.4	119	78

根据确定的隶属函数，可得出人、机、环境各因素的单因素模糊评价矩阵。

$$人的单因素评价矩阵\ R_1 = \begin{bmatrix} 0.83 & 0.73 & 0.02 \\ 0.91 & 0.88 & 0.10 \\ 0.98 & 0.87 & 0.18 \\ 0.89 & 0.76 & 0.20 \end{bmatrix}$$

$$机的单因素评价矩阵\ R_2 = \begin{bmatrix} 0.81 & 0.63 & 0.20 \\ 0.89 & 0.29 & 0.23 \\ 0.96 & 0.08 & 0.04 \end{bmatrix}$$

$$环境的单因素评价矩阵\ R_3 = \begin{bmatrix} 0.88 & 0.80 & 0.52 \\ 0.19 & 0.38 & 1.00 \\ 0.85 & 0.67 & 0.48 \\ 0.55 & 0.88 & 0.68 \end{bmatrix}$$

（5）一级模糊综合评价

① 人的模糊综合评价。由前面确定出的人的因素的单因素评价矩阵 R_1 和权重集 A_1，可得出人的模糊综合评价。

$$B_1 = A_1 \cdot R_1 = \begin{bmatrix} 0.10 & 0.25 & 0.37 & 0.28 \end{bmatrix} \begin{bmatrix} 0.83 & 0.73 & 0.02 \\ 0.91 & 0.88 & 0.10 \\ 0.98 & 0.87 & 0.18 \\ 0.89 & 0.76 & 0.20 \end{bmatrix} = \begin{bmatrix} 0.92 & 0.83 & 0.15 \end{bmatrix}$$

② 机的模糊综合评价。由前面确定出的机的因素的单因素评价矩阵 R_2 和权重集 A_2，可得出机的模糊综合评价。

$$B_2 = A_2 \cdot R_2 = \begin{bmatrix} 0.35 & 0.20 & 0.45 \end{bmatrix} \begin{bmatrix} 0.81 & 0.63 & 0.20 \\ 0.89 & 0.29 & 0.23 \\ 0.96 & 0.08 & 0.04 \end{bmatrix} = \begin{bmatrix} 0.89 & 0.32 & 0.14 \end{bmatrix}$$

③ 环境因素的模糊综合评价。由前面确定出的环境因素的单因素评价矩阵 R_3 和权重集 A_3，可得出环境因素的模糊综合评价。

$$B_3 = A_3 \cdot R_3 = \begin{bmatrix} 0.24 & 0.20 & 0.26 & 0.30 \end{bmatrix} \begin{bmatrix} 0.88 & 0.80 & 0.52 \\ 0.19 & 0.38 & 1.00 \\ 0.85 & 0.67 & 0.48 \\ 0.55 & 0.88 & 0.68 \end{bmatrix} = \begin{bmatrix} 0.64 & 0.71 & 0.60 \end{bmatrix}$$

（6）二级模糊综合评价

可将人、机、环境看作单一因素，人、机、环境的一级评价结果可视为其单因素评价集，组成二级模糊综合评价的单因素评价矩阵。

$$R = \begin{bmatrix} B_1 \\ B_2 \\ B_3 \end{bmatrix} = \begin{bmatrix} 0.92 & 0.83 & 0.15 \\ 0.89 & 0.32 & 0.14 \\ 0.64 & 0.71 & 0.65 \end{bmatrix}$$

由单因素评价矩阵 R 和权重集 A，可得出二级模糊综合评价。

$$B = A \cdot R = \begin{bmatrix} 0.65 & 0.25 & 0.1 \end{bmatrix} \begin{bmatrix} 0.92 & 0.83 & 0.15 \\ 0.89 & 0.32 & 0.14 \\ 0.64 & 0.71 & 0.65 \end{bmatrix} = \begin{bmatrix} 0.89 & 0.69 & 0.20 \end{bmatrix}$$

根据最大隶属原则，该生产系统的安全模糊综合评价结果为：安全性好。

3. 模糊综合评价法在物流中心选址中的应用

物流中心作为商品周转、分拣、保管、在库管理和流通加工的据点，其作用在于促进商流更好地按照顾客的要求完成附加价值，克服在其运动过程中所发生的时间和空间障碍。在物流系统中，物流中心的选址是物流系统优化中一个具有战略意义的问题，非常重要。

模糊综合评价法是一种适合于物流中心选址的建模方法。它是一种定性与定量相结合的方法，有良好的理论基础，特别是多级模糊综合评价法，其通过研究各因素之间的关系，可以得到合理的物流中心位置。

运用现代物流学原理，在物流规划过程中，物流中心选址要考虑许多因素。根据因素特点划分层次模块，各因素又可由下一级因素构成，因素集分为三级，三级模糊综合评价的数学模型表如表 7-16 所示。

表 7-16　物流中心选址的三级指标

第一级指标	第二级指标	第三级指标
自然环境 u_1（0.1）	气象条件 u_{11}（0.25） 地质条件 u_{12}（0.25） 水文条件 u_{13}（0.25） 地形条件 u_{14}（0.25）	
交通运输 u_2（0.2）		
经营环境 u_3（0.3）		
候选地址 u_4（0.2）	候选地面积 u_{41}（0.1） 候选地形状 u_{42}（0.1） 候选地周边干线 u_{43}（0.4） 候选地地价 u_{44}（0.4）	

第一级指标	第二级指标	第三级指标
公共设施 u_5 （0.2）	三供 u_{51} （0.4）	供水 u_{511} （1/3） 供电 u_{512} （1/3） 供气 u_{513} （1/3）
	废物处理 u_{52} （0.3）	排水 u_{521} （0.5） 固体废物处理 u_{522} （0.5）
	通信 u_{53} （0.2）	
	道路设施 u_{54} （0.1）	

因素集 U 分为三层：

第一层为 $U_1 = \{u_1, u_2, u_3, u_4, u_5\}$。

第二层为 $u_1 = \{u_{11}, u_{12}, u_{13}, u_{14}, u_{15}\}$；$u_4 = \{u_{41}, u_{42}, u_{43}, u_{44}\}$；$u_5 = \{u_{51}, u_{52}, u_{53}, u_{54}\}$。

第三层为 $u_{51} = \{u_{511}, u_{512}, u_{513}\}$；$u_{52} = \{u_{521}, u_{522}\}$。

假设某区域有八个候选地址，备择集 $V = \{A, B, C, D, E, F, G, H\}$ 代表八个不同的候选地址，进行数据处理后得到诸因素的模糊综合评价表，如表 7-17 所示。

表 7-17　模糊综合评价表

因素	A	B	C	D	E	F	G	H
气象条件	0.91	0.85	0.87	0.98	0.79	0.60	0.60	0.95
地质条件	0.93	0.81	0.93	0.87	0.61	0.61	0.95	0.87
水文条件	0.88	0.82	0.94	0.88	0.64	0.61	0.95	0.91
地形条件	0.95	0.83	0.94	0.89	0.63	0.71	0.95	0.91
交通运输	0.90	0.90	0.90	0.94	0.60	0.91	0.95	0.94
经营环境	0.90	0.90	0.87	0.95	0.87	0.65	0.74	0.61
候选地面积	0.60	0.95	0.60	0.95	0.95	0.95	0.95	0.95
候选地形状	0.60	0.69	0.92	0.92	0.87	0.74	0.89	0.95
候选地周边干线	0.95	0.69	0.93	0.85	0.60	0.60	0.94	0.78
候选地地价	0.75	0.60	0.80	0.93	0.84	0.84	0.60	0.80
供水	0.60	0.71	0.77	0.60	0.82	0.95	0.65	0.76
供电	0.60	0.71	0.70	0.60	0.80	0.95	0.65	0.76
供气	0.91	0.90	0.93	0.91	0.95	0.93	0.81	0.89
排水	0.92	0.90	0.93	0.91	0.95	0.93	0.81	0.89
固体废物处理	0.87	0.87	0.64	0.71	0.95	0.61	0.74	0.65
通信	0.81	0.94	0.89	0.60	0.65	0.95	0.95	0.89
道路设施	0.90	0.60	0.92	0.60	0.60	0.84	0.65	0.81

（1）分层次做综合评价

$u_5 = \{u_{51}, u_{52}, u_{53}, u_{54}\}$，权重 $A_{51} = \begin{bmatrix} 1/3 & 1/3 & 1/3 \end{bmatrix}$，由表 7-17 对 u_{511}、u_{512}、u_{513} 的模糊评价构成的单因素评价矩阵如下：

$$\boldsymbol{R}_{51} = \begin{bmatrix} 0.6 & 0.71 & 0.77 & 0.6 & 0.82 & 0.95 & 0.65 & 0.76 \\ 0.6 & 0.71 & 0.7 & 0.6 & 0.8 & 0.95 & 0.65 & 0.76 \\ 0.91 & 0.9 & 0.93 & 0.91 & 0.95 & 0.93 & 0.81 & 0.89 \end{bmatrix}$$

用模型Ⅲ[即 $M(\wedge, \oplus)$]计算可得

$$\boldsymbol{B}_{51} = \boldsymbol{A}_{51} \cdot \boldsymbol{R}_{51} = \begin{bmatrix} 0.703 & 0.773 & 0.8 & 0.703 & 0.857 & 0.943 & 0.703 & 0.803 \end{bmatrix}$$

类似地，

$$\boldsymbol{B}_{52} = \boldsymbol{A}_{52} \cdot \boldsymbol{R}_{52} = \begin{bmatrix} 0.895 & 0.885 & 0.785 & 0.81 & 0.95 & 0.77 & 0.775 & 0.77 \end{bmatrix}$$

$$\boldsymbol{B}_5 = \boldsymbol{A}_5 \cdot \boldsymbol{R}_5$$

$$= \begin{bmatrix} 0.4 & 0.3 & 0.2 & 0.1 \end{bmatrix} \begin{bmatrix} 0.703 & 0.773 & 0.8 & 0.703 & 0.857 & 0.943 & 0.703 & 0.803 \\ 0.895 & 0.885 & 0.785 & 0.81 & 0.95 & 0.77 & 0.775 & 0.77 \\ 0.81 & 0.94 & 0.89 & 0.6 & 0.65 & 0.95 & 0.95 & 0.89 \\ 0.9 & 0.6 & 0.92 & 0.6 & 0.6 & 0.84 & 0.65 & 0.81 \end{bmatrix}$$

$$= \begin{bmatrix} 0.802 & 0.823 & 0.826 & 0.704 & 0.818 & 0.882 & 0.769 & 0.811 \end{bmatrix}$$

$$\boldsymbol{B}_4 = \boldsymbol{A}_4 \cdot \boldsymbol{R}_4$$

$$= \begin{bmatrix} 0.1 & 0.1 & 0.4 & 0.4 \end{bmatrix} \begin{bmatrix} 0.6 & 0.95 & 0.6 & 0.95 & 0.95 & 0.95 & 0.95 & 0.95 \\ 0.6 & 0.69 & 0.92 & 0.87 & 0.74 & 0.92 & 0.89 & 0.95 \\ 0.95 & 0.69 & 0.93 & 0.85 & 0.6 & 0.6 & 0.94 & 0.89 \\ 0.75 & 0.6 & 0.8 & 0.93 & 0.84 & 0.84 & 0.6 & 0.8 \end{bmatrix}$$

$$= \begin{bmatrix} 0.8 & 0.68 & 0.844 & 0.899 & 0.758 & 0.745 & 0.8 & 0.822 \end{bmatrix}$$

$$\boldsymbol{B}_1 = \boldsymbol{A}_1 \cdot \boldsymbol{R}_1$$

$$= \begin{bmatrix} 0.25 & 0.25 & 0.25 & 0.25 \end{bmatrix} \begin{bmatrix} 0.91 & 0.85 & 0.87 & 0.98 & 0.79 & 0.6 & 0.6 & 0.95 \\ 0.93 & 0.81 & 0.93 & 0.87 & 0.61 & 0.61 & 0.95 & 0.87 \\ 0.88 & 0.82 & 0.94 & 0.88 & 0.64 & 0.61 & 0.95 & 0.91 \\ 0.9 & 0.83 & 0.94 & 0.89 & 0.63 & 0.71 & 0.95 & 0.91 \end{bmatrix}$$

$$= \begin{bmatrix} 0.905 & 0.828 & 0.92 & 0.905 & 0.688 & 0.633 & 0.863 & 0.91 \end{bmatrix}$$

（2）高层次综合评价

$U_1 = \{u_1,\ u_2,\ u_3,\ u_4,\ u_5\}$，权重 $\boldsymbol{A} = \begin{bmatrix} 0.1 & 0.2 & 0.3 & 0.2 & 0.2 \end{bmatrix}$，则综合评价

$$\boldsymbol{B} = \boldsymbol{A} \cdot \boldsymbol{R} = \boldsymbol{A} \cdot \begin{bmatrix} \boldsymbol{B}_1 & \boldsymbol{B}_2 & \boldsymbol{B}_3 & \boldsymbol{B}_4 & \boldsymbol{B}_5 \end{bmatrix}^{\mathrm{T}}$$

$$= \begin{bmatrix} 0.1 & 0.2 & 0.3 & 0.2 & 0.2 \end{bmatrix} \begin{bmatrix} 0.905 & 0.828 & 0.92 & 0.905 & 0.668 & 0.863 & 0.633 & 0.91 \\ 0.95 & 0.9 & 0.9 & 0.94 & 0.6 & 0.91 & 0.95 & 0.94 \\ 0.9 & 0.9 & 0.87 & 0.95 & 0.87 & 0.65 & 0.74 & 0.61 \\ 0.8 & 0.68 & 0.844 & 0.899 & 0.758 & 0.745 & 0.8 & 0.822 \\ 0.802 & 0.823 & 0.826 & 0.704 & 0.818 & 0.882 & 0.769 & 0.811 \end{bmatrix}$$

$$= \begin{bmatrix} 0.871 & 0.833 & 0.867 & 0.884 & 0.763 & 0.766 & 0.812 & 0.789 \end{bmatrix}$$

由此可知，八块候选地的综合评价结果的排序为 D、A、C、B、H、F、E、G。选出较高估计值的地点作为物流中心。

应用模糊综合评价法进行物流中心选址，模糊综合评价模型采用层次式结构，将评价因素分为三层，也可进一步细分为多层。这里介绍的计算模型由于对权重集进行归一化处理，采用加权求和型，将评价结果按照大小顺序排列，决策者从中选出估计值较高的地点作为物流中心即可，方法简便。

7.3　层次分析法

层次分析法是由美国运筹学家萨蒂（Saaty）提出的定性与定量相结合的评价决策分析法，它是一种将存在于现代管理中许多复杂、模糊不清的相关关系转化为定量分析问题的有效方法，特别适用于那些难以完全定量分析的问题。层次分析法的提出不论在理论研究上还是在实际工作中都得到了极为广泛的应用与发展。

层次分析法是经由群体讨论的方式，汇集专家学者及各层面实际参与决策者的意见，将错综复杂的问题评估系统简化为简明的要素层级系统，以提供给决策者选择适当方案的充分信息，同时减少决策错误的风险。

层次分析法的特点是在对复杂的决策问题的本质、影响因素及其内在关系等进行深入分析的基础上，利用较少的定量信息使决策的思维过程数字化，从而为多目标、多准则或无结构特性的复杂决策问题提供简便、灵活又实用的决策方法。在对复杂系统问题做决策时，往往需要考虑很多方面的因素或判断准则。这些因素相互制约、相互影响，且各因素的相互比较大多无法定量描述，因此，需要将半定性、半定量的问题转化为定量计算问题。层次分析法就是解决这类问题行之有效的方法。

7.3.1　层次分析法的基本思路与步骤

1. 建立递阶层次结构模型

建立递阶层次结构模型，即对构成评价系统的目的、评价指标（准则）及备选方案等要素建立多级递阶的层次结构模型。用层次分析法进行评价时，首先要把问题层次化。在对面临的问题进行深入分析后，根据问题的性质和需要达到的总目标筛选结构模型的组成因素，并按照各因素间的相互关联及从属关系，将因素划分成不同层次，再进行分类组合，形成一个多层次结构的分析模型。这些层次分目标层、判断层和方案层。目标层表示解决问题的目标，即层次分析法需要达到的总目标。判断层表示采取某一方案来实现预定总目标所涉及的中间环节，它包括准则层与指标层。在分析更为复杂的评价问题时，某一个准则因素下还可细分为几个具体的指标，指标也可分为多个层次。方案层表示要选用的解决问题的各种方案、策略与措施。递阶层次结构与因素从属关系如图 7-4 所示。关于因素的个数，在理论上层次结构的层数及同一层次的因素个数，可依据系统的需求而定，不过为了避免决策者对准则的相对重要性的判断产生偏差，萨蒂建议同层次的因素个数最好不超过 7 个。

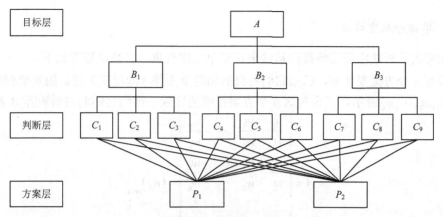

图 7-4 递阶层次结构与因素从属关系

2. 构造判断矩阵

建立递阶层次结构模型以后，上下层因素之间隶属关系就得以确定。判断矩阵表示针对上一层次的几个因素、下一层次的几个因素之间进行相对重要性两两比较的结果。为了便于将比较判断定量化，引入 1-9 标度法，规定用 1、3、5、7、9 分别表示根据经验判断要素 i 与要素 j 相比较的结果，即"同样重要""稍微重要""明显重要""强烈重要""绝对重要"，而 2、4、6、8 表示上述相邻两判断级之间的中间值，如表 7-18 所示。

表 7-18　1-9 标度法

标度值	含义（比较要素 i 与要素 j）
1	要素 i 与要素 j 同样重要
3	要素 i 比要素 j 稍微重要
5	要素 i 比要素 j 明显重要
7	要素 i 比要素 j 强烈重要
9	要素 i 比要素 j 绝对重要
2、4、6、8	相邻两判断级之间的中间值
倒序	比较要素 j 与要素 i

假设因素 B_k 下有 $A_1, A_2, \cdots, A_n$ 个因素与之有关联，则经两两比较得到 B_k 下的判断矩阵，如表 7-19 所示。

表 7-19　判断矩阵例表

B_k	A_1	A_2	$\cdots$	A_n
A_1	1	a_{12}	$\cdots$	a_{1n}
A_2	a_{21}	1	$\cdots$	a_{2n}
$\vdots$	$\vdots$	$\vdots$		$\vdots$
A_n	a_{n1}	a_{n2}	$\cdots$	1

注：$a_{ij} = \dfrac{1}{a_{ji}}$。

3. 单排序权重计算

在层次分析法中采用特征向量法来计算单排序权重，其数学原理如下。

若有 n 个方案要比较，已知它们各自的相对重要性（即权重）它们的重要程度可分别用 $w_1, w_2, \cdots, w_n$ 表示，那么对这 n 个方案作两两比较，得到它们的判断矩阵 A 为

$$
A = \begin{bmatrix}
\dfrac{w_1}{w_1} & \dfrac{w_1}{w_2} & \cdots & \dfrac{w_1}{w_n} \\
\dfrac{w_2}{w_1} & \dfrac{w_2}{w_2} & \cdots & \dfrac{w_2}{w_n} \\
\vdots & \vdots & & \vdots \\
\dfrac{w_n}{w_1} & \dfrac{w_n}{w_2} & \cdots & \dfrac{w_n}{w_n}
\end{bmatrix} = \left(a_{ij} \right)_{m \times n}
$$

对判断矩阵 A 左乘权重向量 $W = \begin{bmatrix} w_1 & w_2 & \cdots & w_n \end{bmatrix}^T$，其结果为

$$
AW = \begin{bmatrix}
\dfrac{w_1}{w_1} & \dfrac{w_1}{w_2} & \cdots & \dfrac{w_1}{w_n} \\
\dfrac{w_2}{w_1} & \dfrac{w_2}{w_2} & \cdots & \dfrac{w_2}{w_n} \\
\vdots & \vdots & & \vdots \\
\dfrac{w_n}{w_1} & \dfrac{w_n}{w_2} & \cdots & \dfrac{w_n}{w_n}
\end{bmatrix}
\begin{bmatrix}
w_1 \\ w_2 \\ \vdots \\ w_n
\end{bmatrix}
= \begin{bmatrix}
nw_1 \\ nw_2 \\ \vdots \\ nw_n
\end{bmatrix} = nW
$$

从 $AW = nW$ 可以看出：权重向量 W 正好是判断矩阵 A 对于特征根 n 的特征向量。根据矩阵理论可知，n 为判断矩阵 A 的唯一非零解，也是最大的特征根，而权重向量 W 则为最大特征值所对应特征向量。因此，求权重变为求判断矩阵的最大特征值所对应的特征向量。

在层次分析法中，判断矩阵的特征根与特征向量的求解方法是几何平均法或规范列平均法。

（1）几何平均法

1）计算判断矩阵每一行元素的乘积：$M_i = \prod\limits_{j=1}^{n} a_{ij}$，$i = 1, 2, \cdots, n$。

2）计算 M_i 的 n 次方根 $\overline{W_i} = \sqrt[n]{M_i}$。

3）对向量 $\overline{W} = \begin{bmatrix} \overline{w_1} & \overline{w_2} & \cdots & \overline{w_n} \end{bmatrix}^T$ 规范化，则向量的第 i 个元素为：$W_i = \dfrac{\overline{W_i}}{\sum\limits_{i=1}^{n} \overline{W_i}}$，

$i = 1, 2, \cdots, n$。整理后，得向量 $W = \begin{bmatrix} w_1 & w_2 & \cdots & w_n \end{bmatrix}^T$，即为所求的特征向量。

4）计算判断矩阵的最大特征根：$\lambda_{\max} = \sum\limits_{i=1}^{n} \dfrac{(AW)_i}{nw_i}$。其中的 $(AW)_i$ 表示向量 AW 的第 i 个元素。

（2）规范列平均法

1）对判断矩阵每一行规范化：$\overline{a}_{ij} = \dfrac{a_{ij}}{\sum\limits_{k=1}^{n} a_{kj}}$ 。

2）求规范列平均值 $w_i = \dfrac{1}{n} \sum\limits_{j=1}^{n} \overline{a}_{ij}$ ，则向量 $\boldsymbol{W} = \begin{bmatrix} w_1 & w_2 & \dots & w_n \end{bmatrix}^{\mathrm{T}}$ ，即所求的特征向量。

3）计算判断矩阵的最大特征根：$\lambda_{\max} = \dfrac{1}{n} \sum\limits_{i=1}^{n} \dfrac{(\boldsymbol{AW})_i}{w_i}$ 。

4. 一致性检验

从理论上来说，求出的最大特征值应该为 n，但实际情况往往有偏差，这是判断矩阵的误差造成的。因为对于多个复杂的因素采用两两比较时，不可能做到判断完全一致，形成的判断矩阵可能存在估计误差，这样就会导致最大特征根向量计算的偏差。因此，为了保证得到结论的可靠性，必须对最大特征根做一致性检验。一致性检验的具体步骤如下。

1）计算一致性指标 $\mathrm{CI} = \dfrac{\lambda_{\max} - n}{n - 1}$ 。

2）计算与平均随机一致性指标的比例 $\mathrm{CR} = \dfrac{\mathrm{CI}}{\mathrm{RI}}$ 。其中 RI 表示同阶平均随机一致性指标，其值如表 7-20 所示。

表 7-20 同阶平均随机一致性指标值

n	1	2	3	4	5	6	7	8	9	10	11
RI	0	0	0.58	0.9	1.12	1.24	1.32	1.41	1.45	1.49	1.52

当 CR<0.1 时，则判断矩阵具有满意的一致性，可适用计算出的权重，否则就需要调整判断矩阵，直到具有满意的一致性为止。

5. 层次总排序权重计算

计算完各层的单排序权重与一致性检验后，就可以计算同一层次所有指标对于上一层次指标的相对重要性的总排序权重。这一过程是由高到低逐层计算权重值，主要采用线性加权和的方法来计算，最后按各方案对于总目标的权重排序，分出各方案的优劣。总排序权重值计算如表 7-21 所示，其中假设在层次结构中，对于某一层次 A 包括 m 个元素 $A_1, A_2, \cdots, A_m$，其层次总排序权重分别为 $a_1, a_2, \cdots, a_m$，层次 A 的下一层 B 包含 n 个元素 $B_1, B_2, \cdots, B_n$。对于 A 层的某个元素 A_j，在 B 层中各元素 $B_i (i = 1, 2, \cdots, n)$ 的单排序权重分别为 $b_{1j}, b_{2j}, \cdots, b_{nj}$，当 B_i 与 A_j 无联系时，$b_{ij} = 0$。

表 7-21　层次 B 的总排序权重值计算

层次 B	层次 A				层次 B 总排序权重
	A_1	A_2	...	A_m	
	a_1	a_2	...	a_m	
B_1	b_{11}	b_{12}	...	b_{1m}	$\sum_{j=1}^{m} a_j b_{1j}$
B_2	b_{21}	b_{22}	...	b_{2m}	$\sum_{j=1}^{m} a_j b_{2j}$
⋮	⋮	⋮	...	⋮	⋮
B_n	b_{n1}	b_{n2}	...	b_{nm}	$\sum_{j=1}^{m} a_j b_{nj}$

7.3.2　层次分析法的应用

【例 7-6】某一连锁超市企业选择一家第三方物流服务提供商来外包其部分物流业务，选择的标准是从服务质量、服务能力与服务成本这三个方面来考察，经过一段时间的准备，有三家物流服务提供商入围。现考虑应用层次分析法对这三家企业提供的物流方案进行评价和排序，从中选出一家最佳的企业来提供物流外包服务。该评价系统的递阶层次结构如图 7-5 所示，其中 G 表示评价系统的总目标，判断层中 C_1 表示服务质量，C_2 表示服务能力，C_1 表示服务成本；P_1、P_2、P_3 分别表示候选的三家物流服务提供商提交的三套方案。

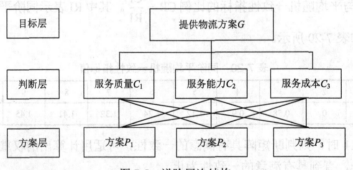

图 7-5　递阶层次结构

（1）构造判断矩阵

根据图 7-5 所示的层次结构，请一组领域专家对各因素两两进行判断与比较，构造判断矩阵。其中，判断矩阵 $G\text{-}C$ 如表 7-22 所示，它是相对于总目标 G 对判断层各因素的相对重要性进行比较的判断矩阵；判断矩阵 $C_1\text{-}P$ 如表 7-23 所示，它是相对于服务质量 C_1 对各方案的相对重要性进行比较的判断矩阵；判断矩阵 $C_2\text{-}P$ 如表 7-24 所示，它是相对于服务能力 C_2 对各方案的相对重要性进行比较的判断矩阵；判断矩阵 $C_3\text{-}P$ 如表 7-25 所示，它是相对于服务成本 C_3 对各方案的相对重要性进行比较的判断矩阵。

表 7-22 判断矩阵 G-C

G	C_1	C_2	C_3
C_1	1	5	3
C_2	1/5	1	1/2
C_3	1/3	2	1

表 7-23 判断矩阵 C_1-P

C_1	P_1	P_2	P_3
P_1	1	1/7	1/3
P_2	7	1	5
P_3	3	1/5	1

表 7-24 判断矩阵 C_2-P

C_2	P_1	P_2	P_3
P_1	1	1/5	1/2
P_2	5	1	3
P_3	2	1/3	1

表 7-25 判断矩阵 C_3-P

G	P_1	P_2	P_3
P_1	1	7	3
P_2	1/7	1	1/5
P_3	1/3	5	1

（2）计算各判断矩阵的层次单排序及一致性检验指标

先计算判断矩阵 G-C 的特征向量、特征根与一致性检验。

$$M_1 = \prod_{j=1}^{n} a_{1j} = 15$$

$$\overline{W}_1 = \sqrt[3]{M_1} = \sqrt[3]{15} = 2.466$$

类似地，有

$$\overline{W}_2 = \sqrt[3]{M_2} = \sqrt[3]{\frac{1}{10}} = 0.464$$

$$\overline{W}_3 = \sqrt[3]{M_3} = 0.874$$

对向量 $\overline{W} = \begin{bmatrix} \overline{W}_1 & \overline{W}_2 & \cdots & \overline{W}_n \end{bmatrix}^{\mathrm{T}}$ 规范化，则

$$W_1 = \frac{\overline{W}_1}{\sum_{i=1}^{n} \overline{W}_i} = \frac{2.446}{2.446 + 0.464 + 0.874} = 0.648$$

同理可得

$$W_2 = 0.122 , \quad W_3 = 0.230$$

则特征向量为 $W = \begin{bmatrix} 0.648 & 0.122 & 0.230 \end{bmatrix}^T$。

$$W = \begin{bmatrix} 1 & 5 & 3 \\ \dfrac{1}{5} & 1 & \dfrac{1}{2} \\ \dfrac{1}{3} & 2 & 1 \end{bmatrix} \begin{bmatrix} 0.648 \\ 0.122 \\ 0.230 \end{bmatrix} = \begin{bmatrix} 1.948 \\ 0.367 \\ 0.690 \end{bmatrix}, \quad \lambda_{\max} = \sum_{i=1}^{n} \frac{(AW)_i}{nw_i} = 3.004$$

计算矩阵最大特征根为 3.004，一致性检验有

$$CI = \frac{\lambda_{\max} - n}{n - 1} = \frac{3.004 - 3}{3 - 1} = 0.002, \quad RI = 0.58, \quad CR = \frac{CI}{RI} = 0.003 < 0.1$$

再对判断矩阵 C_1-P 计算特征向量、特征根与一致性检验。类似地，有

$$W = \begin{bmatrix} 0.081 & 0.731 & 0.188 \end{bmatrix}^T, \quad \lambda_{\max} = 3.065, \quad CR = 0.056 < 0.1$$

再对判断矩阵 C_2-P 计算特征向量、特征根与一致性检验。类似地，有

$$W = \begin{bmatrix} 0.122 & 0.648 & 0.230 \end{bmatrix}^T, \quad \lambda_{\max} = 3.004, \quad CR = 0.003 < 0.1$$

再对判断矩阵 C_3-P 计算特征向量、特征根与一致性检验。类似地，有

$$W = \begin{bmatrix} 0.649 & 0.072 & 0.279 \end{bmatrix}^T, \quad \lambda_{\max} = 3.065, \quad CR = 0.056 < 0.1$$

（3）求总层次排序，并作物流服务提供商选择决策

在层次单排序的基础上，求层次总排序，如表 7-26 所示。

表 7-26　层次 P 的层次总排序的计算结果

层次 P	层次 C			层次 P 总排序权重
	C_1	C_2	C_3	
	0.648	0.122	0.230	
P_1	0.081	0.122	0.230	0.217
P_2	0.731	0.648	0.072	0.569
P_3	0.188	0.230	0.279	0.214

由表 7-26 可以看出，三家物流服务提供商的评价顺序为 P_2、P_1、P_3，最后可选择提交 P_2 方案的物流服务提供商。

7.4　数据包络分析法

7.4.1　数据包络分析法概述

在人们的生产活动和社会活动中常常会遇到这样的问题：经过一段时间之后，需要对具有相同类型的部门或单位[称为决策单元（decision making unit，DMU）]进行评价，其评价的依据是决策单元的输入数据和输出数据。输入数据是指决策单元在某种活动中需要消耗的某些量，如投入的资金总额、投入的总劳动力数、占地面积等；输出数据是决策单元经过一定的输入之后，产生的表明该活动成效的某些信息量，如不同类型的产品数量、产品的质量、经济效益等。又如，在评价某高校各个学院的时候，输入数据可

以是学院全年的资金、教职员工的总人数、教学占用教室的总次数、各类职称的教师人数等；输出数据可以是培养博士研究生的人数、硕士研究生的人数、本科生的人数，学生的学习质量（德、智、体），教师的教学工作量，学校的科研成果（数量与质量）等。根据输入数据和输出数据来评价决策单元的优劣，即所谓评价部门（或单位）间的相对有效性。

数据包络分析（DEA）是由美国著名的运筹学家查恩斯（Charnes）、库珀（Cooper）、罗兹（Rhodes）等以相对效率概念为基础发展起来的一种效率评价方法。他们的第一个模型被命名为 CCR 模型，从生产函数角度看，这一模型是用来研究具有多个输入，特别是具有多个输出的"生产部门"同时为"规模有效"与"技术有效"的十分理想且卓有成效的方法。

DEA 可以看作是一种统计分析的新方法，它是根据一组关于输入-输出的观察值来估计有效生产前沿面的。在有效性的评价方面，除了 DEA 方法以外，还有其他的一些方法，但是那些方法几乎仅限于单输出的情况。相比之下，DEA 方法处理多输入，特别是多输出的问题的能力是具有绝对优势的。DEA 方法不仅可以用线性规划来判断决策单元对应的点是否位于有效生产前沿面上，同时又可获得许多有用的管理信息。因此，DEA 方法比其他的一些方法（包括采用统计的方法）优越，应用也更广泛。

DEA 也可以用来研究多种方案之间的相对有效性（如投资项目评价）；研究在做决策之前去预测，一旦做出决策后它的相对效果如何（如建立新厂后，新厂相对于已有的一些工厂是否为有效）。DEA 模型甚至可以用来进行政策评价。

特别值得指出的是，DEA 方法是纯技术性的，可以与市场（价格）无关。只需要区分投入与产出，不需要对指标进行无量纲化处理，可以直接进行技术效率与规模效率的分析，而无须再定义一个特殊的函数形式，而且对样本数量的要求不高，这是别的方法所无法比拟的。

DEA 方法的特点：①适用于多输入-多输出的有效性综合评价问题，在处理多输入-多输出的有效性评价方面具有绝对优势；②DEA 方法并不直接对数据进行综合，因此决策单元的最优效率指标与投入指标值及产出指标值的量纲选取无关，应用 DEA 方法建立模型前无须对数据进行无量纲化处理（当然也可以）；③无须任何权重假设，而以决策单元输入、输出的实际数据求得最优权重，排除了很多主观因素，具有很强的客观性；④DEA 方法假定每个输入都关联到一个或者多个输出，且输入、输出之间确实存在某种联系，但不必确定这种关系的显示表达式。

7.4.2　数据包络分析法的基本模型

1. CCR 模型

将决策单元 DMU_k 的相对效率定义为输出加权求和与输入加权求和之比。评价 DMU_k 的标准 DEA 的 CCR 模型如下。

利用 θ_k 作为 CCR 模型中 DMU_k 的效率值，反映其自我评价。根据基本 DEA 结果，效率值为 1 的是有效决策单元，效率值小于 1 的是非有效决策单元。但通常在应用基本 DEA 方法进行效率评价及排序时，评价主体具有自利性，且往往多个决策单元都有效，所以排序效果往往不理想。

参与评价的决策单元一共有 n 个，对决策单元 j，其评价指标 $x_{ji}(i=1,2,\cdots,n)$ 越小越好（相应于投入指标），评价指标 $y_{jr}(r=1,2,\cdots,s)$ 越大越好（相应于产出指标），由此可以构造出 DEA 模型：

$$\boldsymbol{x}_j=(x_{j1},x_{j2},\cdots,x_{jm})^{\mathrm{T}},\ (j=1,2,\cdots,n)$$

$$\boldsymbol{y}_j=(y_{j1},y_{j2},\cdots,y_{js})^{\mathrm{T}},\ (j=1,2,\cdots,n)$$

$$(P_1)\begin{cases}\max\dfrac{\boldsymbol{u}^{\mathrm{T}}\boldsymbol{y}_0}{\boldsymbol{v}^{\mathrm{T}}\boldsymbol{x}_0}\\[2mm]\text{s.t.}\begin{cases}\dfrac{\boldsymbol{u}^{\mathrm{T}}\boldsymbol{y}_j}{\boldsymbol{v}^{\mathrm{T}}\boldsymbol{x}_j}\leqslant 1,j=1,2,\cdots,n\\[2mm]\boldsymbol{u}\geqslant 0\\[1mm]\boldsymbol{v}\geqslant 0\end{cases}\end{cases}\tag{7-32}$$

式中，$\boldsymbol{x}_j$——决策单元 j 的评价指标（越小越好）；

$\boldsymbol{y}_j$——决策单元 j 的评价指标（越大越好）；

$\boldsymbol{u}$——$\boldsymbol{y}_j$ 的权重；

$\boldsymbol{v}$——$\boldsymbol{x}_j$ 的权重；

n——决策单元的个数；

m——$\boldsymbol{y}_j$ 指标的数量；

s——$\boldsymbol{x}_j$ 指标的数量；

$\boldsymbol{y}_0$——$\boldsymbol{y}_{j0}$，待评价决策单元的评价指标；

$\boldsymbol{x}_0$——$\boldsymbol{x}_{j0}$，待评价决策单元的评价指标。

该模型假定评价有效性的约束条件是所有决策单元的有效性，最大值为 1，这是借鉴自然过程中能量转化效率的最大值为 1 的原则。模型的主要特点是将投入、产出指标的权重 $\boldsymbol{u}$、$\boldsymbol{v}$ 作为取得待评价决策单元 j_0 有效性最大值的优化变量。决策单元 j_0 有效性值或者等于 1，或者小于 1。前者表示决策单元 j_0 是相对有效的，后者表示决策单元 j_0 是相对无效的。对于相对无效的决策单元，模型的解可以反映该决策单元与相对有效决策单元的差距。对所有的决策单元依次解上述模型，可以得出各个决策单元的相对效率。不同决策单元解对应的评价指标的权重一般来说是不同的，这种权重的选择方式比权重分析方法的优越之处在于权重选择方式更具有客观性。数据包络分析法的缺点是通过对权重精细的选择，使一个在少数指标上有优势，而在多数指标上有劣势的决策单元成为相对有效的决策单元。该方法的优点是如果决策单元被评价为相对无效，则有力地说明该决策单元在各个指标上都处于劣势。

上述模型是一个分式规划模型，对其进行深入的讨论一般是比较困难的。为了能够利用线性规划的结果进行进一步的讨论，对这个分式规划问题进行查恩斯-库珀变换，即

$$t = \frac{1}{\boldsymbol{v}^{\mathrm{T}}\boldsymbol{x}}, \quad \boldsymbol{w} = t\boldsymbol{v}, \quad \boldsymbol{\mu} = t\boldsymbol{u}$$

将分式规划转变为如下的线性规划问题：

$$(P_2)\begin{cases} \max \boldsymbol{u}^{\mathrm{T}}\boldsymbol{y}_0 \\ \text{s.t.}\begin{cases} \boldsymbol{w}^{\mathrm{T}}\boldsymbol{x}_j - \boldsymbol{u}^{\mathrm{T}}\boldsymbol{y}_j \geqslant 0, \ j = 1, 2, \cdots, n \\ \boldsymbol{w}^{\mathrm{T}}\boldsymbol{x}_0 \geqslant 0 \\ \boldsymbol{w} \geqslant 0 \\ \boldsymbol{\mu} \geqslant 0 \end{cases} \end{cases} \quad （7\text{-}33）$$

通过查恩斯-库珀变换，分式目标函数中的分子部分从形式上保留下来，分母的值转变为 1，成为约束条件的一部分。这样分式目标函数就变成了线性目标函数。

定义 1　如果线性规划问题的最优解 $\boldsymbol{w}^*$、$\boldsymbol{\mu}^*$ 满足 $\boldsymbol{u}^{\mathrm{T}}\boldsymbol{y}_0 = 1$，则称决策单元 DMU_{j0} 是弱 DEA 有效的。

定义 2　如果线性规划问题的最优解 $\boldsymbol{w}^* > 0$、$\boldsymbol{\mu}^* > 0$ 满足 $\boldsymbol{u}^{\mathrm{T}}\boldsymbol{y}_0 = 1$，则称决策单元 DMU_{j0} 是 DEA 有效的。

2. BCC 模型

模型中假设有 n 个决策单元，每个决策单元都有 m 种类型的"输入"以及 s 种类型的"输出"，分别表示该单元"耗费的资源"，用 $x_{ji}\left(x_{ji} > 0, \ i = 1, 2, \cdots, m\right)$ 表示第 j 个决策单元对第 i 种类型输入的投入量，用 $y_{jr}\left(y_{jr} > 0, \ r = 1, 2, \cdots, s\right)$ 表示第 j 个决策单元对第 r 种类型输入的投入量，并记为

$$\boldsymbol{x}_j = \left(x_{j1}, x_{j2}, \cdots, x_{jm}\right)^{\mathrm{T}}, (j = 1, 2, \cdots, n)$$
$$\boldsymbol{y}_j = \left(y_{j1}, y_{j2}, \cdots, y_{js}\right)^{\mathrm{T}}, (j = 1, 2, \cdots, n)$$

在设定过程中，为避免锥条件（即规模收益不变）的发生，增添一个凸性假设条件

$$\sum_{j=1}^{n} \lambda_j = 1$$

这时的可能集 $\boldsymbol{T}$ 可描述为

$$\boldsymbol{T}_{\mathrm{BCC}} = \left\{ (\boldsymbol{x}, \boldsymbol{y}) \,\middle|\, \boldsymbol{x} \geqslant \sum_{j=1}^{n} \lambda_j \boldsymbol{x}_j, \sum_{j=1}^{n} \lambda_j = 1, j = 1, 2, \cdots, n \right\}$$

解析图形如图 7-6 所示。

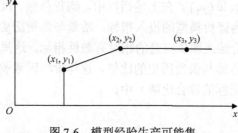

图 7-6　模型经验生产可能集

将锥条件去掉后，就可以严格集中在决策单元 DMU 水平的生产有效性上，由此可以得到这样一个有效测量手段：一个决策单元的效率指数为 1，当且仅当该 DMU 位于有效生产前沿面上，甚至可以不是规模有效的。这样建立了基于生产可能集 T_{BCC} 下的 DEA 模型，即 BCC 模型

$$(P_3)\begin{cases} \max \boldsymbol{\theta} = V_{D_2} \\ \text{s.t.} \begin{cases} \displaystyle\sum_{j=1}^{n} \boldsymbol{x}_j \lambda_j \leqslant \boldsymbol{\theta} \boldsymbol{x}_0 \\ \displaystyle\sum_{j=1}^{n} \boldsymbol{y}_j \lambda_j \leqslant \boldsymbol{y}_0 \\ \displaystyle\sum_{j=1}^{n} \lambda_j = 1 \\ \lambda_j \geqslant 0, \quad j = 1, 2, \cdots, n \end{cases} \end{cases} \tag{7-34}$$

及其对偶问题

$$(P_4)\begin{cases} \max \left(\boldsymbol{u}^{\mathrm{T}} \boldsymbol{y}_0 - \boldsymbol{u}_0 \right) = V_{P_2} \\ \text{s.t.} \begin{cases} \boldsymbol{w}^{\mathrm{T}} \boldsymbol{x}_j - \boldsymbol{u}^{\mathrm{T}} \boldsymbol{y}_j - \boldsymbol{u}_0 \geqslant 0, \quad j = 1, 2, \cdots, n \\ \boldsymbol{w}^{\mathrm{T}} \boldsymbol{x}_0 = 0 \\ \boldsymbol{w} \geqslant 0 \\ \boldsymbol{u} \geqslant 0 \end{cases} \end{cases} \tag{7-35}$$

定义 3 若式（7-35）中存在最优解 $\boldsymbol{w}_0$、$\boldsymbol{u}_0$、$\hat{u}_0$ 满足 $V_{P_2} = \boldsymbol{u}^{\mathrm{T}} \boldsymbol{y}_0 + \hat{u}_0 = 1$，则称决策单元 DMU_{j0} 为弱 DEA 有效（BCC）。

定义 4 若式（7-35）中存在最优解 $\boldsymbol{w}_0$、$\boldsymbol{u}_0$、$\hat{u}_0$ 满足 $V_{P_2} = \boldsymbol{u}^{\mathrm{T}} \boldsymbol{y}_0 + \hat{u}_0 = 1$，且进一步有 $\boldsymbol{w}_0 > 0$，$\boldsymbol{u}_0 > 0$，则称决策单元 DMU_{j0} 为 DEA 有效（BCC）。

7.4.3 评价供应商的 DEA 模型

某机床厂在采购 2M59005 型电机时，需要对多个供应商进行评价，参与竞争的供应商的数据与应用 DEA 模型得出的计算结果如表 7-27 和表 7-28 所示。在表 7-27 中，价格表示按批次供货量为权重给出的加权平均价格，价格与供货历史的乘积作为购货总额（x_1）；准时供货表示准时完成合同的指标，以迟到的供货量计算（x_2）；维修服务以响应天数与返修电机数量的乘积计算（x_3）；质量表示到货后合格的电机数量（y_1）；供货历史表示以往总共订货的数量（y_2）。在上述指标中，购货总额、准时供货与维修服务指标都是越小越好，因此列为评价模型的投入指标，质量与供货历史都是越大越好，列为评价模型的产出指标。评价结果即供应商的相对有效性指标。这里没有直接使用价格指标是由于价格本身是购货总额与供货历史的比值，这样价格因素就包含在评价结果（评价结果是产出指标与投入指标的综合比率）中。

表 7-27 供应商各个指标的数据

供应商 DMU	购货总额(x_1)/万元	准时供货(x_2)/台	维修服务(x_3)/台	质量(y_1)/台	供货历史(y_2)/台	评价结果
1	49.776	5	144	179	183	1
2	44.1798	7	160	153	157	0.9433
3	47.1938	4	176	162	166	009735
4	50.908	13	70	177	178	0.9249
5	6.1257	1	30	21	21	0.9222
6	14.9073	2	30	50	51	0.9232
7	29.34	1	48	99	100	1
8	5.856	2	44	18	20	0.8944
9	83.808	16	120	316	320	1
10	18.7712	2	56	62	64	0.9249
11	36.777	3	72	129	130	1
12	24.4383	6	30	87	87	0.9547
13	17.2398	3	42	58	59	0.9025
14	38.9961	6	136	141	143	0.9775
15	36.2368	7	150	127	128	0.9295
16	6.2722	16	144	167	169	0.9572
17	66.5144	18	57	243	244	1

表 7-28 产出指标与投入指标的比率

供应商 DMU	y_1/x_1	y_1/x_2	y_1/x_3	y_2/x_1	y_2/x_2	y_2/x_3
1	3.596	35.8	1.243	3.676	36.6	1.2708
2	3.463	21.857	0.9562	3.553	22.428	0.9812
3	3.432	40.5	0.9204	3.517	41.5	0.9431
4	3.476	13.615	0.5285	3.496	13.692	2.5428
5	3.428	21	0.7	3.428	21	0.7
6	3.354	25	1.6666	3.421	25.5	1.7
7	3.374	99	2.0625	3.408	100	2.0833
8	3.073	9	0.409	3.415	10	0.4545
9	3.77	19.75	2.6333	3.818	20	2.6666
10	3.302	31	1.1071	3.409	32	1.1428
11	3.507	43	1.7916	3.534	43.333	1.8055
12	3.559	14.5	2.9	3.559	14.5	2.9
13	3.364	19.333	1.3809	3.422	19.666	1.4047
14	3.615	23.5	1.0367	3.667	23.833	1.0514
15	3.504	18.142	0.8466	3.532	18.285	0.8533
16	3.609	10.437	1.1597	3.652	10.562	1.1736
17	3.653	13.5	4.2631	3.668	13.555	4.2807

在表 7-27 中，相对效率为 1 的决策单元包括 1、7、9、11、17 号供应商，相对效

率在 0.9 以下的为 8 号供应商。根据相对效率的特点，供应商的相对效率比较高意味着该供应商在某一（或某几）方面的绝对效率是比较高的，其他具体数据可以参考表 7-28 中各个产出量与投入量的比率。例如，从相对效率的评价结果来看，17 号供应商在单位服务成本得到的货物量是最大的，并且在单位投入上得到的货物量是比较大的；7、9 号供应商只在单一方面具有优势，即准时供货（7 号）与价格（9 号）。如果在某些方面比较高，而在某些方面比较低，也会影响相对效率的数值，如 11 号供应商。利用以上的供应商 DEA 有效性排序进行供应商选择，结合原始数据，就比较容易选出可以达到最低的购货成本、最少的合同延迟时间、最好的维修服务、最高的质量供应商要求，或者满足采购者对几个方面的综合要求的供应商。由于篇幅所限，供应商的组合问题不在此讨论。

以上讨论了供应商评价问题，在此过程中研究了建立评价供应商有效性的概念，进一步可以利用 DEA 模型的计算结果来选择供应商。上面的分析结果表明，利用 DEA 模型给出的选择方法是有效的。

案例分析

案例背景

2017 年，我国明确提出乡村振兴战略，在此战略指导下，我国农村电商活动搭乘政策快车，发展迅速。物流是开展农村电商活动的基础，对农村电商物流活动进行研究格外重要。从乡村振兴视角出发，构建农村电商物流指标评价体系，对促进农村电商物流和乡村振兴具有重要理论和现实意义。

案例解析

根据对农村电商物流服务影响因素的分析，搭建由 4 个一级指标和 14 个二级指标构成的农村电商物流评价体系，如表 7-29 所示。

表 7-29　农村电商物流评价体系

一级指标	二级指标
农村电商物流基础设施	乡村配送中心
	村级配送中心
	农村公路里程
	柏油路覆盖率
农村经济发展水平	网购数量
	农村人均 GDP
	电商平台使用偏好
	移动互联网使用人数
农村电商人才要素	电商从业人员
	物流工作人员
	从业人员受教育水平

续表

一级指标	二级指标
信息技术	商品推送偏好
	物流信息及时性
	物流运输查询准确性

（资料来源：胡志钰. 2023. 乡村振兴视域下农村电商物流评价体系指标选取[J]. 中国储运（9）：144.）

问题：

1. 除上述评价指标外，还有哪些指标对农村电商物流服务有重要影响力？
2. 根据社会经济发展现状和所学知识完善上述农村电商物流评价体系。

本 章 小 结

系统评价在管理系统工作中是一个非常重要的问题，尤其对各类重大管理决策来说是必不可少的。系统评价的任务就是围绕系统的目标，根据评价尺度，采取合适的方法对评价主体进行价值测定，以获得对多数人来说均可接受的评价结果，为正确决策提供所需的信息与结论。系统评价是系统决策的重要依据，没有正确的评价就不可能有正确的决策。物流系统评价是系统工程中复杂且重要的一个环节。它是利用模型和各种数据，从系统的整体观点出发，对系统现状进行评价，为物流系统的决策提供依据。不同的物流系统研究对象往往存在着不同的定位，因此所采用的评价方法也不同。可用来进行物流系统评价的方法多种多样，本章梳理了几种常用的评价方法，着重介绍了模糊综合评价法、层次分析法、数据包络分析法这三种实用性方法的原理和应用，这类方法是系统评价的主体方法，也是本章讨论的重点。

课 后 习 题

一、名词解释

1. 物流系统评价
2. 关键绩效指标法
3. 平衡计分卡法
4. 模糊综合评价法
5. 层次分析法
6. 数据包络分析法

二、单项选择题

1. 在层次分析法中，层次分为目标层、判断层和方案层。（　　）表示解决问题的目标，即层次分析法需要达到的总目标。

　　A. 管理层　　　　　B. 方案层　　　　　C. 目标层　　　　　D. 判断层

2.（　　）是由美国著名的运筹学家查恩斯和库珀等学者以相对效率概念为基础发展起来的一种效率评价方法。

A. 层次分析法　　　　　　　　　　　B. 数据包络分析法
C. 模糊综合评价法　　　　　　　　　D. 灰色评价法

三、多项选择题

1. 物流系统评价从内容上来看可对（　　）进行评价。
   A. 物流技术工程　　　　　　　　　B. 物流管理项目
   C. 物流运作方案　　　　　　　　　D. 物流功能要素

2. 物流系统最主要的两个特征值为（　　）。
   A. 物流中断率　　　　　　　　　　B. 物流生产率
   C. 物流质量　　　　　　　　　　　D. 物品完好率

3. 在卡普兰和诺顿平衡计分卡法基础上改进的平衡供应链计分卡法，由（　　）等指标组成。
   A. 客户导向　　　　　　　　　　　B. 内部运作
   C. 未来发展　　　　　　　　　　　D. 财物价值

四、简答题

1. 平衡计分卡有几组评价指标？内容分别是什么？
2. 试比较分析模糊综合评价的一级模糊综合评价模型和多级模糊综合评价模型的区别。
3. 用层次分析法评价物流系统时有哪些步骤？

五、论述题

1. 试述物流系统的一般评价指标体系。
2. 目前对物流系统进行评价主要采取哪些方法？试比较这些方法之间的区别以及优缺点。

六、应用题

1. 医生对某人健康状况的会诊结果如表 7-30 所示。

表 7-30　医生对某人健康状况的会诊结果

隶属度（r_{ij}）	气色（x_1,0.2）	力气（x_2,0.1）	食欲（x_3,0.3）	睡眠（x_4,0.2）	精神（x_5,0.2）
良好（y_1）	0.7	0.5	0.4	0.3	0.4
一般（y_2）	0.2	0.4	0.4	0.5	0.3
差（y_3）	0.1	0.1	0.1	0	0.2
很差（y_4）	0	0	0.1	0.2	0.1

请用模糊综合评价法对该人的健康状况做系统评价。若有 10 名医生参加会诊,问:认为该人气色良好、力气一般、精神很差的医生各有几人?

2. 今有一项目建设决策评价问题,已经建立起如图 7-7 和表 7-31 所示的层次结构和判断矩阵,试用层次分析法确定五个方案的优先顺序。

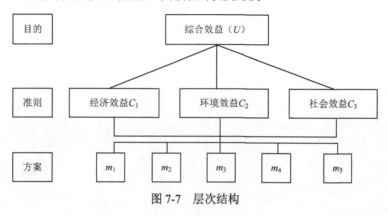

图 7-7　层次结构

表 7-31　判断矩阵

U	C_1	C_2	C_3		C_1	m_1	m_2	m_3	m_4	m_5
C_1	1	3	5		m_1	1	$\frac{1}{5}$	$\frac{1}{7}$	2	5
C_2	$\frac{1}{3}$	1	3		m_2	5	1	$\frac{1}{2}$	6	8
C_3	$\frac{1}{5}$	$\frac{1}{3}$	1		m_3	7	2	1	7	9
					m_4	$\frac{1}{2}$	$\frac{1}{6}$	$\frac{1}{7}$	1	4
					m_5	$\frac{1}{5}$	$\frac{1}{8}$	$\frac{1}{9}$	$\frac{1}{4}$	1
C_2	m_1	m_2	m_3	m_4	m_5	C_3	m_1	m_2	m_3	m_4	m_5
m_1	1	$\frac{1}{3}$	2	$\frac{1}{5}$	3	m_1	1	2	4	$\frac{1}{9}$	$\frac{1}{2}$
m_2	3	1	4	$\frac{1}{7}$	7	m_2	$\frac{1}{2}$	1	3	$\frac{1}{6}$	$\frac{1}{3}$
m_3	$\frac{1}{2}$	$\frac{1}{4}$	1	$\frac{1}{9}$	2	m_3	$\frac{1}{4}$	$\frac{1}{3}$	1	$\frac{1}{9}$	$\frac{1}{7}$
m_4	5	7	9	1	9	m_4	9	6	9	1	3
m_5	$\frac{1}{3}$	$\frac{1}{7}$	$\frac{1}{2}$	$\frac{1}{9}$	1	m_5	2	3	7	$\frac{1}{3}$	1

3. 数据包络分析:

1) 搜集某一年度我国 31 个省、自治区、直辖市(不包括港澳台)的能源使用量、资金投入量和人才数量,将其作为投入量,将 GDP 和专利数作为产出量,计算各省、自治区、直辖市的经济与科技转化发展水平的相对有效性。

2) 如果以 31 个省、自治区、直辖市的能源使用量、资金投入量和人才数量作为投入量,以 GDP、专利数作为产出量来衡量各省、自治区、直辖市的经济与科技转化发展水平的相对有效性，那么考虑相对有效性差异最小的两个省、自治区、直辖市（以其他省、自治区、直辖市数据做参照），是否能断定两个省、自治区、直辖市的能源效率与资金效率相差比照其他省、自治区、直辖市的数据也是最小的？

3）以 1）的结果为例给出结论的分析过程。

第8章 物流系统决策方法

学习目标 ☞ | **知识目标**
1. 理解决策分析中的一些基本概念。
2. 理解物流系统决策的基本内容。
3. 掌握构建和求解决策树以处理系列决策问题。
4. 掌握乐观准则、悲观准则、折中准则、平均值准则、后悔值准则。
5. 掌握贝叶斯决策规则求解决策问题。

技能目标
1. 学会利用风险型决策、完全不确定型决策、多目标决策解决实际中的物流问题。
2. 学会正确使用决策树解决物流决策中的问题。

素质目标
1. 培养观察力、想象力和批判性思维，提高创新能力。
2. 增强责任意识和社会实践能力，走出校园参加实践活动。

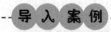

一个战略决策造就了一座千年水利工程

"拜水都江堰，问道青城山"，这是成都两张独特的文化名片，其中对都江堰用了一个"拜"字，相信凡是到过那里的人都会被它巧夺天工而又顺应自然的设计折服。

在修建都江堰的过程中，李冰跋山涉水，对岷江沿岸的地形和水情做了详细的访问和考察，并听取了民众意见，制订了治理岷江的规划方案。李冰吸收了前人治理岷江的经验，决定在玉垒山开个大口子，引一股江水到东边去，这样可以西边分洪、东边浇地。然后采取中流作堰的办法，在宝瓶口上游的岷江中心筑一道分水堰，使江水流到这里便分成两股，达到分洪的目的。在开凿玉垒山的时候，一位有经验的老民工建议，先在岩石上开一些沟槽，然后放上干草和树枝，点火燃烧，使岩体受热，烧过后再用冷水浇，岩石就会自行破裂，开凿省劲多了。李冰知道后，立即吩咐大家照此办理，工程的进展果然加快了。后来，在修堤筑堰调节水流的时候，采用什么材料又成为一个难题。为了解决这个问题，李冰又约同几位老乡，去岷江上游察看水情。他们沿途看到山上到处长着碗口粗细的竹子，许多住房就用竹子做梁做柱，家用器具大都用篾片编成。又看见山溪里放一些竹笼，里面泡着要洗的东西。溪水虽然很急，但竹笼却冲不走，妇女们欢快地在那里洗衣服。这些现象，使李冰联想到把竹子编成笼装卵石来筑堰。竹笼之法后来在都江堰工程中普遍采用，发挥了很大作用，人们用它筑成了拦水坝、护堤岸、分水堤、分水鱼嘴等。都江堰工程设计巧妙合理，建成后一直发挥着分洪减灾和引水溉田两大作用，为成都平原带来了繁荣和兴盛。

据统计，现在都江堰还在为 7 个市 40 个县（市、区）的 2800 多万人提供生活生产用水，灌溉面积超过 1000 万亩，是全世界迄今为止年代最久，唯一留存且仍在一直使用以无坝引水为特征的宏大水利工程，被誉为独奇千古的镇川之宝。

思考：

1. 试结合系统工程中决策的方法分析都江堰建设过程中的决策。
2. 试分析做出修建都江堰这一决策的影响因素。

8.1 系统决策与物流系统决策概述

物流系统的决策是各层次物流管理者日常工作中不可缺少的部分，如企业物流战略的决策、存储水平的决策、运输路线的选择等。物流决策正确与否、合理与否，小则关系到能否实现预期的目标，大则影响企业的战略目标能否实现，甚至决定企业的成败，关系到部门或区域经济的盛衰。因此，掌握科学的决策原理和方法对物流系统工作者至关重要。

8.1.1 系统决策概述

"决策"是贯穿人类日常生活、生产、经济、科学实验、政治、军事等一切活动的思维过程和结果。好的决策会获得好的结果；反之，则会造成较大的损失。当然，决策者总是希望所做出的决策能花费最小的代价而获得最大的利益。

决策都是有目的的，都是对未来而言的，都是建立在对未来预测的基础之上的，而未来都具有不确定性，因而也就有种种可能和选择。对未来进行预测并在此基础上做出选择的过程就是决策过程，选定的策略就是决策结果。决策过程的本质是优化，是一个反复分析、综合并做出抉择的复杂且多次循环的过程。

1. 决策的定义

决策是指在一定的环境下，结合系统的当前状态和将来的发展趋势，依据系统的发展目标，在可选策略中选取一个最优策略并付诸实施的过程。整个决策过程可以简化为对目标的选择过程和对方案的选择过程，前者要求对目标的选择要明确、具体、恰当和可验证，后者是以前者为依据。人们习惯上把只有一个方案可供选择、没有其他选择余地的选择称为"霍布森选择"，若只有一种备选方案，决策就失去了意义。

2. 决策的构成要素

决策一般包含以下几个构成要素。

（1）决策主体

决策主体可能是个人或组织，一般由组织的领导者担任，其任务是对各决策方案进行评价并做出选择。

（2）决策方案

在进行系统决策时，至少有两个或两个以上的决策方案可供选择，方案的制订包含对系统属性的描述和系统目标的确定。

（3）决策目标

进行系统决策是为了达到系统目标，决策后的效果评价以决策目标为依据。

（4）决策结果

无论决策主体选择什么样的决策方案，最后都会产生决策结果，通过对决策结果的分析来评价系统决策的成败。

3. 决策的原则

（1）可行性原则

决策是为了达到目标而采取的一系列行动方案，所以决策是达到目标的手段。为了能达到预期的目标，决策中所提方案必须是可行的，这样的方案才有价值和意义。

（2）经济性原则

决策就是为了能够得到最大利益，所以方案之间进行比较的时候必须有很强的经济指标作为参考。

（3）信息性原则

信息的采集和利用贯穿着决策的整个过程，决策之前利用系统内外部信息辅助决策，决策过程中利用各种信息进行定性和定量分析，决策以后将结果作为信息提供给组织。

（4）系统性原则

决策的整个过程是一个系统的过程，不仅要考虑决策对象，还要考虑其环境，只有将其作为一个系统来进行考虑才能保证决策的顺利开展和实施。

4. 决策的分类

（1）按决策的作用分类

1）战略决策：指直接关系到组织的生存和发展，关系到系统全局的、长远性的、方向性的决策。特点如下：风险大；一般需要长时间才可看出决策结果；所需解决的问题通常很复杂，环境变化较大；并不过分依赖数学模式和技术；通常是定性与定量并重；对决策者的洞察力和判断力要求高。战略决策通常由高层管理人员制定。

2）战术决策：又称管理决策，是为保证企业总体战略目标的实现而解决局部问题的重要决策，是战略决策过程的具体决策，会影响组织目标的实现和工作效率的高低。战术决策通常由中层管理人员做出。

3）运作决策：又称执行性决策，指基层管理人员为解决日常工作和作业任务中的问题，为了提高生产效率、工作效率所做的决策。运作决策涉及范围较小，只对局部产生影响。

（2）按决策的重复性分类

1）程序化决策：即经常重复发生、能按常规的程序、处理方法和标准进行的决策。

2）非程序化决策：是指偶然发生的或首次出现而又较为重要的非重复性决策。

（3）按决策问题的可控程度分类

1）确定型决策：指在决策所需的各种情报资料已完全掌握的条件下做出的决策。

2）风险型决策：指决策方案未来的自然状态不能预先肯定，可以预估出几种状态，每种状态发生的概率可以做出客观估计，但不管哪种方案都有风险的决策。

3）不确定型决策：指资料无法具体测定，而客观形式又必须要求做出决定的决策。在可供选择的方案中存在两种或两种以上的自然状态，并且这些自然状态所发生的概率是无法估计的。

（4）按决策问题的规律性分类

1）结构化决策：指对某决策过程的环境及规则，能用确定的模型或语言描述，以适当的算法产生决策方案，并能从多种方案中选择最优解的决策。

2）非结构化决策：指决策过程复杂，不可能用确定的模型和语言来描述其决策过程，更无所谓"最优解"的决策。

3）半结构化决策：是介于结构化决策与非结构化决策之间的决策，这类决策可以建立适当的算法产生决策方案，使决策方案中有较优的解。

此外，决策按照权限的制度安排，可分为个人决策与群体决策；按照后来决策与先前决策的一致性程度，可分为激进型决策与保守型决策；按照影响的时间长短，可以分为长期决策、中期决策和短期决策；按照决策者在管理系统中所处的层级不同，可以分为高层决策、中层决策和基层决策；按照决策思维的方法不同，可以分为直觉决策、经验决策和推理决策。

5. 决策的一般步骤

科学决策的一般步骤如下。

1）发现需要解决的问题。

2）确认问题。

3）建立解决问题的议程。

4）确定问题目标。

5）搜索相关信息。

6）分析影响问题的各种因素。

7）拟订备选方案。

8）构建系统决策模型。

9）对各个方案的结果进行预测，选择最优方案。

10）评价和分析决策结果。

8.1.2 物流系统决策概述

1. 物流系统决策的内容

物流系统的决策是一个多目标、多约束的综合优化问题。物流系统决策中包含很多重要的内容，从企业未来的发展到运输方式的选择、配送中心与仓库的选址、货物配送路径优化、仓库布局设计、最优库存量的确定、信息系统的建设、物流服务指标的明确与承诺等。

企业产品与项目开发的决策，需要在可用资源约束和需求约束条件下，寻求利润最大的产品或项目。构建运输模型的目标是在一定的供应条件下，使运输费用成本最小。仓库选址与布局模型设计是要决定在一定区域内设置仓库的数目及其地址以使物流费用进一步减少。仓库库容的确定需要考虑企业生产能力、市场需求、营销能力等多方面因素。

物流系统的决策问题可分为战略层、战术层和运作层三个不同的层次。可以说，战略是本，战术是纲，运作是目。表 8-1 列出了不同层次决策的若干典型问题。

表 8-1　物流战略层、战术层和运作层的决策问题

决策问题	决策的层次		
	战略层	战术层	运作层
选址	设施选址的方针制定	设施的数量与规模确定	设施位置的选定
运输	运输方式与服务内容	承运人的选择	运输路线与计划制定
订单处理	选择和设计订单录入系统	订单处理排序	发出订单
客户服务	制定客户服务的方针	设计客户服务的指标体系	履行服务承诺
仓储	选择布局、地点	存储空间与设备选定	收货与储存
采购	制定采购政策	供应商选择	发出订单

2. 物流系统决策的特点

1）目标性：目标可以是具体的数量指标，如利润最大或损失最小等；也可以是非数量化的指标，如解决某些定性的问题。

2）实施性：物流决策总是要付诸实施的，不准备实施的决策是多余的。

3）条件限制性：物流决策是在某种条件下，寻找优化目标和优化地实现目标的手段。

4）动态性：指对备选方案的选定及确定目标、制定、选定、实施方案直至目标的实现。

5）效益背反性：物流决策过程中存在"效益背反"现象。

3. 物流的战略目标

罗纳德·巴罗（Ronald Ballou）将物流的目标概括为三类：降低成本（cost reduction）、减少资本（capital reduction）、改进服务（service improvement）。

1）降低成本：战略实施的目标是将与运输和存储相关的可变成本降到最低，利润最大化是其首要目标。

2）减少资本：战略实施的目标是使物流系统的投资最小化，其根本出发点是投资回报最大化。

3）改进服务：制定与竞争对手截然不同的服务战略，使由此引起的收入增长超过改进服务引起的成本的增加。

理查德·维达（Richard Veda）针对不同的物流目标提出以下五种物流战略类型。

1）成本最小化战略：全面降低物流成本。

2）增值战略：协调物流活动和渠道成员关系。

3）渠道整合战略：渠道各成员密切合作以获利。

4）快速响应战略：强调快速反应。

5）企业整体化战略：整合系统整体以达到最大绩效。

4. 物流系统决策的内容

（1）客户服务目标

客户服务目标是物流战略规划的首要任务。客户服务水平对物流系统的影响比任何其他因素都重要。如果客户服务水平较低，可以考虑在较少的存储地点集中存货，利用较廉价的运输方式；当客户服务水平较高时，应考虑广泛的存储网络的铺陈，利用更快速可靠的运输方式。当客户服务水平接近企业上限时，物流成本的上升比服务水平上升更快。因此，物流战略规划的首要任务是确定适当的客户服务水平。

（2）选址战略

选址战略包括确定设施的数量、规模和位置，决定各存储点的供货点，以及自营仓储或社会仓储的选址。需要考虑所有产品的移动过程及相关成本。通过不同的渠道来满足客户需求，如直接由工厂供货、供货商或港口供货，或经选定的存储点供货等，寻求成本最低或利润最高的需求分配方案。

（3）库存战略

库存战略指的是存货管理的方式，包括库存水平、库存分布、库存控制方法等。"拉式战略"是将库存由下至上汇总到总部，通过补货自发拉动库存。"推式战略"是将库存自上而下分配到各个存储点。库存战略决策还包括产品系列中不同品种分别选在工厂地区性仓库或基层仓库存放，以及运用各种方法来管理永久性存货的库存水平。企业采用何种库存战略将影响选址决策。

（4）运输战略

运输战略包括运输方式、运输批量、运输时间及路线的选择。运输战略受仓库和客户以及仓库与工厂之间距离的影响，反过来又会影响仓库选址决策。另外，库存水平也会通过影响运输批量进而影响运输决策。

客户服务目标、设施选址战略、库存战略和运输战略是物流系统决策的主要内容，直接影响着企业的赢利能力、现金流和投资回报率，而且每个方面的决策都与其他决策互相关联，甚至存在背反关系，应在一个系统的框架内统一考虑。

5. 物流系统决策的基本类别

按决策问题的可控程度可将物流系统决策问题分为确定型、风险型和不确定型三种情形。在物流系统决策问题中，运作层的问题（如存储问题）可近似地按确定型问题的一般解决思路，依据经验和惯例，或利用运筹学中的线性规划、非线性规划等方法处理。其他问题，如区域性的物流战略或企业长远的物流战略，则具有风险性和不确定性，决策分析着重研究的是风险型和不确定型的决策。

在确定型决策中，决策者面对确定的未来环境和条件，掌握了完备信息，所以决策程序只需按技术的或经济的常规方法进行，具体包括三类：直接选优决策法、简单模型选优决策法和价值分析决策法。

8.2　风险型决策

风险型决策问题是所有决策问题中最重要的一类，也是决策理论最核心的内容之一。可以说，决策理论，尤其是早期的经典决策理论，是围绕风险型决策问题的求解而发展起来的。

8.2.1　风险型决策概述

1. 风险型决策的定义

风险型决策是指决策者对决策对象的自然状态和客观条件比较清楚，也有比较明确的决策目标，但是实现决策目标必须冒一定风险的决策。

2. 风险型决策的条件

风险型决策具备如下五个条件。

1）决策者具有一个希望达到的明确目标（收益较大或损失较小）。

2）存在两个以上的行动方案可供决策者选择。

3）存在两个或两个以上的不以决策者主观意志为转移的自然状态。

4）不同的行动方案在不同自然状态下的损益值可以计算出来。

5）在几种不同的自然状态中，未来究竟会出现哪种自然状态，决策者不能肯定；但是各种自然状态出现的可能性，决策者可以估计或计算出来。

3. 风险型决策的特点

风险型决策具有如下特点。

1）自然状态已知。

2）各方案在不同自然状态下的收益值已知。

3）自然状态发生的概率分布已知。

4. 风险型决策的分类

风险型决策可分为以下三类。

1）无概率资料风险型决策。

2）无试验风险型决策。

3）有试验风险型决策。

8.2.2 无概率资料风险型决策

无概率资料风险型决策又称为不确定型决策或者无知型决策，对于这种类型的决策问题，决策者只是知道各个方案的损益值，如何对方案进行选择，完全取决于决策者对待风险的态度。常用的决策准则有悲观准则、乐观准则、平均值准则和最小后悔值准则。

1. 悲观准则

悲观准则又称为小中取大准则，运用此法进行决策时，首先要确定每一可选方案的最小收益值，然后从这些最小收益值中选出一个最大值，与该最大值对应的方案就是决策所选择的方案，即

$$\max_a\left\{\min_b\left\{C(a_i,b_j)\right\}\right\} \tag{8-1}$$

【例 8-1】某超市决定一天需要储存多少水果，有三种方案可供选择：100 千克、50 千克和 0 千克。每卖出 1 千克水果可以获利 0.2 元，卖不出的水果则每千克亏损 0.2 元。方案的结果受天气影响：天气不好，闭门在家休息的人多，出来买水果的人少；天气晴朗，则外出的人多，买水果的人也多。假设天气很好的时候，超市可以卖出 100 千克水果，天气好的时候可以卖出 80 千克水果，天气一般的时候可以卖出 50 千克水果，天气差的时候没有水果卖出。超市的决策矩阵如表 8-2 所示。

表 8-2　小中取大准则的计算结果　　　　　　　　　（单位：元）

方案	收益				方案中的最小收益
	天气差	天气一般	天气好	天气很好	
方案一（100）	-20	0	12	20	-20
方案二（50）	-10	10	10	10	-10
方案三（0）	0	0	0	0	0

由表 8-2 可知，选择方案一的最小收益为 $\min\{-20,0,12,20\}=-20$；选择方案二的最小收益为 $\min\{-10,10,10,10\}=-10$；选择方案三的最小收益为 $\min\{0,0,0,0\}=0$。三者中取最大值 $\max\{-20,-10,0\}=0$，因此选择方案三。

悲观准则是在决策者不知道哪种自然状态会发生的情况下，避免最坏的结果，力求风险最小。该准则的客观依据是决策的系统功能欠佳，形势对决策者不利。所以，决策者没有理由希望获得各方案的最佳结果。面对这种情况，决策者只好从每个方案的最坏处着眼，认为每个方案都只能取得最小的收益值，并选择其中最大收益值的一个方案作为决策方案。

2. 乐观准则

乐观准则又称为大中取大准则，该准则和悲观准则的思路相反，是从最有利的环境下选取收益最大的方案。该方法在各种方案中选择最大收益，然后在各最大收益中选择最大值，即

$$\max_a \left\{ \max_a \left\{ C(a_i, b_j) \right\} \right\} \tag{8-2}$$

利用上述超市的例子来加以说明，其决策矩阵如表 8-3 所示。

表 8-3 大中取大准则的计算结果 （单位：元）

方案	收益				方案中的最大收益
	天气差	天气一般	天气好	天气很好	
方案一（100）	-20	0	12	20	20
方案二（50）	-10	10	10	10	20
方案三（0）	0	0	0	0	0

由表 8-3 可知，选择方案一的最大收益为 max{-20,0,12,20}=20；选择方案二的最大收益为 max{-10,10,10,10}=10；选择方案三的最大收益为 max{0,0,0,0}=0。三者中取最大值 max{20,10,0}=20，因此选择方案一。

乐观准则是在决策者不知道哪种自然状态会发生的情况下，在最好的自然状态下获得最高的收益。这种方法的客观基础就是所谓的天时、地利和人和，决策者感到前途乐观，有信心取得每个方案的最佳结果。但是这一准则只是关心最大收益，而忽略所有其他收益。虽然这种准则应用成功可以得到最大收益，但一旦失败其损失也是最大的，所以它是最乐观的，也是最危险的。

3. 平均值准则

该方法用折中的思想将每一种方案的收益算术平均数作为该方案的收益，然后将平均收益最大的方案作为优选方案，即

$$\max_a \left\{ \frac{1}{n} \sum_{i=1}^{n} C(a_i, b_j) \right\}, i = 1, 2, \cdots, n \tag{8-3}$$

利用上述超市的例子来加以说明，其决策矩阵如表 8-4 所示。

表 8-4 平均值准则的计算结果 （单位：元）

方案	收益				方案的平均收益
	天气差	天气一般	天气好	天气很好	
方案一（100）	-20	0	12	20	3
方案二（50）	-10	10	10	10	5
方案三（0）	0	0	0	0	0

由表 8-4 可知，选择方案一的平均收益为 $\frac{1}{4} \times (-20 + 0 + 12 + 20) = 3$。

选择方案二的平均收益为 $\frac{1}{4} \times (-10 + 10 + 10 + 10) = 5$。

选择方案三的平均收益为 $\frac{1}{4} \times (0 + 0 + 0 + 0) = 0$。

在三者中取最大值 max{3,5,0}=5，因此选择方案二。该准则实质上是把各种收益出现的概率均视为相同。

4. 最小后悔值准则

最小后悔值准则是在决策者不知道各种自然状态发生概率的情况下，避免发生较大的机会损失。运用此法进行决策时，首先要计算出各种方案在每种自然状态下的后悔值，然后确定每一可选方案的最大机会损失，最后在这些方案的最大机会损失中选出一个最小值，与该最小值对应的方案即是决策选择的方案。

利用上述超市的例子来加以说明，其决策矩阵如表 8-5 所示。

表 8-5 最小后悔值准则的计算结果　（单位：元）

方案	后悔值				最大后悔值
	天气差	天气一般	天气好	天气很好	
方案一（100）	20	10	0	0	20
方案二（50）	10	0	2	10	10
方案三（0）	0	10	12	20	20

在三个最大后悔值中取最小值 min{20,10,20}=10。因此选择方案二。

8.2.3 无试验风险型决策

常用的无试验风险型决策的模型和方法有损益矩阵和决策树法。

1. 损益矩阵

风险型决策是不确定型决策，可以引入期望后果值作为决策准则。根据自然条件出现概率的不同而求得不同方案的期望收益值，根据期望收益值选择最优方案。由于期望值常采用货币单位，所以在一些文献中常称作期望货币值准则。用损益矩阵法求解风险型决策的关键是建立损益矩阵，通常损益矩阵的一般形式如表 8-6 所示。

表 8-6 风险型决策损益矩阵

方案	事件			
	B_1	B_2	...	B_n
	P_1	P_2	...	p_n
A_1	C_{11}	C_{12}	...	C_{1n}
A_2	C_{21}	C_{22}	...	C_{2n}
...	$\vdots$	$\vdots$		$\vdots$
A_m	C_{m1}	C_{m2}	...	C_{mn}

决策矩阵中各个元素 C_{ij} 代表"策略－事件"对应的收益值；A_i 代表各种方案；B_j 代表各个事件；p_j 反映各个事件发生的概率。

对损益矩阵的求解，常用的有最大期望收益（expected monetary value，EMV）决策准则和最小机会损失（expected opportunity loss，EOL）决策准则。

（1）最大期望收益决策准则

该准则以概率 p_j 来计算各个方案的期望收益值：

$$s_i = \sum_{j=1}^{n} p_j \cdot C_{ij}, i = 1, 2, \cdots, m; j = 1, 2, \cdots, n \qquad (8-4)$$

然后从一组期望收益值中选择最大者 $s^*\max(s_i)$，$i = 1, 2, \cdots, m$，其所对应的方案为最优方案。

利用例 8-1 举例说明，超市的决策矩阵如表 8-7 所示。

表 8-7　超市的决策矩阵（1）

方案	事件				EMV
	天气差	天气一般	天气好	天气很好	
	0.2	0.4	0.3	0.1	
方案一（100）	-20	0	12	20	1.6
方案二（50）	-10	10	10	10	6
方案三（0）	0	0	0	0	0

这时，max(1.6,6,0)=6，即方案二为最优方案，s^*=6。

（2）最小机会损失决策准则

该准则以概率 p_j 来计算各个方案的期望损失值：

$$s_i = \sum_{j=1}^{n} p_j \cdot C'_{ij}, i = 1, 2, \cdots, m; j = 1, 2, \cdots, n \qquad (8-5)$$

其中，C'_{ij} 反映"策略 - 事件"对应的损失值。

然后从一组期望损失值中选择最小者 $s^*=\min(s_i)$，$i = 1, 2, \cdots, m$，其所对应的方案为最优方案。仍然利用例 8-1 举例说明，得到的损失矩阵如表 8-8 所示。

表 8-8　超市的决策矩阵（2）

方案	事件				EOL
	天气差	天气一般	天气好	天气很好	
	0.2	0.4	0.3	0.1	
方案一（100）	20	10	0	0	8
方案二（50）	10	0	2	10	3.6
方案三（0）	0	10	12	20	9.6

这时，min(8,3.6,9.6)=4.8，即利用 EOL 决策准则，选择方案二为最优方案，此时最小损失为 s^*=3.6。

在风险型决策中，各个自然情况出现的概率，是决策者耗费了一定的经费和精力获得的，决策者通过这些情报做出的决策所获得的期望收益记为全情报的期望收益

（expected profit of perfect information，EPPI）。若 EPPI 大于或等于最大期望收益，即 EPPI>EMV，则说明决策者在决策过程中收集的情报是有价值的；若 EPPI≤EMV，则说明决策者花费资金和精力去收集情报是没有意义的。

将 EPPI-EMV=EVPI 称为全情报的价值（expected value of perfect information，EVPI）。若决策者在收集情报中所消耗的成本大于或者等于 EVPI，决策者可以考虑不收集情报，否则决策者收集情报是合算的。

这里仅说明了全情报的价值的概念和意义，实际上计算情报费用是很复杂的。以例 8-1 加以说明，当决策者不掌握全情报时得到方案二是最优方案，数学期望最大值为 s^*=6，记为 EMV。若得到全情报（某天的天气很好，可以卖出 100 千克水果），则全情报的期望收益 EPPI 为 100×0.2×1=20。那么，EVPI=EPPI-EMV=20-6=14。此时全情报的价值为 14。

2. 决策树

（1）定义

决策树是用来求解风险型决策的又一方法，常用于序列决策。决策树用树状图中的树干来反映决策步骤，用节点来反映决策在不同自然状态下的收益。

（2）结构

决策树常用的符号有三种：△反映结果节点，表示某方案在一定状态下的效用值；□反映决策节点，表示决策者所做的决策或者选择；○反映状态节点，表示决策者所处的客观环境。

运用决策树可以清晰地反映整个决策过程，包含决策环境和各个方案在环境下的收益。决策者可以根据决策树计算各个方案在不同环境下的收益，选择最优方案。

（3）运用决策树进行决策的过程

用决策树辅助决策包含以下步骤：分析决策问题；构建决策树；自右到左计算各方案的期望值，将结果标在方案节点处；选择收益期望值最大（损失期望值最小）的方案为最优方案（图 8-1）。

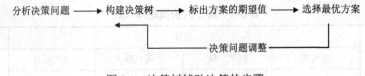

图 8-1　决策树辅助决策的步骤

下面举例说明决策树的应用：某企业打算新投产一种产品，可以采取三种方案，即大批量生产、中批量生产和小批量生产。通过对市场的调研，发现该产品在市场上需求大的概率为 0.3，需求小的概率为 0.7。在大批量投产情况下，市场的需求量大时企业可以获得净收益 30 万元，市场的需求量小时企业将亏损 6 万元；在中批量投产情况下，市场的需求量大时企业可以获得净收益 20 万元，市场的需求量小时企业将亏损 2 万元；在小批量投产情况下，市场的需求量大时企业可以获得净收益 10 万元，市场的需求量小时企业获得净收益为 5 万元。通过上述信息构建的决策树如图 8-2 所示。

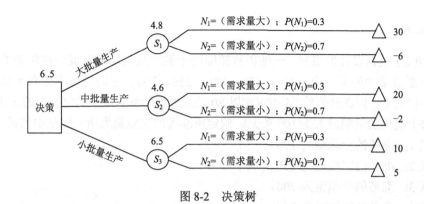

图 8-2　决策树

算得各个事件的期望值：

$$S_1: 0.3 \times 30 + 0.7 \times (-6) = 4.8$$
$$S_2: 0.3 \times 20 + 0.7 \times (-2) = 4.6$$
$$S_3: 0.3 \times 10 + 0.7 \times 5 = 6.5$$

最后，按照最大期望收益原则进行系统决策，max(4.8,4.6,6.5)=6.5，说明应该选择小批量生产方案。

8.3　完全不确定型决策

8.3.1　完全不确定型决策定义

不确定型决策是指决策人无法确定未来各种自然状态发生的概率的决策，是在不稳定条件下进行的决策。只要可供选择的方案不止一个，决策结果就存在不确定性。一般情况下，越是高层、关键的决策，越可能是不确定型决策。

8.3.2　平均准则

平均准则也称拉普拉斯（Laplace）准则，它是一种等可能性法。这种准则的出发点是：既然不能肯定哪一种状态比另一种状态更可能出现，只好认为各种结局出现的概率相等。

通过比较每个方案的损益平均值来进行方案的选择，在利润最大化的目标下选择平均利润最大的方案，在成本最小化目标下选择平均成本最小的方案。该决策下决策者非常谨慎保守，总是假定最差的结果出现，从每个方案最坏的情况出发，然后从这些可能最坏的结果中选择一个相对最好的结果，求得最大收益的机会。

1. 决策步骤

1）编制决策损益表。

2）计算每一个方案的平均收益值。

3）从每个方案的平均收益值中找出一个最大的平均收益值对应的方案为备选方案。

2. 算例

【例 8-2】根据以往的资料，一艘集装箱船每个航次从天津港至厦门港所需的舱位数可能是下面数量中的某一个：100，150，200，250，300。它们的概率分布不知道，如果一个舱位空着，则在开船前 24 小时起以 80 美元低价运输。每个舱位预定的运价为 120 美元，每个舱位的运输成本是 100 美元。假定所准备的空舱量为所需要量中的某一个。

方案 1：准备的空舱量为 100。
方案 2：准备的空舱量为 150。
方案 3：准备的空舱量为 200。
方案 4：准备的空舱量为 250。
方案 5：准备的空舱量为 300。

设需求量为 a_i，准备量为 b_i，损益值为 C_{ij}，根据计算可得到各个方案的损益矩阵，如表 8-9 所示。

表 8-9　损益矩阵 （单位：美元）

准备的空仓量	收益值				
	a_1（100）	a_2（150）	a_3（200）	a_4（250）	a_5（300）
b_1（100）	2000	2000	2000	2000	2000
b_2（150）	1000	3000	3000	3000	3000
b_3（200）	0	2000	4000	4000	4000
b_4（250）	−1000	1000	3000	5000	5000
b_5（300）	−2000	0	2000	4000	6000

在进行决策分析前，可大致观察一下各方的收益值，如发现某一方案相对于另一方案在任何一种自然状态下都处于不利的地位，则认为该方案相对另一方案为劣势方案，可马上淘汰。决策将在剩下的方案中选择一个最佳方案。

分别计算五个方案的平均收益值，结果列于表 8-10 中。

表 8-10　五个方案平均收益值计算 （单位：美元）

准备的空仓量	收益值					平均收益值
	a_1（100）	a_2（150）	a_3（200）	a_4（250）	a_5（300）	
b_1（100）	2000	2000	2000	2000	2000	2000
b_2（150）	1000	3000	3000	3000	3000	2600
b_3（200）	0	2000	4000	4000	4000	2800
b_4（250）	−1000	1000	3000	5000	5000	2600
b_5（300）	−2000	0	2000	4000	6000	2000

显然，方案 b_3 的平均收益值最大，因此，根据平均准则，将方案 b_3 作为最优方案。

根据平均准则，在决策矩阵中，若增加或减少一种状态，会使原方案的优劣发生改变，说明这种准则对信息掌握的依赖性较强。

从表 8-11 的数据可见，该决策问题有两种自然状态，如经过调查研究发现还可能存在第三种状态，两种方案在第三种状态下的收益值也可得到，如表 8-12 所示。

表 8-11 两种自然状态平均收益值计算　　　　　　　　　（单位：美元）

方案	各自然状态下的收益值		状态收益值
	状态 A	状态 B	
方案 1	5	2	3.5
方案 2	-3	7	2

表 8-12 三种自然状态平均收益值计算　　　　　　　　　（单位：美元）

方案	各自然状态下的收益值			平均收益值
	状态 A	状态 B	状态 C	
方案 1	5	2	3	3.3
方案 2	-3	7	8	4

显然，加入了一种状态，最优方案就从原来的方案 1 变为方案 2。

8.3.3 悲观准则

悲观准则（Wald 准则或 Max-min 准则）是一种避险型决策准则。这种准则处理问题的思路是从最不利的结果出发，以在最不利的结果中取得最有利的结果的行动作为最优行动。

1. 决策步骤

1）编制决策损益表。
2）计算找出各个方案的最小收益值。
3）在这些最小的收益值对应的决策方案中，选择一个收益值最大的方案为备选方案。

2. 算例

同例 8-2。首先考虑每一方案的最小收益值，再选取最大的最小收益值，如表 8-13 所示。

表 8-13 最小收益值计算（1）　　　　　　　　　（单位：美元）

准备的空仓量	收益值					最小收益值
	a_1 (100)	a_2 (150)	a_3 (200)	a_4 (250)	a_5 (300)	
b_1 (100)	2000	2000	2000	2000	2000	2000
b_2 (150)	1000	3000	3000	3000	3000	1000
b_3 (200)	0	2000	4000	4000	4000	0
b_4 (250)	-1000	1000	3000	5000	5000	-1000
b_5 (300)	-2000	0	2000	4000	6000	-2000

由表 8-13 可见，b_1 方案为最优方案。事实上，这种方法就是选取最不利情况下的

最有利方案。

显然，这种准则所得的决策结果最为保险，无论自然状态如何，总能保证得到这一准则的决策结果，其缺点是过于保守。以表 8-14 的有关数据说明。

表 8-14　最小收益值计算（2）　　　　（单位：美元）

方案	各自然状态下的收益值			最小收益值
	状态 A	状态 B	状态 C	
方案 1	12	80	100	12
方案 2	15	20	25	15

按悲观准则，应选方案 2 为最优方案；但直观上明显可见，在状态 A 下，两方案的收益值相差无几，而状态 B 和状态 C 下的方案 1 的收益值远大于方案 2，由于决策者的过分保守而放弃了可能得到 80 或 100 的较大收益值。

8.3.4　乐观准则

乐观准则又称最大最大（max max）准则，这是一种趋险型决策准则。这种准则处理问题的思路与悲观准则相反，决策者对未来持乐观态度，首先确定每个方案在最佳自然状态下的收益值，然后对其进行比较，选择其中最大收益值对应的方案作为最优方案。决策者不放弃任何获取最大收益的机会，充满乐观冒险精神，争取各方案最大收益中的最大值。根据这种准则做出的决策可能有最大亏损的结果，因而又称冒险准则。

1. 决策步骤

1）编制决策损益表。
2）计算找出各个方案的最大收益值。
3）在这些最大的收益值对应的决策方案中，选择一个收益值最大的方案为备选方案。

2. 算例

对例 8-2 用乐观准则选择方案的过程如表 8-15 所示。

表 8-15　最大收益值计算（1）　　　　（单位：美元）

准备的空仓量	收益值					最大收益值
	a_1（100）	a_2（150）	a_3（200）	a_4（250）	a_5（300）	
b_1（100）	2000	2000	2000	2000	2000	2000
b_2（150）	1000	3000	3000	3000	3000	3000
b_3（200）	0	2000	4000	4000	4000	4000
b_4（250）	-1000	1000	3000	5000	5000	5000
b_5（300）	-2000	0	2000	4000	6000	6000

由表 8-15 可见，b_5 方案为最优方案。

这种方法期待今后出现的情况是最有利的情况，因此，过分乐观容易引起冒进，出现不合理现象。以表 8-16 的数据进行说明。

表 8-16 最大收益值计算（2）　　　　　　　　　　　　（单位：美元）

方案	各自然状态下的收益值			最大收益值
	状态 A	状态 B	状态 C	
方案 1	10	20	100	100
方案 2	80	70	90	90

按乐观准则，方案 1 是最优方案；但实际上，方案 2 因在不同状态下的收益均较大，相对而言，方案 2 较优。

8.3.5 折中准则

折中准则，又叫乐观系数准则，其基本思路是对悲观准则和乐观准则进行折中。决策者确定一个乐观系数 a，据此算出各方案的乐观期望值，并选择期望值最大的一个方案。乐观系数 a 的值根据决策者的个性和经验来选取，然后，对每一方案按乐观、悲观两个方面算出一个折中收益值。在某些情况下，仅用乐观准则或悲观准则来处理问题可能比较极端，这就需要对它们的影响进行综合考虑。所谓折中准则，就是指在乐观准则与悲观准则之间的折中，表示决策者既不乐观也不悲观，介于乐观与悲观之间，需要通过估计乐观系数 a（$0 \leq a \leq 1$）来衡量决策者的乐观程度，a 越接近 1 表明决策者越乐观。显然，此时（$1-a$）为决策者的悲观程度，（$1-a$）也称悲观系数。基于折中准则的决策主要依据各行动方案的折中收益值的大小进行决策。一个备选方案的折中收益值等于乐观系数 a 与所有自然状态下的最大收益值的乘积与悲观系数（$1-a$）与所有自然状态下最小收益值的乘积之和。从计算出的折中收益值中选出最大者，并以此对应的方案为最优方案。

1. 决策步骤

1）编制决策损益表。

2）计算各个方案的折中收益值：

$$折中收益值 = a \times 最大收益值 + (1-a) \times 最小收益值$$

式中，a 为乐观系数，在 0 与 1 之间，可自行主观选定。a 越大，乐观准则对方案评价的结果影响越大。若 $a=1$，则为乐观准则；若 $a=0$，则为悲观准则。

3）在这些折中收益值对应的决策方案中，选择一个最大折中收益值对应的方案为决策方案。

2. 算例

若取 $a=0.3$，则例 8-2 的决策过程如表 8-17 所示。

表 8-17　折中收益值计算　　　　　　　　　　　　　　　（单位：美元）

准备的空仓量	收益值					最大收益值	最小收益值	折中收益值
	a_1（100）	a_2（150）	a_3（200）	a_4（250）	a_5（300）			
b_1（100）	2000	2000	2000	2000	2000	2000	2000	2000
b_2（150）	1000	3000	3000	3000	3000	3000	1000	1600
b_3（200）	0	2000	4000	4000	4000	4000	0	1200
b_4（250）	−1000	1000	3000	5000	5000	5000	−1000	800
b_5（300）	−2000	0	2000	4000	6000	6000	−2000	400

由表 8-17 可知，方案 b_1 为最优方案。

8.3.6　后悔值准则

后悔值准则也叫最小最大后悔值准则。通常，决策做出之后，若客观情况的发展与决策时的估计相差较大，决策者便有后悔的感觉。后悔值准则的思路是希望找到一个方案，当此方案执行后，无论自然状态如何变化，决策者产生的后悔感都为最小。后悔情绪的大小用后悔值表示。在每一自然状态下，每一方案的收益值与该状态的最大收益值之差，就叫作后悔值，也叫作机会成本。

1. 决策步骤

1）找出各个自然状态的最大收益值，定其为该状态下的理想目标。

2）将该状态下的其他收益与理想目标之差称为该方案的后悔值，将它们排列成一个矩阵，称之为后悔矩阵。

3）找出每一方案的最大后悔值。

4）在这些最大后悔值中选出最小值，该值对应的方案为决策方案。

2. 算例

对例 8-2 而言，后悔矩阵如表 8-18 所示。

表 8-18　最大后悔值计算　　　　　　　　　　　　　　　（单位：美元）

准备的空仓量	收益值					最大后悔值
	a_1（100）	a_2（150）	a_3（200）	a_4（250）	a_5（300）	
b_1（100）	2000	2000	2000	2000	2000	4000
b_2（150）	1000	3000	3000	3000	3000	3000
b_3（200）	0	2000	4000	4000	4000	2000
b_4（250）	−1000	1000	3000	5000	5000	3000
b_5（300）	−2000	0	2000	4000	6000	4000

根据表 8-18，方案 b_3 为最优方案。

以上几种方法均为不确定型决策问题的决策评价方法。假定决策目标是收益最大，则均以最大收益值的方案为最优方案。若决策目标是损失最小，则最优方案应为损失值最小的方案。显然，在处理不确定型问题时，选择不同的决策准则所得结论可能不同，而决策准则的选择因对具体问题的估计和决策者对风险的偏好程度不同而各异。

8.4　贝叶斯决策

8.4.1　贝叶斯定理

1. 贝叶斯定理的概念

贝叶斯定理是指当分析样本大到接近总体数时，样本中事件发生的概率将接近于总体中事件发生的概率。

2. 贝叶斯定理的具体内容

设 A、B 为两个随机事件，它们发生的概率分别为 $P(A)$、$P(B)$，$P(AB)$ 表示 A、B 同时发生的概率。

所谓条件概率，是指在事件 B 发生的前提（条件）下 A 发生的概率，记为 $P(A|B)$。

$$P(A|B) = \frac{P(AB)}{P(B)}, \quad P(AB) = P(A|B) \cdot P(B) \tag{8-6}$$

根据全概率公式

$$P(A) = \sum_{i=1}^{n} P(A|B_i) P(B_i) = \sum_{i=1}^{n} P(AB_i) \tag{8-7}$$

可以得到贝叶斯公式为

$$P(B_j|A_i) = \frac{P(A_j|B_i) P(B_i)}{\sum_{i=1}^{n} P(A_j|B_i) P(B_i)} \tag{8-8}$$

式（8-8）说明，已知事件 B_i 发生的概率和 B_i 发生条件下 A_j 发生的概率，就可以求得事件 A_j 发生的前提下 B_i 发生的概率。

8.4.2　贝叶斯决策概述

1. 贝叶斯决策的基本概念

贝叶斯决策（Bayesian decision）就是在不完全信息下，对部分未知的状态用主观概率估计，然后用贝叶斯公式对发生的概率进行修正，最后利用期望值和修正概率做出最优决策。

贝叶斯决策属于风险型决策，决策者虽不能控制客观因素的变化，但掌握其变化的可能状况及各状况的分布概率，并利用期望值即未来可能出现的平均状况作为决策准则。

2. 贝叶斯决策的相关概念

（1）先验概率

先验概率又称事前概率，指进行试验前各自然状态的概率。它反映了各种自然状态发生的可能性，一般是根据以往的经验得出，且发生在试验前，因此称为先验概率。

（2）后验概率

后验概率又称事后概率，指利用试验结果对上述自然状态的概率进行修正得出的概率。

3. 贝叶斯决策的优点

1）贝叶斯决策充分利用各种信息，使决策结果更加科学化。

2）能对调查结果的可能性加以数量化的评价。

3）贝叶斯决策巧妙地将调查结果和先验知识有机地结合起来。

4）贝叶斯决策过程可以不断地使用，使决策结果逐步完善。

4. 贝叶斯决策的缺点

1）贝叶斯决策所需要的数据多，分析计算也比较复杂，如果解决的问题比较复杂，这个矛盾就更加突出。

2）在决策的过程中，有些数据必须使用主观概率，有些人不是很相信，这也妨碍了贝叶斯决策方法的推广和使用。

5. 贝叶斯决策的基本步骤

1）由过去的历史信息、决策者的经验和专家知识获得将发生事件的先验概率。

2）根据调查研究和统计分析计算得到事件的条件概率，利用贝叶斯公式计算出各事件的后验概率。

3）利用相关的决策准则进行决策。

【例 8-3】某企业决定投产一种新产品，该产品销售前景好的概率为 $P(O)=0.5$，销售前景差的概率为 $P(D)=0.5$。为了获得最佳收益，先做市场调查。根据市场调查的资料可知：销售前景好的地区做调研时市场前景也好的概率 $P(F|O)=0.9$，做调研时市场前景差的概率 $P(U|D)=0.1$；销售前景差的地区做调研时市场前景好的概率 $P(F|D)=0.2$，做调研时市场前景差的概率 $P(U|D)=0.8$。则在该地区做试验以后，销售前景好和差的概率各为多少？

解：1）计算做市场调研时，销售前景好和差的概率。

做调研时市场前景好的概率为

$$P(F)=P(O)P(F|O)+P(D)P(F|D)=0.5\times0.9+0.5\times0.2=0.55$$

做调研时市场前景差的概率为

$$P(U)=P(O)P(U|O)+P(D)P(U|D)=0.5\times0.1+0.5\times0.8=0.45$$

2）利用贝叶斯计算各事件的后验概率。

做调研时市场前景好的条件下，销售前景好的概率为

$$P(O|F) = \frac{P(O)P(F|O)}{P(F)} = \frac{0.45}{0.55} = \frac{9}{11}$$

做调研时市场前景好的条件下，销售前景差的概率为

$$P(D|F) = \frac{P(D)P(F|D)}{P(F)} = \frac{0.10}{0.55} = \frac{2}{11}$$

做调研时市场前景差的条件下，销售前景好的概率为

$$P(O|U) = \frac{P(O)P(U|O)}{P(U)} = \frac{0.05}{0.45} = \frac{1}{9}$$

做调研时市场前景差的条件下，销售前景差的概率为

$$P(D|U) = \frac{P(D)P(U|D)}{P(U)} = \frac{0.40}{0.45} = \frac{8}{9}$$

8.4.3　贝叶斯决策的求解方法

1. 用图形法求解贝叶斯决策

例 8-3 的计算过程可用图 8-3 来反映。

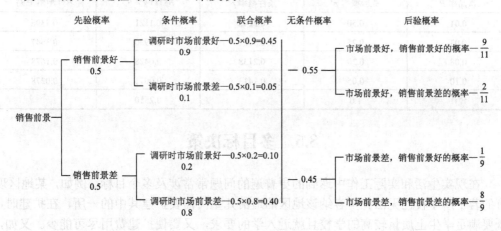

图 8-3　贝叶斯决策

2. 用表格法求解贝叶斯决策

贝叶斯决策也可以用表格法来解决，下面用例子加以说明。

【例 8-4】 假设根据历史资料分析得到产品次品率的先验概率（数据见表 8-19），现在对产品进行抽样检验，抽样 30 个产品，发现了一个次品。试修订先验概率。

解： 1）绘制先验概率表格，如表 8-19 所示。

表 8-19　先验概率表格

次品率 P	0.01	0.03	0.08	0.1
先验概率	0.5	0.25	0.2	0.05

2）计算条件概率 P''。

由于抽样检验的次品率服从二项分布，在表 8-19 所示的各个先验概率条件下，分别计算抽样 30 个产品，发现了一个次品的条件概率，计算公式为

$$P''(x|n,p) = \frac{n!}{x!(n-x)n!} p^x (1-p)^{n-x}$$

由上式计算得出各条件概率分别为

$$P''(1|30,0.01)=0.2242, \quad P''(1|30,0.03)=0.3721$$
$$P''(1|30,0.08)=0.2138, \quad P''(1|30,0.1)=0.1413$$

3）联合概率 q_i 的计算，计算公式为

$$q_i = p_i' \times p_i''$$

4）贝叶斯概率 p_i 的计算，计算公式为

$$p_i = \frac{q_i}{\sum q_i}$$

将以上各步骤的计算结果填写到表 8-20 中。

表 8-20　先验概率、条件概率、联合概率和贝叶斯概率

次品率 P	先验概率 p'	条件概率 p''	联合概率 q_i	贝叶斯概率 p_i
0.01	0.50	0.2242	0.1121	0.4396
0.03	0.25	0.3721	0.0930	0.3647
0.08	0.20	0.2138	0.0428	0.1678
0.10	0.05	0.1413	0.0071	0.0278
合计	1.0		0.2550	

8.5　多目标决策

在现实生活和实际工作中遇到的更普遍的问题常常涉及多个目标。例如，某地区现有的若干所学校已无法完全容纳该地区的适龄儿童，需要扩建其中的一所，在扩建时，既要满足学生上质量较高的学校且就近入学的要求，又要使扩建费用尽可能少。又如，学生毕业后的择业，通常要考虑收入、工作强度、发展潜力、学术性、社会地位、地理位置等因素，因此评价一个可能的就业职位优劣的问题也是典型的多目标决策问题。

8.5.1　多目标决策概述

1. 多目标决策的特点

1）决策问题的目标多于一个。

2）多目标决策问题的目标间的衡量标准不一致，无法统一，因而难以进行比较。因此，只能根据多个目标所产生的综合效用来评价多目标决策问题中的各备选方案。

3）多个目标之间的互斥性，即指如果去改善某个方案中某个目标的值，可能会使该方案中的另一目标的值变坏，这时，决策者必须决定愿意牺牲多少数量的某一目标值

以赢得另一目标值。

2. 多目标决策的分类

（1）有限方案多目标决策

有限方案多目标决策又称多属性决策，这一类决策问题中的决策变量是离散型的，其中的备选方案数量是有限的，求解的核心是对各备选方案进行评价后排定各方案的优劣次序，再从中择优。

（2）无限方案多目标决策

无限方案多目标决策又称多目标决策，这一类决策问题中的决策变量是连续型的，即备选方案数有无限多个，求解这类问题的关键是向量优化，即数学规划问题。

3. 多目标决策问题的要素

（1）决策人和决策单元

决策人是有能力改变系统的人，这里的能力指进行这种变化的责任与权利，也可以是由一些个人组成的群体，他们直接或间接地提供最终的价值判断，据此可以排定各备选方案的优劣。决策单元则是由决策人、分析人员和作为信息处理器的人机系统构成。决策单元的功能是：接收输入信息，产生内部信息，形成系统知识，提供价值判断并做决定。

（2）目标集及其递阶结构

目标是决策人希望达到的状态。为了清楚地阐明目标，可以将目标表示为层次结构。最高层目标是促使人们研究该问题的原动力，但是它过于笼统，不便运算，需分解为具体而便于运算的下层目标。

（3）属性集和代用属性

目标是可以运算的，这是指有办法衡量这一目标被达到的程度，而属性就是对基本目标达到程度的直接度量。也就是说，对每个最下层目标要用一个或几个属性来描述目标的达到程度。

在为目标指定一个或几个属性时，各属性和属性集应满足如下要求。

1）属性应具有可理解性，即属性要能充分说明目标满足的程度。

2）属性应具有可测性，即给定方案的属性可用带一定单位的数值来表示。

3）属性集应该是完全的，它反映了决策问题的所有重要方面。

4）属性集应该是可运算的，能有效地用于进一步的分析。

5）属性集应该是可分解的，即属性集可以分成几部分，使下一步的分析评价简化。

6）属性集应该是非冗余的，即问题没有哪个方面被重复考虑。

7）属性集应该是最小的，即对同一多目标问题，找不到另一个完全的属性集比它有更少数目的元素。

（4）决策形势

一个多目标决策问题的基础是决策形势（或称决策情况），即决策问题的结构和决策环境。为了说明决策形势，必须清楚地识别决策问题的边界和基本的组成，尤其是要详细说明决策问题所需的输入的类型和数量，以及其中哪些是可获得的；说明决策变量集和属性集以及它们的测量标度，决策变量之间、决策变量与属性之间的因果关系；详细说明方案集和决策环境的状态。

（5）决策规则

做决策时，决策人力求选择"最好的"可行方案，这就需要对方案根据其所有属性值排列优劣次序（或分档定级）。多目标决策规则可分为两大类。一类是最优化规则，它能将方案集中的所有备选方案进行排序；而根据决策规则所蕴含的某种准则，在排序中总存在一个最好的方案。另一类是满意规则，它为了使分析简化、节省时间、降低费用而牺牲最优性，把方案集划分成容易处理的几个有序子集，如可接受与不可接受两个子集或者好、可接受、不可接受三个子集；根据这种规则，不同子集里的两个方案的优劣是显而易见的，同一子集中的方案无法或难以分辨优劣。

8.5.2　多目标决策方法

目前解决多目标决策问题的方法有很多，常见的有评价函数法、目标规划法、分层序列法、交互规划法、隶属函数法等。根据决策者给出偏好信息的方式，这些计算方法大致可分为三类。①事先宣布类方法：这类方法要求决策者在优化前就必须提供足够的偏好信息，经过一次优化获得的解即为入选方案，如效用函数法。②交互式方法：这类方法常需要决策者多次提供自己的局部偏好信息，如逐步约束法。③事后宣布类方法：这类方法的特征是分析人员首先求出有限个有效解，然后让决策者自己选取一个方法。

下面介绍几种方法来说明多目标决策问题的解决思路，包括参考目标法、理想解逼近排序法（technique of order preference by similarity to ideal solution，TOPSIS）、分层序列法、目标规划法等。

1. 参考目标法

参考目标法也叫 ε-约束法，由海姆斯（Haimes）等于 1971 年提出。具体来讲，根据决策者的偏好，选择一个主要参考目标，将其他所有目标函数放入约束条件中。设有 m 个目标 $f_1(x), f_2(x), \cdots, f_m(x); x \in R$ 均要求最优，但在这 m 个目标中有一个是主要目标，如 $f_1(x)$ 要求为最大。在这种情况下，只要使其他目标值处于一定的数值范围内，即

$$f_i' \leqslant f_i(x) \leqslant f_i'' \quad i = 2, 3, \cdots, m \tag{8-9}$$

就可以把多目标决策问题转换为下列单目标决策问题：

$$\max_{x \in R'} f_1(x) R' = \{x \mid f_i' \leqslant f_i(x) \leqslant f_i'' \ i = 2, 3, \cdots, m; x \in R\} \tag{8-10}$$

【例 8-5】设某厂生产 A、B 两种产品以供应市场的需要。生产 A、B 两种产品所需的设备台时、原料等消耗定额及其限制量和单位产品利润等如表 8-21 所示。在制定生产计划时，工厂决策人考虑了如下三个目标：第一，计划期内生产 A、B 两种产品所获得的利润为最大；第二，为满足市场对不同产品的需要，产品 A 的产量必须是产品 B 的产量的 1.5 倍；第三，为充分利用设备台时，设备台时的使用量不得少于 11 个单位。

表 8-21　产品消耗、利润表

资源	产品 A	产品 B	限制量
设备台时/时	2	4	12
原料/吨	3	3	12
单位利润/万元	4	3.2	

显然，上述决策问题是一个多目标决策问题，现在如果将利润最大作为主要目标，则后面两个目标只要符合要求即可。根据参考目标法，上述问题就可变换成单目标决策问题，并可用线性规划进行求解。

设 x_1 为产品 A 的产量，x_2 为产品 B 的产量，则其数学模型描述如下：

$$\max z = 4x_1 + 3.2x_2$$

$$\text{s.t.} \begin{cases} 2x_1 + 4x_2 \leqslant 12 \\ 3x_1 + 3x_2 \leqslant 12 \\ x_1 - 1.5x_2 = 0 \\ 2x_1 + 4x_2 \geqslant 11 \end{cases}$$

上述线性规划问题可采用两阶段法进行求解。通过迭代，可得最优解为（2.4,1.6, 0.8,0.2），可知 z=14.72 为最大，同时满足其他两个目标约束。

2. 理想解逼近排序法

理想解逼近排序法是一种多目标决策的系统分析方法，作为系统工程中有限方案多目标决策分析的一种常用的决策技术，近年来常被用于多指标的综合评价中。

这种方法的基本思想是：首先确定一个实际不存在的最佳方案和最差方案，然后计算现实中每个方案距离最佳方案和最差方案的距离，最后利用各方案与理想解的相对接近度作为评估决策的标准。它是一种接近于简单加权法的排序方法，借助多目标决策问题的理想解和负理想解①去排序，即计算每个方案到理想解和负理想解的距离，离理想解的距离越近的方案越优，离负理想解的距离越远的方案越优。因此，利用这个距离（贴近度）的大小对方案进行排序。

在计算过程中同时使用理想解和负理想解是由于如果仅仅使用理想解有时会出现某两个备选方案与理想解的距离相同的情况，为了区分这两个方案的优劣，引入负理想解并计算这两个方案与负理想解的距离，与理想解的距离相同的方案离负理想解远者为优。

根据上述思想，理想解逼近排序法的具体计算过程如下。

如表 8-22 所示，设有决策矩阵 $\boldsymbol{D}=[d_{ij}]_{m \times n}$，表中的 $A_i(i=0,1,\cdots,m)$ 表示 m 个备选方案，$C_j(j=0,1,\cdots,n)$ 表示每个方案的 n 个属性，d_{ij} 是方案 A_i 在属性 C_j 上的属性值，$w_j(j=0,1,\cdots,n)$ 是属性 C_j 的权重。

---

① 理想解是一设想的最好的解，它的各个属性值都选用各备选方案的最好的值；而负理想解是一设想的最坏的解，它的各属性值都选用各备选方案中的最差的值。

表 8-22　决策矩阵

	C_1	C_2	$\cdots$	C_n
A_1	d_{11}	d_{12}	$\cdots$	d_{1n}
A_2	d_{21}	d_{22}	$\cdots$	d_{2n}
$\vdots$	$\vdots$	$\vdots$		$\vdots$
A_m	d_{m1}	d_{m2}	$\cdots$	d_{mn}
w	w_1	w_2	$\cdots$	w_n

1）用向量规范化的方法求得规范决策矩阵：

$$r_{ij} = \frac{d_{ij}}{\sqrt{\sum_{i=1}^{m} d_{ij}^2}} \quad i = 1, 2, \cdots, m; j = 1, 2, \cdots, n \tag{8-11}$$

2）构成加权规范矩阵 $\boldsymbol{X} = \{x_{ij}\}$：

$$x_{ij} = w_j \cdot r_{ij} \quad i = 1, 2, \cdots, m; j = 1, 2, \cdots, n \tag{8-12}$$

3）确定理想解 x^* 和负理想解 x^0。

设理想解 x^* 的第 j 个属性值为 x_j^*，负理想解 x^0 的第 j 个属性值为 x_j^0。当 C_j 为效益型属性时，$x_j^* = \max_i x_{ij}$，$x_j^0 = \min_i x_{ij} (i = 1, 2, \cdots, m; j = 1, 2, \cdots, n)$；当 C_j 为成本属性时，$x_j^* = \min_i x_{ij}$，$x_j^0 = \max_i x_{ij} (i = 1, 2, \cdots, m; j = 1, 2, \cdots, n)$。

4）计算方案 A_i 到理想解和负理想解的距离：

$$S_i^* = \sqrt{\sum_{j=1}^{n} \left(x_j^* - x_{ij} \right)^2} \tag{8-13}$$

$$S_i^0 = \sqrt{\sum_{j=1}^{n} \left(x_j^0 - x_{ij} \right)^2} \tag{8-14}$$

其中，S_i^* 越小，S_i^0 越大，则方案 A_i 越优。

5）计算各方案的排队指示值（即综合评价指数）：

$$C_i^* = \frac{S_i^0}{S_i^* + S_i^0} \quad i = 1, 2, \cdots, m \tag{8-15}$$

6）按 C_i^* 由大到小排列方案的优劣次序。

【例 8-6】 某校需要对各院的研究生教育和科研工作者进行评估，选取了其中五个学院作为调查对象，收集有关数据如表 8-23 所示。

表 8-23　五个学院的部分数据

序号	人均专著 y_1	生师比 y_2	科研经费 y_3	逾期毕业率 y_4
1	0.1	5	5000	4.7
2	0.2	7	4000	2.2
3	0.6	10	1260	3.0
4	0.3	4	3000	3.9
5	2.8	2	284	1.2

第一步，对表 8-23 所示的属性值向量规范化，所得属性矩阵如表 8-24 所示。

表 8-24 经向量规范化后的属性值

序号	$Z_1(y_1)$	$Z_2(y_2)$	$Z_3(y_3)$	$Z_4(y_4)$
1	0.0346	0.6666	0.6956	0.6482
2	0.0693	0.5555	0.5565	0.3034
3	0.2078	0.2222	0.1753	0.4137
4	0.1039	0.4444	0.4174	0.5378
5	0.9695	0.0000	0.0398	0.1655

第二步，设权向量为 $w=\{0.2, 0.3, 0.4, 0.1\}$，得加权的向量规范化属性矩阵如表 8-25 所示。

表 8-25 加权的向量规范化后的属性值

序号	Z_1'	Z_2'	Z_3'	Z_4'
1	0.006 92	0.200 00	0.278 24	0.064 82
2	0.013 86	0.166 67	0.222 60	0.030 34
3	0.041 56	0.066 67	0.070 12	0.041 37
4	0.020 79	0.133 33	0.166 96	0.053 78
5	0.193 90	0.000 0	0.159 20	0.016 55

第三步，由表 8-25 可以得到理想解和负理想解：

理想解 $x^* = (0.1939, 0.2000, 0.2782, 0.016\ 55)$

负理想解 $x^0 = (0.006\ 92, 0.0000, 0.015\ 92, 0.064\ 82)$

第四步，分别利用式（8-13）～式（8-15）求各方案到理想解和负理想解的距离，从而得到综合评价指数，如表 8-26 所示。

表 8-26 各方案到理想解和负理想解的距离

序号	S_i^*	S_i^0	C_i^*
1	0.1931	0.6543	0.7721
2	0.1918	0.4354	0.6577
3	0.2194	0.2528	0.5297
4	0.2197	0.2022	0.4793
5	0.6543	0.1931	0.2254

第五步，根据表 8-26 的综合评价指数 C_i^*，可以确定各方案的排序为 $x_1 > x_2 > x_3 > x_4 > x_5$。

3. 分层序列法

分层序列法包括完全分层法、分层评价法和重点目标法等。这里重点介绍完全分层法，其基本思想是：将目标函数按重要程度排序，然后在求得前一个目标函数最优解的基础上求后一个目标函数的最优解，并把最后一个目标函数的最优解作为多目标决策问题的最终解。在完全分层法的求解过程中，每次求解的都是一个单目标规划问题。

根据目标函数重要程度的不同，设排列的次序为 $f_1(x), f_2(x), \cdots, f_m(x)$，首先对第一个目标求最优解，找出所有最优解的集合，用 R_1 表示，接着在集合 R_1 范围内求 $f_2(x)$ 的最优解，并将这时的最优解集合用 R_2 表示，以此类推，直到求出第 m 个目标的最优解为止。

将上述过程用数学语言描述，则有

$$f_1\left(x^1\right) = \min_{x \in R_0} f_1\left(x\right)$$

$$f_2\left(x^2\right) = \min_{x \in R_1} f_2\left(x\right)$$

$$\vdots$$

$$f_m\left(x^m\right) = \min_{x \in R_{m-1}} f_m\left(x\right)$$

$$R_i = \left\{x | \min f_i\left(x\right), x \in R_{i-1}\right\}, i = 1, 2, \cdots, m-1, R_0 = R$$

这种方法有解的前提是 $R_1, R_2, \cdots, R_m$ 等集合不是空集，而且不止一个元素，但这在解决实际问题中很难做到，于是又提出了一种允许宽容的方法。所谓宽容，是指当求后一个目标的最优解时，不必要求前一目标也达到严格最优，而是在一个对最优解有宽容的集合中去寻找。这样就变成了求一系列带宽容的条件极值问题，也就是

$$f_1\left(x^1\right) = \min_{x \in R_0'} f_1\left(x\right)$$

$$f_2\left(x^2\right) = \min_{x \in R_2'} f_2\left(x\right)$$

$$\vdots \tag{8-16}$$

$$f_m\left(x^m\right) = \min_{x \in R_{m-1}'} f_m\left(x\right)$$

$$R_i = \left\{x | f_i\left(x\right) < f_i\left(x\right) + a_i, x \in R_{i-1}'\right\}, i = 1, 2, \cdots, m-1, R_0' = R$$

这里的 a_i 是一个宽容限度，可以任意给定。

4. 目标规划法

目标规划模型（goal programming model）最早由查恩斯和库珀于 1961 年提出。在处理多目标决策问题时，因为目标规划法可以较好地理解决策者给出的偏好信息，并合理地融入模型中，所以在实际中有着广泛的应用。一般情况下，多目标决策问题总是由两个或两个以上的目标构成，而且这些目标总有主次轻重之分，因此，决策人不仅要确定各种目标，而且要根据目标的主次轻重建立目标的优先等级。目标规划就是按照决策人的目标优先等级，求解有矛盾的多目标决策问题。如果目标函数和约束条件都可用线性方程来描述，这样的多目标决策问题就能用目标规划来解决。

成功地应用目标规划进行多目标决策的关键在于建立目标规划的数学模型。设有 m 个目标和资源约束方程，它们的目标值和资源限制量用 m 维向量 b 表示。这些目标和资源约束可以用 n 维向量 x 所表示的 n 个子目标和资源约束及决策变量的线性组合来达到，A 为 $m \cdot n$ 的技术系数矩阵，则目标规划数学模型为

$$\min z \sum_{i=1}^{m}\left(d_i^+ + d_i^-\right)$$

$$\text{s.t.} \begin{cases} \boldsymbol{Ax} - \boldsymbol{Id}^+ + \boldsymbol{Id}^- = \boldsymbol{b} \\ \boldsymbol{x} \geqslant 0, \boldsymbol{d}^+ \geqslant 0, \boldsymbol{d}^- \geqslant 0 \end{cases}$$

这里，$\boldsymbol{d}^+$、$\boldsymbol{d}^-$ 是 m 维列向量。$\boldsymbol{I}$ 是 m 维单位矩阵。根据决策问题的目标要求不同，要达到的目标函数也不同，常见的有 $\min(\boldsymbol{d}^+ + \boldsymbol{d}^-)$、$\min(\boldsymbol{d}^+)$、$\min(\boldsymbol{d}^-)$ 等三种情况。相应地，目标规划中的约束条件也可以分为三种情况。

1）目标约束。在目标约束中，为了使约束方程由不等式变成等式，必须加上正、负偏差变量，如成本目标不能超过 100，其目标约束为

$$2x_1 + x_2 \leqslant 100$$

可以写成

$$2\boldsymbol{x}_1 + \boldsymbol{x}_2 - \boldsymbol{d}^+ + \boldsymbol{d}^- \leqslant 100$$

2）资源约束。在资源约束方程中，为了使不等式变成等式，只需加上负偏差变量即可，因为正偏差变量已由资源限制量所代替。

3）目标约束兼资源约束。如充分利用原材料，尽可能使原材料剩余量最少，原材料已有一定限制量，这种情况属于目标约束和资源约束兼而有之，则在约束方程中同样只需要列出负偏向量。

【例 8-7】　某无线电厂装配分厂每天可有 80 工日用来装配电视机和录音机两种产品，已知该两种产品的装配所需时间均为 1 工日。根据总厂下达的生产指标，以电视机每天装配不超过 70 台、录音机每天装配不超过 45 台为宜。今电视机和录音机的利润分别为 250 元/台和 150 元/台。工厂如果以最大利润为目标，则可用线性规划求解上述两产品的每天产量如下：

$$\min z = 250x_1 + 150x_2$$

$$\text{s.t.} \begin{cases} x_1 + x_2 + x_3 = 80 \\ x_1 + x_4 = 70 \\ x_4 + x_5 = 50 \\ x_1 - x_5 \geqslant 0 \end{cases}$$

可解得最优解为：$x_1 = 70$ 台/天，$x_2 = 10$ 台/天，最大利润 $z = 19\ 000$ 元/天。

工厂领导制订了四个目标并按优先等级列举如下：

P_1：保证生产正常，避免装配工日的空闲。

P_2：为了尽可能多地增加收益，可以考虑加班，但加班时间不得超过 10 工日。

P_3：尽可能达到计划装配数量。由于两种产品的利润大小不同，故虽在同一目标优先等级中，但其重要程度也应有所不同。为此可以按其利润大小来确定权重，即 250：150=5：3，电视机的权重为 5，录音机的权重为 3。

P_4：尽可能减少加班时间，以减少加班费用。

根据题意，得到目标规划模型如下：

$$\min z = P_1 d_1^- + P_2 d_{11}^+ + 5P_3 d_2^- + 3P_3 d_3^- + P_4 d_1^+$$

$$\text{s.t.} \begin{cases} x_1 + x_2 - d_1^+ + d_1^- = 80 \\ x_1 + d_2^- = 70 \\ x_2 + d_3^- = 50 \\ d_1^+ - d_{11}^+ + d_{11}^- = 10 \\ x_1, x_2, d_1^+, d_1^-, d_2^-, d_3^-, d_{11}^+, d_{11}^- \geqslant 0 \end{cases}$$

一般来说，目标规划可用来解决如下三种类型的多目标决策分析问题：①为了达到一组预定的目标，可用它来决定系统的投入需求量；②对于已给定的有限资源，它能预测计划目标所能达到的程度；③在变化的系统输入和目标结构下，它能提供最优解。所以，目标规划法在许多实际领域中得到了广泛的应用。

案例分析

案例背景

法国的米其林轮胎公司创立于 1889 年，一直是全球轮胎科技的领导者，占有世界轮胎市场约 20%的份额，在米其林的市场视野中，中国是将来世界上最主要的和增长最迅速的市场之一。1995 年，米其林建立了在中国的第一个合资企业——米其林沈阳轮胎有限公司（简称 MSTC）。MSTC 是沈阳生产轿车胎和卡车胎的一家法人单位。MSTC作为专事轮胎生产的制造公司，将其物流业务予以外包，精心打造其核心竞争力。MSTC的物流服务范围主要包括三部分：沈阳仓储业务、国内运输业务和货代业务。上述业务包括所有沈阳生产的轿车胎、轻卡胎、卡车和客车胎以及相关的货物。

米其林要求物流服务提供商提供 24 小时的全天候准时服务，并且保证在双休日无条件加班，要求对运输的全过程负全责，还要求物流公司建立货物信息管理系统，做到对货物的随时跟踪、查询，掌握货物仓储和运输的全过程。

案例解析

中国外运辽宁有限公司隶属于中国外运股份有限公司，是集国际货运代理、国际船舶代理、国际多式联运和综合物流于一体的大型综合物流企业，服务网络涵盖东北三省。中国外运辽宁有限公司根据米其林轮胎公司对物流的要求，采取如下措施。

1）提出对策：成立物流服务项目组，负责制定和实施米其林轮胎物流全部活动；设立现代化仓库；配备车辆；配置人员；有效沟通；仓库选址与改造。

2）国内运输方案设计：米其林轮胎运输可采用公路运输、海陆联运和铁路运输三种方式，因此设计了公路运输、海陆联运、铁路运输、货代业务等方式。

本着"以米其林为中心"的原则，在项目的实施过程中，中国外运辽宁有限公司米其林项目组的全体员工，与米其林的专家一起工作和研究，在项目准备和实施期间不断地沟通和讨论，使得项目的运作一直比较顺利。在克服了种种困难之后，终于取得了项目运作的成功。

物流业务外包是许多大型生产、销售企业的通行做法，其基础是外包的企业在这一业务领域做得更好。本案例中，中国外运辽宁有限公司根据米其林提出的相当严格甚至苛刻的要求，制定出六个方面的物流管理对策和一套国内运输方案。

（资料来源：根据网络资料整理改编。）

问题：

1. 根据所学知识，分析中国外运辽宁有限公司体现了哪些物流系统决策内容。
2. 除上述措施外，中国外运辽宁有限公司还可采取什么措施完善其决策？

本 章 小 结

决策是一种对已知目标和方案的选择过程，是人们已知要实现的目标，根据一定的决策准则，在供选方案中做出决策的过程。诺贝尔奖获得者西蒙（Simon）认为，管理就是决策，决策是对稀有资源备选分配方案进行选择排序的过程。学者格利高里（Gregory）在决策分析中提及，决策是对决策者将采取的行动方案的选择过程。对于物流系统来说，决策就是在充分占有资料的基础上，根据物流系统的客观环境，借助经验、科学的理论和方法，从若干备选的方案中选择一个合理、满意的方案的决断行为。

课 后 习 题

一、名词解释

1. 风险型决策
2. 贝叶斯决策

二、单项选择题

1. 按决策的作用分类的有（ ）。
   A. 程序化决策　　　B. 战略决策　　　C. 风险型决策　　　D. 结构化决策
2. 所有决策问题中最重要的是（ ）。
   A. 完全不确定决策　B. 风险型决策　　C. 多目标决策　　　D. 贝叶斯决策
3. 人们习惯上把只有一个方案可供选择、没有其他选择余地的选择称为（ ）。
   A. 霍布森选择　　　B. 沃尔玛选择　　C. 埃森哲选择　　　D. 麦肯锡选择

三、多项选择题

1. 决策的原则包括（ ）。
   A. 可行性原则　　B. 经济性原则　　C. 信息性原则　　　D. 系统性原则
2. 物流系统决策的特点包括（ ）。
   A. 目标性　　　　B. 实施性　　　　C. 动态性　　　　　D. 效益背反性

3．不确定型决策准则包括（　　　）。

A．乐观准则　　　　　　　　　　　　B．折中准则

C．等可能性准则　　　　　　　　　　D．损益准则

四、简答题

1．简述决策的构成要素。

2．简述物流系统决策的内容。

3．风险型决策的条件有哪些？

4．简述运用决策树进行决策的过程。

五、论述题

1．试论述企业的选址战略和库存战略。

2．试论述贝叶斯决策的步骤，并联系实际谈谈贝叶斯决策的好处。

六、应用题

1．某空调生产厂家要决定今年夏季空调产量问题。已知在正常的夏季气温条件下该空调可卖出 12 万台，在较热与降雨量较大的条件下市场需求分别为 15 万台和 10 万台。假定该空调价格随天气程度有所变化，在雨量较大、正常、较热的气候条件下空调价格分别为 2200 元、2500 元和 2800 元。已知每台空调成本为 1800 元，如果夏季没有售完，每台空调损失 400 元。在没有关于气温准确预报的条件下，工厂要对空调产量进行决策。

1）建立利润矩阵表。

2）分别用乐观准则、悲观准则、折中准则及后悔值准则对生产量做出决策。

2．某企业工艺改进有两条途径：一是自行研究，成功的可能性是 0.6；二是从国外引进，谈判成功的可能性是 0.8。不论何种途径成功，生产规模都考虑两种方案：产量不变和增加产量。如果都失败，则仍采用原工艺进行生产，产量也保持不变。据市场预测，今后 5 年内这种产品跌价的可能性是 0.1，价格不变的可能性是 0.5，涨价的可能性是 0.4。各状态下的收益值如表 8-27 所示。

表 8-27　收益值

价格	按原工艺生产	自行研究成功		从国外引进成功	
		产量不变	增加产量	产量不变	增加产量
跌价（P_1=0.1）	-100	-200	-300	-200	-300
价格不变（P_1=0.5）	0	0	-250	50	50
涨价（P_1=0.4）	100	200	600	150	250

试用决策树进行决策。

参 考 文 献

白思俊, 2009. 系统工程[M]. 北京: 电子工业出版社.

陈华友, 2015. 运筹学[M]. 北京: 人民邮电出版社.

陈珍珠, 2020. 物流业与三次产业间增长关系实证研究[D]. 郑州: 郑州大学.

代薪宇, 刘乔瑞, 汪辉, 等, 2023. 基于主成分分析的成渝经济圈区域物流发展水平综合评价[J]. 中国储运 (8): 83-84.

翟延伟, 吕政, 赵珺, 等, 2020. 多能流系统合作协同的不确定多目标决策[J]. 控制理论与应用, 37 (6): 1326-1334.

董千里, 2005. 物流工程学[M]. 北京: 人民交通出版社.

杜红, 2009. 应用运筹学[M]. 浙江: 浙江大学出版社.

傅莉萍, 2018. 物流系统规划与设计[M]. 北京: 清华大学出版社.

高举红, 2011. 物流工程与管理[M]. 北京: 北京大学出版社.

郭跃, 卫丹, 郭泰来, 2021. 基于系统动力学的区域物流枢纽经济发展影响程度研究[J]. 供应链管理, 2 (6): 117-128.

何明珂, 2004. 物流系统工程论[M]. 北京: 高等教育出版社.

贾俊秀, 刘爱军, 李华, 2014. 系统工程学[M]. 陕西: 西安电子科技大学出版社.

蹇令香, 曹珊珊, 尹晓彤, 2021. 技术创新对我国物流业发展质量的影响[J]. 公路交通科技, 38 (5): 138-143, 158.

江志刚, 朱硕, 张华, 2021. 再制造生产系统规划理论与技术[M]. 北京: 机械工业出版社.

李成豪, 2022. 基于层次分析和模糊隶属度的成品油物流系统稳定性评价研究: 以春运期间华中地区汽油供应为例[J]. 中国物流与采购 (9): 45-46.

李聪, 2020. 南京邮政航空快递物流集散中心分拣系统建模与仿真分析[D]. 天京: 中国民航大学.

李涛, 张洪潮, 2022. 产品和技术可持续性评价方法及应用[M]. 北京: 机械工业出版社.

梁军, 赵勇, 2013. 系统工程导论[M]. 北京: 化学工业出版社.

刘昌祺, 2001. 物流配送中心设计[M]. 北京: 机械工业出版社.

龙江, 朱海燕, 2004. 城市物流系统规划与建设[M]. 北京: 中国物资出版社.

楼振凯, 楼旭明, 侯福均, 2019. 具有风险厌恶型决策者的有限阶段马尔可夫决策过程[J]. 重庆师范大学学报 (自然科学版), 36 (5): 86-91.

陆华, 司温科, 袁敏, 等, 2020. 基于系统动力学模型的区域经济与物流协同机理研究[J]. 武汉理工大学学报 (交通科学与工程版), 44 (3): 423-428.

陆华, 袁敏, 王立彪, 等, 2021. 基于系统动力学的快递末端共同配送系统效益研究: 以北京市通州区为例[J]. 北京交通大学学报 (社会科学版), 20 (4): 135-145.

罗淼月, 2019. 用决策树求解风险型决策问题分析[J]. 智库时代 (10): 76-77.

马洪伟, 2020. 物流系统建模与仿真[M]. 南京: 南京大学出版社.

彭杨, 吴承健, 2009. 物流系统建模与仿真[M]. 杭州: 浙江大学出版社.

钱慧敏, 杨代君, 2019. 基于系统动力学的 "智慧+共享" 背景下物流产业升级路径研究[J]. 科学与管理, 39 (6): 25-33.

曲广龙, 尹春华, 2021. 基于系统动力学的供应链中断影响研究[J]. 北京信息科技大学学报 (自然科学版), 36 (5): 76-84.

尚娟, 2019. 基于复合系统论的区域物流系统协同度评价研究[J]. 区域治理 (50): 86-88.

邵虎, 卓越, 刘鹏杰, 等, 2023. 城市交通流量估计的运筹学方法[J]. 运筹学学报, 27 (2): 27-48.

斯彩英, 2023. 基于灰色加权马尔科夫模型的港口货物吞吐量预测: 以宁波舟山港为例[J]. 数学的实践与认识, 53 (2): 46-57.

孙东川, 2004. 系统工程引论[M]. 北京: 清华大学出版社.

唐臣, 韦秋梅, 曹志强, 2023. 大西南经济圈物流系统综合评价与网络构建研究[J]. 商业经济研究, (9): 174-178.

唐幼纯, 2011. 系统工程：方法与应用[M]. 北京：清华大学出版社.

田博, 陈舜杰, 周雯, 2018. 基于最小风险贝叶斯决策理论的在线评价排名方法研究[J]. 上海管理科学, 40（2）：91-95.

汪应洛, 1986. 系统工程[M]. 北京：机械工业出版社.

汪应洛, 2002. 系统工程理论方法与应用[M]. 北京：高等教育出版社.

汪应洛, 2007. 系统工程学[M]. 北京：高等教育出版社.

汪应洛, 2016. 系统工程[M]. 北京：机械工业出版社.

王东, 陈虹, 徐勇, 等, 2023. 基于模糊聚类的工程保障力量编组方法[J]. 兵工自动化, 42（8）：37-39, 44.

王会颖, 邓方江, 2023. 基于模糊层次分析法的农产品跨境电商物流模式选择[J]. 物流技术, 42（5）：79-85.

王睿, 李研, 2022. 基于主成分分析法的港口物流综合竞争力评价研究：以黄骅港为例[J]. 物流工程与管理, 44（11）：113-115, 64.

王术峰, 2019. 物流系统规划与设计：理论与方法[M]. 北京：北京交通大学出版社.

王新月, 2023. 我国城市物流系统韧性评价研究[D]. 太原：山西财经大学.

王志泰, 1997. 现代物流学[M]. 北京：中国物资出版社.

王转, 程国全, 2003. 配送中心系统规划[M]. 北京：中国物资出版社.

吴祈宗, 2006. 系统工程[M]. 北京：北京理工大学出版社.

熊伟, 2014. 运筹学[M]. 北京：机械工业出版社.

杨家本, 2007. 系统工程概论[M]. 2版. 武汉：武汉理工大学出版社.

杨幸圆, 2020. 基于状态空间模型的我国通货膨胀影响因素分析[D]. 兰州：兰州财经大学.

于宝琴, 陈晓, 鲁馨蔓, 2017. 现代物流技术与应用[M]. 重庆：重庆大学出版社.

于惠川, 尼加提•帕尔哈提, 2015. 贝叶斯定理在风险型决策中的应用[J]. 辽宁石油化工大学学报, 35（3）：73-75, 80.

张奔, 2022. 可持续城市物流发展评价与预测研究[D]. 西安：西安电子科技大学.

张纪会, 高齐圣, 2002. 复杂物流系统工程[J]. 青岛大学学报（自然科学版）（2）：74-77.

张可明, 宋伯慧, 2004. 物流系统分析[M]. 北京：清华大学出版社.

张丽, 李程, 邓世果, 2023. 高级运筹学[M]. 南京：南京大学出版社.

张丽. 2014. 物流系统规划与设计[M]. 北京：清华大学出版社.

张庆英, 辜勇, 张梦雅, 2015. 物流系统工程：理论、方法与案例分析[M]. 北京：电子工业出版社.

张晓莉, 2016. 农产品物流与农民收入增长的实证研究：基于协整与状态空间模型[J]. 青岛农业大学学报（社会科学版）, 28（4）：26-29.

张永闯, 2021. 基于层次分析法和TOPSIS法的深圳机场快件货损成因分析[J]. 桂林航天工业学院学报, 26（1）：51-57.

赵林度, 2012. 物流系统分析[M]. 北京：科学出版社.

赵彦军, 陈玉, 2017. 时间序列分析方法在物流需求预测中的应用[J]. 物流科技, 40（6）：12-14.

曾鸣, 程文明, 林磊. 2014. 状态空间时间序列的区域物流需求预测研究[J]. 计算机工程与应用, 50（15）：7-12.

郑宇佳, 董增寿, 张晓红, 等, 2024. 基于概率权重灰色马尔可夫模型的腐蚀预测[J]. 计算机仿真, 41（4）：108-113.

周德群, 贺峥光, 2017. 系统工程概论[M]. 北京：科学出版社.

庄惠丹, 邓雪, 2020. 基于前景理论的信息不完全的风险型多准则决策权重的研究[J]. 数学的实践与认识, 50（24）：1-8.

邹圆, 杨道理, 2022. 基于软概率的最小风险贝叶斯决策[J]. 统计与决策, 38（13）：57-61.